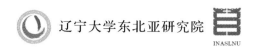
辽宁大学东北亚研究院
INASLNU

东北亚
研究论丛

JOURNAL OF NORTHEAST ASIAN STUDIES

2015年第1辑（总第1辑）

张东明　主编

社会科学文献出版社
SSAP
SOCIAL SCIENCES ACADEMIC PRESS (CHINA)

前　言

20 世纪 90 年代，后冷战期的国际格局演变为错综复杂的复合型国际政治格局，世界秩序明显开始转型。进入 21 世纪以来，东北亚地区的政治经济格局和国际关系更是发生了令世人瞩目的巨大变迁。中国的迅速崛起和东北亚地区合作的开展推动着东北亚地区及亚太地区秩序的转型，尤其是中国经济的长期持续高增长，已经对世界经济的发展和整体格局产生了巨大影响。

目前东北亚地区的力量对比正在发生新的变化，出现了新的推动关系结构和地区秩序变化的因素，中国成为推动东北亚新型关系和新型秩序形成的主要力量，它所希望构造的是基于利益共同体和命运共同体理念的、具有包容性的新型关系和新型秩序。特别是随着经济的长期持续增长，中国从 21 世纪初的世界第七大经济体跃升为当今的世界第二大经济体，综合国力得到全面提升，与美国在综合国力方面的差距正在不断缩小。中美新型大国关系的发展趋势无疑是世界瞩目的焦点。

以中日韩三国为核心的东北亚地区格局必将因中日韩三国之间的经济合作而发生巨大变化，进而会对地区性乃至全球性经济安排产生巨大影响，而中韩 FTA 的达成必将对此起到积极推进作用，从而使这种变化对未来世界经济新格局产生巨大的影响。

因此，新型大国关系的构筑无疑将对东北亚和平发展格局与秩序产生决定性影响，同时，东北亚地区各国所制定的发展战略及其应对措施所导致的各国之间错综复杂的关系格局，诸如朝鲜半岛局势的风云变幻，究其原因，实质上是东北亚地区有关国家之间的矛盾与利益关系的综合反映。这些都是摆在东北亚问题研究者面前的重大课题。

我们也应该看到，经济因素和文化因素迄今仍然是东亚地区秩序重建与区内和平稳定的重要保障。同时，也必须清醒地认识到：经济合作、文化交流、政治社会和解将是东北亚和平发展繁荣的压舱石。因此，致力于东北亚地区经济合作、文化交流、政治社会和解将是东北亚研究丛书的主要内容。

辽宁大学东北亚研究院在自身研究团队的基础上，诚邀海内外研究东北亚问题的专家学者对上述问题展开深入研究，汇集海内外各国专家学者的智慧，为东北亚的和平发展尽绵薄之力。

《东北亚研究论丛》（简称"论丛"）的出版得到了辽宁大学及社会各界的支持和关怀，也得到了海内外许多专家学者的热情鼓励，我们深受鼓舞，同时，这也鞭策我们今后要不断提高论丛文章质量和编撰水平。希冀论丛能对中国的东北亚研究的发展有所裨益。

张东明

辽宁大学东北亚研究院院长

2015 年 2 月 18 日

目　录

社会·文化

经济·贸易

中韩 20 年经贸合作历史简要回顾及展望

张东明

【内容提要】 中韩两国一衣带水，具有悠久的经济、社会、文化交往历史，二战后的冷战使两国关系一度处于隔绝状态，直到 1992 年中韩外交关系才恢复正常，这符合时代发展的潮流，对两国具有深远的现实意义。此后，中韩两国的贸易方式由间接贸易转为直接贸易，贸易规模迅速扩大，当前已成为重要的经贸合作伙伴。至 2012 年，中韩两国经贸合作已走过 20 年的历程，在取得辉煌成就的同时，亦面临诸如贸易不平衡、投资不足、知识产权纠纷、海洋权益争端等诸多方面的问题，这要求中韩两国政府、企业及社会各界密切协作，坚持平等互利的原则，共同应对挑战，进一步提升中韩经贸合作水平，加快推进中韩自由贸易区的早日实现，为中韩经贸关系谱写新的篇章。

【关 键 词】 中韩　经贸合作　问题　对策建议

【作者简介】 张东明，经济学博士，辽宁大学教授，东北亚研究院院长。

一　中韩经贸合作发展概况

（一）贸易发展状况

自 1992 年中韩正式建交以来，双边贸易增长迅速，两国进出口贸易额从 1992 年的 50 亿美元增加到 2011 年的 2139 亿美元，贸易规模增长了 40 多倍，进入 21 世纪，中韩贸易以年均将近 20% 的速度增长，高于同期韩国对外贸易年均 16% 的增长水平，中国成为韩国的第一大贸易伙伴国并成为韩国贸易顺差的主要来源国之一，而韩国则成为中国第三大贸易伙伴国、第三大出口目的地和第二大进口来源地。

自中韩建交以来，伴随中韩贸易额的增长，中韩贸易额占韩国贸易总额的比重基本亦呈增长趋势，而在2009年以后，受韩欧、韩美自由贸易区的影响，尽管中韩贸易额仍在增加，但其占韩国对外贸易总额的比重呈现小幅下跌的势头。

对外贸易商品结构是一国经济发展水平、产业结构状况及科技发展水平的反映，中韩两国都在积极推进本国的产业结构升级，两国之间的贸易结构也在不断优化。伴随传统货物贸易的增长，服务贸易也在不断发展，例如2011年韩国济州岛的中国游客约占外国游客人数的一半，带来的旅游收入比2010年同期增长1倍以上。而且鉴于中国和韩国分别是亚洲第一大、第二大保险市场，两国在保险领域存在广阔的合作前景。

在两国贸易中，中国对韩出口商品中SITC6即轻纺产品、橡胶制品、矿冶产品及其制品，以及SITC3即矿物原料、润滑油及有关原料所占比重大幅下降，而SITC7即机械及运输设备已成为中国对韩出口的主导产品；韩国对华出口商品中SITC5即化学品及有关产品与SITC6呈现下降趋势，而SITC8即杂项制品及SITC7所占比重则是越来越大，表明中韩两国逐渐由产业间贸易逐渐演变为产业内贸易，两国间的贸易结构得以优化，贸易层次得以提高。

（二）直接投资发展状况

中韩两国在投资领域的合作不断扩大。韩国对华投资起步较晚，但发展迅速。2002年后，中国超过美国成为韩国最大的投资地区。2010年，韩在华投资新批项目1695个，同比增长1.6%，中国实际使用韩资26.9亿美元，同比减少0.3%。截至2010年底，韩国累计对华投资项目数52172个，实际投资金额473亿美元。韩国是中国第三大外商直接投资来源国，而且近期韩国累计对华投资有望超过对美投资，使中国成为韩国第一大投资对象国。

韩国知识经济部2012年1月发布的《2011年外国人直接投资动向》显示，中国对韩直接投资额为6.51亿美元，同比增长57.2%。截至2011年底，中国对韩累计直接投资金额为37.36亿美元。但相对于韩国企业对华投资，中国企业对韩国的投资无论在数量还是在质量方面目前仍存在较大差距，投资行业多集中于批发、餐饮、住宿、旅游等服务业方面，对制造业投资较为滞后，但相信随着中国制造业国际竞争力水平的不断提高，中国对韩国制造业的投资必将呈现逐渐增加态势。而且中国对韩金融服务行业的投资亦呈现增长势头，目前，中国的中行、工行、建行、农行、交行等均已进驻韩国。

从行业上看，韩国先前对华投资主要集中在制造业，以中小项目为主，而且多集中于劳动密集型产业；投资方式主要采用外商独资形式；从地域上看，多集中于环渤海地区——占据了韩国对华直接投资额80%以上的份额。而近几年，韩资企业在华投资地区从环渤海及东北地区逐渐扩展到长江三角洲和中西部地区，投资项目趋于大型化；同时，鉴于中国劳动成本的上升，投资领域开始从劳动密集型产业向资本和技术密集型产业转移。

韩国对华直接投资虽然涉及许多领域，但制造业的投资始终占据主导地位，对金融业、批发零售业及交通运输业的投资处于刚刚起步阶段，不过，却是韩国对华投资拓展的重要领域，其中韩国对华金融服务业的投资增长尤为迅猛，其占韩国对华投资的比重10年间增长超过30倍。

当前韩国对华投资主要集中于环渤海一带和长江三角洲地区，但随着韩国企业在华投资重心从原先的"成本导向型"投资转向面对中国市场的"产业链投资"，对东北地区的投资尤其是对黑龙江省和吉林省的投资呈下降趋势；华东地区由于经济持续高速增长、市场潜力巨大，吸引了众多韩国投资者，因此中韩贸易和投资重点已开始向华东地区转移，其中韩资企业对江苏省的投资飞速增长，经贸与人员往来更加密切。与此同时，中韩在能源、交通、信息通信及人员流动等诸方面已进行着广泛而深入的交流与合作。例如2010年，中韩新签劳务和工程承包合同额3.5亿美元，完成营业额2.6亿美元，派出5978人。截至2010年12月底，累计完成营业额55.6亿美元，期末在外人数3.8万名。

二　中韩经贸合作中存在的问题

（一）贸易不平衡渐趋扩大

随着中韩经贸往来的不断深入，在中韩双边经贸关系不断取得新进展、双边贸易额绝对数量持续增长、贸易结构不断优化的同时，贸易逆差额也同步增加且呈扩大趋势，已成为中韩经贸合作中的突出问题。2011年韩国成为中国贸易逆差最大来源国，总逆差为457亿美元，几乎和2010年持平。1992～2011年中国对韩逆差额已达4380亿美元，占同期中韩贸易总额的28%以上，占同期中国对韩出口额的79%左右。

除个别年份外，中韩贸易逆差额基本延续增长势头，特别是在2001年中国加入世贸组织后的几年里，韩对华贸易顺差增长加快；中韩贸易逆差额占中韩贸易总额的比重则波动较为剧烈，可以看出近几年受欧债危机及韩美、韩欧FTA的影响，中国对韩进口增速减缓，使得中韩贸易逆差占贸易总额的比重呈下降趋势。

贸易不平衡问题的深化、持续的巨额贸易逆差导致双边贸易摩擦不断，促使贸易保护主义抬头，对两国经贸关系的健康发展产生了不良影响，以致阻碍了中韩FTA的早日建立，应引起中韩两国政府的高度关注。

（二）知识产权保护不力

知识经济时代，科学技术作为一国经济增长的重要要素显得日益重要，知识产权逐渐成为一国提高核心竞争力的战略资源，其对国家利益的影响越发明显。随着全球性竞争的日益加剧，企业之间围绕知识产权的竞争也在逐渐增大。

由于经济发展阶段、法律制度、市场环境等不同，中韩两国在知识产权认识、保护等方面存在差异。韩国在20世纪60年代效法日本，并于80年代加入巴黎公约，经过1985年与美国的知识产权协商和20世纪90年代世界贸易组织TRIPs及世界知识产权组织相关协定的加入，目前已达到国际标准。而中国是在1978年改革开放以后才开始关注知识产权问题的，2001年加入WTO以后，中国的知识产权法根据TRIPs协定的规定进行了修改。

尽管在多数年份中韩两国的专利申请都呈现出增长趋势，但韩国企业在华的专利申请数量远高于中国企业在韩国的专利申请数量，而且在当前欧债债务危机持续、世界经济增长充满变数的情况下，两国企业的专利申请都出现了不同程度的下滑。

国际上韩国企业的专利申请数量虽然占上风，但是属于世界一流先进技术的还不多，以现有的技术水平进入中国市场，很容易遭到外观设计和商标模仿等知识产权侵害——韩国产品在中国遭到的侵权以模仿商标、高新技术产品侵权以及著作权侵害等为主。据韩国企划财政部数据，2000～2006 年，225 个韩国企业在国外遭受侵权，共 290 件，其中中国为侵权最多的国家，达 65 件。其中，三星电子的手机、MP3 播放器等排在首位。

（三）投资合作相对滞后

20 世纪 90 年代，中国为了推动出口贸易发展、加快产业结构调整，开始向海外转移国内成熟的技术和产业，鼓励有实力的国内企业到海外投资。当前中国企业的海外投资主要依赖政府的积极鼓励政策，以并购方式为主。中国对外投资动机与发展中国家海外投资相似，一是为了扩大出口，拓展海外市场；二是为了学习和掌握他国先进的科学技术、管理经验；三是为了开发利用国外的自然资源、保障本国的资源供应。

相对于欧盟、美国、日本间的投资，中韩投资合作形式单一，企业并购即 M&A 和绿地投资不足，中韩之间缺少大型合作项目，大多数投资合作不足百亿美元，投资技术水平偏低，缺乏高新技术产业的投资，而且中韩之间的相互直接投资波动剧烈，具有不确定性，容易受外部经济状况主要是美国、欧盟经济运行状况的影响。

中国对韩国投资相对于中国对外总投资十分滞后，与中韩经贸合作也不相称，主要原因在于韩国投资条件与中国企业海外进军的目的相背离。而且韩国对华投资占韩国对外投资总额的比重自 2004 年后大幅下降，主要因为中国劳动力及原材料价格的上涨使得企业的生产成本提高，挫伤了成本导向型的韩国企业对华投资的积极性。

（四）海洋资源开发存在争端

中国与周边国家的海洋争端已成为近年来困扰中国外交的最大问题之一，且有愈演愈烈之势。其中以中日东海划界与钓鱼岛争端、中国与某些东南亚国家的南海争端最为突出，中韩在海洋方面的分歧，相对而言，长期处于遮蔽或半遮蔽状态。中韩相邻海洋宽度不足以使两国各自划定 200

海里的专属经济区和大陆架，划界分歧较大。中国主张公平原则、自然延伸原则，韩国主张中间线原则。海域界限的不清晰必然使得中韩在海洋资源开发方面存在争端。

《中韩渔业协定》于 2001 年 7 月 1 日生效，韩国开始据此管制在韩国专属经济区水域捕鱼的中国渔船，中国渔船的捕鱼海域大大缩小，导致中国渔民与韩国警察之间冲突频发。

三　推动中韩经贸合作的对策建议

（一）加快推进中韩自贸区建设

在 2004 年 11 月举行的亚太经合组织（APEC）领导人非正式会议上，中韩两国领导人就启动 FTA 可行性民间联合研究达成共识，并于 2005 年 3 月正式启动。2007～2008 年，中韩两国共举办了 5 次自贸区官产学联合研究，就构建中韩 FTA 所涉及的诸如建立中韩 FTA 的宏观经济影响、自贸协定涵盖的领域、两国贸易投资自由化对产业的影响、敏感产品及敏感领域的处理方式，以及确定两国自由贸易协定的谈判形式和时间等问题进行了深入细致的协商和讨论。2010 年 5 月，中韩两国政府宣布结束自贸区官产学联合研究。2012 年 5 月，中韩两国在北京举行第一轮自由贸易协定谈判，设立了以双方首席代表为共同秘书长的贸易谈判委员会（TNC）。2014 年 11 月 10 日，韩国产业通商资源部部长尹相直和中国商务部部长高虎城于北京人民大会堂在中韩自由贸易协定（FTA）谈判结束后的中韩两国政府之间的会议记录上签名。韩国总统朴槿惠和中国国家主席习近平共同见证了这一仪式。

中韩之间生产要素禀赋及经济发展水平的差异为两国自由贸易区的构建奠定了基础。为推动中韩 FTA 进程，应优化中韩出口商品结构、推动产业内贸易的发展。为此，中国应加大科技创新，改变中韩传统的国际分工结构，努力推进产业价值链的升级，促进中韩之间产业链条的衔接。中国还应提高出口商品的质量和档次，改变出口商品所谓"低价倾销"的状况，减少中韩之间的贸易纠纷。为促进韩国对华出口，中国方面应采取切实有效的措施改善在华韩国企业遇到的诸如供给过剩引发的过度竞争、流通系统复杂、信息搜集难等经营上的难题；为促进中国对韩国的出口，韩国方面应逐步减少调节关税及技术性贸易壁垒的限制，在对双方都有利的条件下，适时开展对等贸易，逐步扭转中韩贸易逆差扩大的趋势，实现贸易收支平衡。

（二）规范市场秩序，保护知识产权

韩国知识产权局（KIPO）2010 年宣布建立美日欧中韩五国知识产权纠纷判例数据库。2011 年，第十一次中日韩局长会议更新了合作路线图，并签署了《中日韩三国关于加强知识产权领域合作的共同声明》，标志着三国知识产权合作进入新阶段。在中韩自由贸易区谈判中，知识产权谈判也是重要组成部分。

中韩两国政府应尽快制定各自的国家知识产权战略，将知识产权保护上升到国家政治层面。应积极培育自主知识产权，促进中韩两国自主知识产权产品交易，适应经济全球化和知识产权规则国际化的发展趋势，增进和维护中韩两国的利益；完善知识产权宏观管理机制，提高政府管理能力，通过大力宣传、培训及普及教育，提高全社会尤其是各企业的知识产权保护意识，使全社会充分认知与了解尊重和保护知识产权的重要性，切实把知识产权保护与技术创新相结合。推动中韩技术贸易的发展、扩大中国对韩国的技术出口，相关政府部门应为企业的技术革新提供一系列的金融、技术及政策扶持，同时企业自身要尽快建立和完善知识产权内部管理制度，自觉、切实把知识产权保护管理工作纳入研发、生产和经营的全过程。

（三）扩大深化中韩相互直接投资

为了解决中韩贸易收支失衡问题，中国应加快向韩国投资的步伐。目前双方的资金流动更多地表现为韩国对中国的单向投资，不利于中韩经贸合作的持久稳固发展。而且，中国拥有巨额外汇储备大量资金滞留国内容易造成资产泡沫，也不利于投资的多样化。中国企业应积极实施"走出去"的策略，加大对韩国的生产性投资，这样不仅可以使双方合作更加深入，而且可以带动对韩国的出口，减少中方逆差，从而促进双边贸易的均衡发展。同时，中国对韩投资的增加有利于降低韩国的失业率，刺激韩国经济的复苏，特别是在美国金融危机和欧洲债务危机的影响下，欧盟和日本对韩投资均呈下降趋势，为中国增加对韩投资提供了机遇。

由于吸引外资不仅在于提供优惠的税收、廉价的生产要素，更在于具有良好的基础设施、完善的法律环境和监管框架及公平的市场竞争环境，为扩大深化中韩相互直接投资，中韩两国政府都应在上述方面加强合作、共同努力。为扩大中国对韩投资，应建立健全中国海外投资保障法律体系，为企业海外投资提供信息、金融、财政等方面的服务；面对中国巨大的市场需求和不断增长的工业技术水平，韩国则应积极进行产业结构重组以适应中国的投资需求。同时，应建立一个切实反映双边贸易状况的金融合作体系，加大彼此间的外汇持有量以减少对美元的依赖。应按照1997年亚洲金融危机后中韩签订的双边货币互换协定即《清迈协定》（CMI），逐步扩大中韩货币互换合作，建立共同应对外部冲击的长效机制。

（四）建立有效磋商机制，加强政策协调

中韩自1992年建交以来，保持着密切的睦邻友好政治关系，两国建立并完善了政治和安全对话机制，特别是建立了两国领导人之间的互访和会晤机制。1998年，两国确立了面向21世纪的合作伙伴关系；2003年7月，中韩领导人签署联合声明，将这一关系提升为全面合作伙伴关系；2012年5月，第五次中日韩领导人会议在北京举行，发表了关于提升全方位合作伙伴关系的联合宣言。

受欧洲债务危机的影响，在当前许多不确定性因素存在的情况下，国际金融危机的深层矛盾依然存在，世界经济的全面复苏将是一个缓慢和曲折的过程。中国和韩国作为亚洲重要的两大经济体，在经济全球化的背景下，应进一步加强相关宏观经济政策协调，加强涉及经贸合作的法律法规和执行程序方面的交流合作，充分沟通，妥善处理分歧，共同采取行动，同各方一道推动世界经济早日复苏。

虽然中韩之间签有渔业协定且就共同打击非法捕捞行为、加强两国在海上的联合执法等方面达成了相关协议，两国的渔业纠纷仍在升级。面对当前不断升级的渔业纠纷，韩国单方面采取高压政策，不利于问题的解决，反而可能造成双方更加激烈的对抗。两国有关渔业部门应加强沟通，

实行海上联合执法和管理,建立相关的信息数据库,以实现信息共享及政策协调。

四　结语

中韩两国作为东亚地区的重要经济体,在当前欧债危机持续蔓延、世界经济复苏势头减缓的背景下,韩国应充分利用中国的西部大开发、东北老工业基地振兴战略,把握东北地区生产技术更新、工业设施改造所带来的市场机遇,进一步提升双边经贸合作水平,建立面向未来的经贸合作伙伴关系。这不仅是双方经济发展的需要,更是两国更好地参与国际分工、应对经济全球化与区域经济一体化挑战的要求,有利于两国经济的持续增长,也有利于推动东北亚区域经济合作进程。

参考文献

张东明:《浅析韩国的绿色增长战略》,《当代韩国》2011 年夏季号(总第 68 期)。

张东明:《2010 年韩国经济发展主要成就与 2011 年形势展望》,载牛林杰、刘宝全主编《韩国发展报告(2011)》,社会科学文献出版社,2011。

张东明:《2010 年中韩经济合作述评与展望》,载牛林杰、刘宝全主编《韩国发展报告(2011)》,社会科学文献出版社,2011。

周寅、张东明:《浅析韩国证券市场》,《辽东学院学报》(社会科学版)2011 年第 1 期。

张东明:《中韩物流合作的可行性思考》,白承镐主编《韩国研究》(第十一辑),国际文化出版公司,2010。

张东明:《浅析周边国家经济合作发展现状及趋势——以中韩农产品贸易结构与发展为视角》,复旦大学韩国研究中心编《韩国研究论丛》(第二十二辑),世界知识出版社,2010。

张东明:《中韩经济合作述评与展望》,载牛林杰、刘宝全主编《韩国发展报告(2010)》,社会科学文献出版社,2010。

《中国对外经济贸易统计年鉴》(1993~2009)。

新华网,www.xinhuanet.com。

中国中央政府门户网站，http：//www. gov. cn/。

振兴东北网，http：//chinaneast. xinhuanet. com/。

中国日报网，http：//www. chinadaily. com. cn/。

中韩建交 30 年经贸总额
突破万亿美元的条件及可行性

——纪念中韩两国建交 20 周年

刘　瑞　张后乐

【内容提要】在中韩建交的 20 年中，中韩经贸总额以年均 22.7%的速度递增。其成功在于五个方面：两国政治领导集团对中韩经贸关系的高度重视和双方之间的政治互信；两国工商集团对中韩经贸关系的高度认同和推动；两国经贸关系的互补性；两国政府对经贸关系设定的限制条件在经贸关系扩大过程中逐步放松；周边政治和经贸关系格局稳定。经过简单预测，到中韩建交 30 周年时，两国经贸总额将突破万亿美元。但要实现美好前景，需要应对好四个方面的挑战：韩国在华企业承受中国经济成本上升的耐压性挑战；中韩经贸关系长期不平衡的挑战；中国投资进入韩国受限制和歧视的挑战；中韩民间亲善友好脆弱性的挑战。为此需要在四个方面进行经贸关系条件改善：继续加强两国政治领导集团之间的互信；建立中韩 FTA；认真对待中韩贸易的不平衡性并求得大致平衡；继续稳定朝鲜半岛脆弱的和平局面。

【关　键　词】中韩经贸　FTA

【作者简介】刘瑞，博士，中国人民大学经济学院国民经济学教授，2001～2002 年度韩国高等教育财团国际交流项目人选。张后乐，中国人民大学经济学院国民经济学硕士研究生。

2012 年是中国和韩国建立外交关系的第 20 个年头，两国关系进入了全面建设战略合作伙伴这一新的合作阶段。建交后，两国政治经济关系持续稳定发展，双边交流合作不断扩展深化。以中韩经贸领域数据为例，建交 20 年间中韩经贸总额已由 1992 年的 50.6 亿美元增长至 2540 亿美元。同时随着双边贸易合作的深入，中韩之间的相互投资也逐渐深化，FDI 持续上升。截至 2010 年，中韩间投资总额已达 480 亿美元，20 年时间增长近 300 倍！通过观察一系列数据可以看出两国因为传统的经济结构的互补性，双边经贸发展取得了长足进步。但当世界进入后危机时代，中韩两国对自身的发展路径进行调整，以及过去以来的相对优势资源如劳动力价格，使得过去的互补基础逐步丧失，引发了诸多问题。东北亚复杂的地缘政治环境使中韩经贸问题更加复杂。在如此情况下，如何继往开来，是我们要着重讨论的问题。

一　中韩经贸发展 20 年回顾

中韩于 1992 年 8 月正式建立了外交关系，至今已经走过 20 个年头。回顾两国这 20 年的经贸发展历程可以看出，因中韩经济结构的互补性，以及中国的改革开放政策和韩国的出口导向型的增长路径，虽经历如 1997 年亚洲金融危机，朝核危机及全球金融危机、领导人的换届，但仍然保持了快速发展，两国经贸合作不断扩大、深化。其中主要包括经贸总额的持续提高，两国间投资规模的不断扩大以及双边合作的不断深化，中韩经贸在整个世界范围内地位的提升。

（一）经贸总量迅速增长

中韩两国建交以来，双边贸易关系发展迅速，20 年来双边贸易额的年均增长率高达 22.7%。据中国海关总署公布的数据显示（见表 1），在 1992 年建交的时候中韩贸易额只有 50.6 亿美元，而到了 2011 年中韩贸易额达到 2456.0 亿美元。其中，韩国对中国的出口额 1992 年只有 26.2 亿美元，1995 年时就突破了 100 亿美元，2000 年则突破了 200 亿美元，到 2011 年时就有 1627.0 亿美元了。而韩国从中国的进口额从 1992 年的 24.4 亿美元增长到 2011 年的 829.0 亿美元。

表 1 中韩贸易发展（1992～2011 年）

年 份	中韩进出口总额（万美元）	中国出口额（万美元）	中国进口额（万美元）	中国贸易逆差额（万美元）	进出口总额年增长率（%）
1992	506061	243745	262316	18571	
1993	822010	286019	535991	249972	62.4
1994	1172160	440245	731815	291570	42.6
1995	1698104	668781	1029323	360542	44.9
1996	1998148	749986	1248162	498176	17.7
1997	2405655	912687	1492968	580281	20.4
1998	2126587	625152	1501435	876283	− 11.6
1999	2503380	780762	1722618	941856	17.7
2000	3449977	1129236	2320741	1191505	37.8
2001	3589600	1251878	2337695	1085817	4.0
2002	4464700	1553456	2856801	1303345	24.4
2003	6323100	2009477	4312805	2303328	41.6
2004	9006800	2781156	6223410	3442254	42.4
2005	11190000	3510778	7682040	4171262	24.2
2006	13424635	4452221	8972414	4520193	20.0
2007	15985081	5609886	10375195	4765309	19.1
2008	18606991	7393199	11213792	3820593	16.4
2009	15621479	5366972	10254507	4887535	− 16.0
2010	20711512	6876626	13834885	6958259	32.6
2011	24560000	8290000	16270000	7980000	18.6
1992～2002 年年均增长率					24.3
2002～2011 年年均增长率					23.8

资料来源：中国海关总署统计数据。

（二） 两国间投资规模不断扩大

韩国对中国投资始于 1985 年，起步较晚。据中国商务部统计，1985～1992 年，韩国企业在华投资项目只有 942 个，合同金额 6.2 亿美元，实际使用金额只有 1.6 亿美元。而根据中国国家统计局的资料（见表 2），截至 2010 年，韩国在华投资项目达到 52172 个，实际使用金额达到了 473.03 亿美元，比建交前的 8 年足足增长了 294 倍之多！

而据韩方统计，2010 年韩国对外直接投资额已经突破 200 亿美元，其中，对中国的投资超过了对美国和日本的投资。中国已成为韩国对外投资的最大目的国。中国商务部 2012 年公布的 2010 年引进外资的统计也显示，中国从韩国企业引进的直接投资的实际使用金额仅次于直接、间接投资最多的国家——日本和美国，居第三位。

表 2　境外投资情况（2010 年）

国别/地区	项目数（个）	占比（%）	实际使用外资金额（亿美元）	占比（%）
中国香港	322391	45.36	4562.12	41.18
英属维尔京群岛	20943	2.95	1118.46	10.10
日　　本	44163	6.21	735.65	6.64
美　　国	59642	8.39	652.23	5.89
中国台湾	83133	11.70	520.16	4.70
韩　　国	52172	7.34	473.03	4.27
新加坡	18793	2.64	468.59	4.23
其　　他	109510	15.41	2548.34	22.9
总　　额	710747	84.59	11078.58	77.01

资料来源：中国国家统计局 2011 年统计年鉴。

同时，随着中国自身经济实力的提升，以及"走出去"战略的实施，近年来也积极主动赴外国进行投资，因为东亚地区的地缘的相近、文化相近，中国在东亚地区的投资总量在快速增长。

从图 1 可以看出，在中国在东亚的对外投资中，对韩国投资一直高于日本。在东北亚三国经贸关系中，中国事实上已经与韩国结成了更为密切的投资伙伴关系，双边经贸结构不断优化，中韩经贸体在世界经济中的地位获得了提升。

（三）总结

回顾这 20 年的中韩经贸发展历程可以看出，中韩企业之间建立了互利

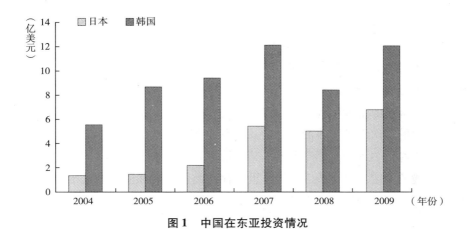

图 1　中国在东亚投资情况

共赢的经济联系，交往日益紧密，大有一体化之势。韩国企业从中国获得了广阔的市场和廉价的劳动力，中国企业从韩国获得了先进的技术和管理方法，两国携手共同开拓欧美市场，获得了各自的发展利益。

1. 中韩经贸过去 20 年经受了两次金融危机打击，两次打击均给中韩双方当年的经贸造成非常显著的影响，但是两国经贸关系迅速恢复过来并继续发展，充分说明中韩经济贸易往来已经相当深化和稳固。产生这种深化和稳固的经贸关系是需要一些条件的，认识这些条件对未来双方经贸关系的发展具有积极意义。简而言之，这些条件主要有五个。

（1）两国政治领导集团对中韩经贸关系的高度重视和互信。中韩两国政治领导集团的政治理念是完全不同的，但是过去 20 年两国高层共同维护和推动了两国经贸关系，这是双方经贸关系发展的必要条件之一。

（2）两国经济工商集团对中韩经贸关系的高度认同和推动。两国经济工商集团的利益有对立，但是更多的时候是共同利益优先于差别利益，整体利益优先于局部利益，大利益优先于小利益。对对方利益的照应是经贸合作成功的充分条件之一。

（3）两国经贸关系具有互补性，并且双方依据互补性新变化做出动态调整。中韩经贸关系建立之初就具有一种互补性，这是显而易见的客观条件。随着双方互动的推进，有些互补性关系开始减少，竞争性关系开始增加，但是双方的互动调整使得互补性在更高层次上延续。这是双边经贸成功的充分条件之二。

（4）两国政府对经贸关系设定的限制条件在经贸关系扩大过程中逐步放松。尽管双方过去没有自由贸易协议，但是在 WTO 框架之下和双边政府不断的补充协议之下，双方经贸关系的限制性条件日益放松。这是经贸成功的充分条件之三。

（5）周边政治和经贸关系格局稳定。20 年间，双方共同应对了朝鲜半岛上发生的多次经济、政治、社会及军事冲突和危机，所有冲突和危机都没有让双方经贸关系交流停滞不前，其中最重要的因素是双方共同努力维持了周边环境的稳定。这个条件在当今世界存在类似冲突和危机的其他地区是不曾具备的。稳定的周边环境是中韩经贸关系发展的必要条件之二。

2. 中韩经济在东亚经济乃至世界经济中所扮演的角色正在发生变化。中韩建交之初，中国还只是一个不起眼的发展中国家，如今中国已经取代日本成为全球第二大经济体。中国仍然把自己当作发展中国家，但是世界已经对中国刮目相看了。同样，20 年前，韩国刚刚取得工业化国家资格，是 OECD 国家中的新成员；20 年之后，韩国已经超越了大多数工业化国家，成为世界第七大经济体。应当说，两个国家在经贸合作的 20 年中，共同迎来了各自在世界经济体系之中地位的提升。这有利于强化中韩双方进一步推动经贸合作的国家意识和民间意识。

3. 中韩经贸合作的结构在发生变化。20 年前，中韩经贸结构互补性极强，但是 20 年之后，这种互补性开始减少。从两国的经贸结构可以看出，电子、机械产品已成为主体，农产品和初级原材料所占的比重较小，人员交往、劳务输出、服务贸易持续增长，两国贸易结构正在优化升级。相对而言，韩国对中国的进出口结构变化不及中国显著。中国近年来已经由低附加值的产业链低端制造业、原料出口国向高附加值、高技术含量的工业制成品出口国发展，中韩两国在外贸领域的趋同性导致两国在外贸新环境下产生了一些竞争和摩擦。这说明中韩企业之间的经济联系已达到相当的深度，为了促进中韩企业长期合作和共同发展，中韩之间迫切需要建立一种更紧密的交流协调机制。

二　中韩经贸未来 10 年的发展预测

一般来说，没有理由对未来 10 年中韩经贸关系发展抱悲观看法。中韩经贸关系在过去的 20 年中经历了太多的挑战和意想不到的危机，但都能安然渡过。显然未来 10 年不会再有超过像 1997 年或 2008 年那样巨大的金融危机。据此，笔者依据两种计算方法对未来 10 年即 2012～2022 年的中韩经贸总额进行了粗略估计。

第一种估计方法：按历史增长率外推。这种方法简单地计算了研究对象的初始期值与计算期值之比的增长率，再假定未来期大致条件不变而用这个历史增长率做预测。按照前 20 年的实际年均增长率，第一个 10 年（1992～2002 年），中韩经贸规模年均递增 24.3%，实际规模由 50 亿美元增长到约 450 亿美元；第二个 10 年（2002～2011 年），中韩经贸规模年均递增 23.8%，实际规模由 450 亿美元增长到约 2500 亿美元。第三个 10 年（2011～2022 年），按不低于 20% 的增速计算，双边经贸总额预计将由 2500 亿美元增长到 18000 亿美元！显然，18000 亿美元的巨额贸易数字是令人吃惊的。

第二种估计方法：ARIMA（移动平均自回归模型）。这种方法考虑了研究对象在不同时间上的相继观察值排列情况，再假定未来大致条件不变而模拟未来期数据，展示研究对象在一定时期内的发展变化过程。具体模拟方法和过程参见本文附录。依照模拟结果，2012～2015 年，中韩贸易总额年增长率为 17.2%～18.3%，自 2015 年之后会稳定在 17%。根据此结果可以确定，在一切外部条件不改变的情况下，未来中韩贸易总额的增长仍会保持一个较高的增长速度，但是已经低于之前 20% 以上的年均增长率。据此测算，到 2022 年中韩建交 30 周年时，双边贸易总额也会达到 13000 亿美元。

尽管两种预测方法都是比较简单的趋势外推，13000 亿～18000 亿美元贸易总额预测也不十分精确，但是我们有理由相信，未来 10 年中韩之间的经贸总量突破万亿美元大关应该不成问题。过去 20 年中韩经贸关系遇到过像 1997 年和 2008 年金融危机那样巨大的两次外部冲击，以及各自内部的一些政治、经济、社会矛盾冲击，但这些都未能阻挡两国的经贸往来和经贸关系的发展。因此，除非发生特别重大的意外事件，这种趋势是不太可能逆转的。

三　中韩经贸发展未来 10 年可能面临的新挑战

中韩经贸关系保持过去 20 年增长趋势的难度在加大，归结起来，未来

10年中韩共同面临着一些新挑战。

（一）韩国在华企业承受中国经济成本上升的耐压性挑战

中国和韩国作为亚洲发展模式的典型，在过去20年之中充分发挥了各自的比较优势，不同程度上对外向型的增长路径有依赖。过去20年，中国利用自身的廉价劳动力，土地资源和宽松的政策环境，在短时间内就成了国际贸易中的重要一员，甚至是世界工厂，主要出口市场是欧美发达国家和地区。作为中国的近邻和走着几乎同样发展路径的韩国企业，是中国低成本资源的受益者。

但是2008年的金融危机改变了这种局面。首先，中国城市化进程导致劳动成本上升。目前中国城镇化率已超过50%，已有1.2亿农民工进城，另有1.2亿农民工进入非农产业。中国劳动力供给已不像20年前那样充裕。几乎同时，中国人口"红利"开始消失，沿海地区劳动成本率先上涨。其次，中国经济发展方式转变也导致劳动成本上升。因2008年危机欧美经济受损，其消费能力下降使中国认识到传统出口导向型模式的局限性，经济增长必须依赖内需消费拉动。而拉动内需消费的主要办法就是通过直接或间接的方式提升个人收入和福利。个人收入和福利提升绝对地使得劳动成本上升。最后，中国工业化中后期的环境成本上升。过去20年，中国大力发展了资源消耗型产业。中国工业增加值占GDP的比重为43.5%，其中重工业比重达70%。但是现在开始注重保护环境和合理使用环境资源。为保护和治理环境而支付的环境费用将会大大上升。

所以，单纯利用中国廉价劳动力和资源的外向型企业感觉到了严重的生存压力。韩国在华的多数中小企业对劳动和环境成本上升敏感度高，一有风吹草动就出现跑路现象。而这种跑路行为在缺乏法律机制制约的情况下极易给中国普通劳动者和债权人造成伤害。所以，韩国在华企业如何应对中国经济成本上升的压力以及中国如何处理韩国企业的跑路行为，是进一步保持中韩经贸关系持续发展的挑战之一。

（二）中韩外贸关系长期的不平衡性挑战

在以往的中国对外贸易中，中国方面大多保持顺差或是比较稳定的逆差规模，贸易逆差通常不会随着贸易规模的扩大而扩大。但中韩之间，自中韩建交的第一年起，中国对韩国就存在贸易逆差，且随着两国贸易总量的扩大，贸易逆差也在扩大。1993 年，中国的逆差为 12.22 亿美元，而到 2000 年已增至 344.3 亿美元，截至 2011 年底，中国贸易逆差已高达 798 亿美元。据韩国方面统计，中国是韩国排在美国之后的第二大顺差来源国。

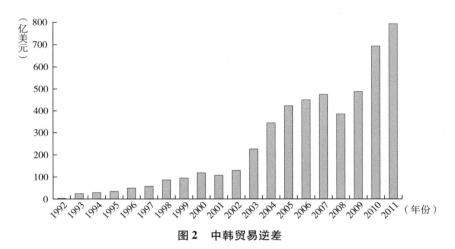

图 2 中韩贸易逆差

产生逆差的原因很多。第一，这种逆差是由于中韩贸易的互补性造成的。在中韩经贸关系中，中国扮演加工工厂的角色，而韩国是这个加工工厂关键部件的提供者，中国企业需要从韩国进口大量的诸如芯片、电子显示屏之类的高科技原件，在中国组装后销往欧美的发达国家，而近年来中国企业在国际市场上的竞争力提高、市场占有率增长，对欧美出口增多，这种需求在逐步扩大。韩方对华出口的大多数是高附加值产品，而中方对韩出口的大多数是低附加值产品，一高一低造成中方的逆差和韩方的顺差。第二，中国产品进入韩国面临诸多关税和非关税壁垒。中国与韩国在中低端产业方面较为相似，加上中国有价格优势，所以韩国对中国产品进口有恐惧心理。这点在中国农产品出口上得到了集中体现，2002 年的中韩"大蒜手机之战"、2004 年的"泡菜之争"都充分反映了这一点。长此以往不利于双边贸易的持续稳定发展，这一问题应得到韩国方面的重视，韩方应立足长远、加强与中国的协调，从而解决贸易不平衡问题，使两国贸易走上更加良性发展的共赢道路。

（三）中国投资进入韩国受限制和歧视的挑战

近年来，随着中国经济实力的增强以及国际化步伐的加快，中国政府和企业不仅要"引进来"还要"走出去"，中国企业普遍有海外投资的需求。因为地理位置、文化背景等诸多因素，韩国也成为中国海外投资的重要目的地之一。但是，韩国对国内产业的保护政策使中国企业投资韩国面临很多困难。韩国政府设定了很高的外资进入门槛，中国企业进入金融、航空、海运、医药制造等领域时面临诸多壁垒。例如，韩国规定工程承包商必须在韩国当地有业务或合作方才可进入韩国市场，这实际上堵塞了没有在韩工作经历的外国企业进入韩国市场的道路。中国企业在海外承包市场上具有一定的实力，但正因为韩国的这一规定，目前在韩国工程承包市场上尚没有一家中国企业。再比如，中国的中医师要进入韩国，中国颁发的医师资格证是不被韩国承认的。若想考取韩国医师资格证，医师必须精通韩语。许多中医师就是受这一规定所限而难以进入韩国工作。就企业间并购投资来讲，因为韩国劳资关系复杂，技术出让限制较多，中韩企业在跨国并购时常两败俱伤。

韩国市场"密闭"程度很高，外资企业很难打进。这不仅是中资企业遇到的问题，很多发达国家和地区的企业在进入韩国时都面临这样的问题。但是韩国对美国企业设置的标准相对较低。在韩国市场，中国企业想要与美国企业站在同一起跑线上，是有些困难的。根据韩国知识经济部的资料，2010年，韩国吸引外国直接投资已达131亿美元，创下亚洲金融风暴以后的历史最高纪录。外资企业作为韩国经济重要的组成部分，不仅有利于韩国经济的增长，还起了推动韩国产业发展的重要作用。而近年来，受金融危机影响，发达国家对韩国的直接投资在减少。韩国政府在意识到这点之后对来自新兴市场经济国家，特别是中国的投资进行了松绑，为中国企业开辟韩国市场打下了很好的外部环境基础。值得注意的是，中国企业还须把握韩国市场特点，找准市场定位，才能有所作为。

（四）中韩民间亲善友好脆弱性的挑战

中韩之间的经贸利益关系已经为双方上至精英下至草根阶层的全体国民所认同，但是基于复杂的历史和地缘背景，中韩之间时不时地爆发民间及媒体冲突，有时还演变为激烈对抗，比如中国渔船越界捕鱼事件等。首先要承认，中韩之间的民间亲善程度要高于韩日之间和中日之间，但是这并不等于中韩民间亲善程度有多高。韩国民间的情绪容易被媒体宣泄和放大出来。各种游行示威对韩国政府制定对华经贸政策有较大影响。未来 10 年朝鲜半岛的各种危机显然还会不少，而中韩两国都有自身的国家利益和民族利益，当危机引起两国利益的对立时，民间的亲善程度将会受到影响，对维护和保持正常的经贸关系将形成挑战。

四 保持中韩良好经贸关系的条件改善

（一） 继续加强两国政治领导集团的互信

过去 20 年中韩经贸关系有如此迅速的发展得益于两国政治领导集团高度重视并共同努力推动这种经贸关系。在中国方面，按照正常情况估计，习近平将持续领导中国十年，这有利于中国方面实施对韩的一贯经贸路线和策略。但是在韩国方面按照正常情况估计，将有两届政府，其经贸路线和策略的不确定性要比中国大。因此中国同时保持与韩国执政党和在野党的密切接触和交流，韩国执政党努力超越党派利益来发展对华经贸关系，都是非常重要的事情。

（二） 建立中韩 FTA

自由贸易区是在两个国家依循 WTO 框架前提下，为了更好地促进经贸往来而建立的消除关税、贸易配额的跨国经济共同体。中韩以互补为主的外经贸模式，要求两国在 WTO 框架下建立健全贸易摩擦解决模式，结合政府和各行业协会的力量，通过自律组织和仲裁机构及时有效地化解争端。从长远来看，自由贸易区可以促进中韩经贸关系再上新台阶。

过去的 20 年，第一个 10 年是在没有任何自由贸易协议情况下的双边互惠互利经贸合作，经贸合作取得快速发展；第二个 10 年是在中国与韩国共同参与 WTO 游戏规则之下的多边互惠互利经贸合作，经贸关系继续取得快速发展。因此有理由相信，在第三个 10 年中，在 FTA 框架之下，中韩将拥有更多的经贸合作优惠与便利。那些在以前出现的诸多经贸及投资方面的障碍和问题，都可以通过 FTA 化解，因此中韩经贸合作前景十分光明。

（三）认真对待中韩贸易的不平衡性并求得大致平衡

中韩经贸不平衡问题由来已久，有其客观性，但是长期不解决会导致利益冲突。在 2008 年国际金融危机之后，中国已经意识到国际收支长期失衡、货物进出和资本进出的"双顺差"对中国利益其实是十分不利的。因此中国方面已经开始在采取步骤纠正国际收支失衡和缩小"双顺差"。尽管韩国是少数几个在与中国的进出口中长期逆差的国家，但是在大的国际收支平衡格局下，中国对韩国的这种进出口逆差不会长期听之任之。从韩国方面看，进一步转变观念，开放市场十分必要。在过去 20 年中，中国在汽车、白色电器、移动电子设备等领域已经向韩国及其企业做了巨幅让利，韩国跨国大企业的利润一半来自中国市场，这也是韩国贸易顺差的主要来源之一。所以韩国也应投桃报李，克服小利益团体的干扰，在农产品、金属制造、重化工等领域向中国开放，打破对中国企业、中国技术和中国产品的歧视观念和政策。

（四）继续稳定朝鲜半岛脆弱的和平局面

当今世界动荡不安。朝鲜半岛及其周边也是具备动荡不安因素的区域。过去 20 年中，尽管曾经几度处于战争边缘，但是所幸有惊无险，最终和平局面得以延续。但这是一种"纸和平"，极其脆弱。未来 10 年，如果没有在朝鲜半岛及其周边区域发生战争，则中韩经贸关系将会继续发展和深化；相反，一旦战事发生，中韩经贸关系发展将严重受阻。因此努力化险为夷，维护朝鲜半岛的脆弱和平局面，将是中韩以及其他当事国共同努力的方向。经济发展和贸易往来将最终化解敌意，缔造人类的共同幸福。

附录　ARIMA（移动平均自回归模型）预测中韩经贸增长

时间序列方法是一种实证计量经济学方法，指研究对象在不同时间上的相继观察值排列而成的一组数字序列，展示了研究对象在一定时期内的发展变化过程。

在此我们选用 ARIMA（p.q）模型进行预测。其中 AR 为自回归向量，I 为差分项，MA 为移动平均向量，p 为自回归向量阶数，q 为自动平均向量阶数。所以 ARIMA 模型就是在差分后平稳的时间序列的基础上进行自回归和移动平均预测的模型。

下面我们将利用 1992～2011 年这 20 年的中韩经贸总量同比增长率数据进行 ARIMA 模型的构建和预测。

1. 平稳性检验及差分

平稳性即时间序列变量呈现出一个长期趋势并最终趋于一个常数或一个线性函数。平稳性是时间序列模型对数据的基本要求，但是一般情况下因为趋势向、季节因素、周期波动等因素的存在使其不能满足这项要求，在计量经济学上就使用差分的手法进行处理。

对数据进行平稳性检验得到附表 1。

附表 1　Correlgoram of PER%

```
Date: 05/05/12  Time: 17:20
Sample: 1993 2011
Included observations: 19
```

Autocorrelation	Partial Correlation		AC	PAC	Q-Stat	Prob
		1	0.193	0.193	0.8272	0.363
		2	0.070	0.034	0.9436	0.624
		3	-0.072	-0.095	1.0715	0.784
		4	-0.160	-0.138	1.7493	0.782
		5	-0.387	-0.346	6.0208	0.304
		6	-0.246	-0.148	7.8764	0.247
		7	0.018	0.105	7.8874	0.343
		8	0.040	-0.012	7.9455	0.439
		9	0.036	-0.096	7.9958	0.535
		10	0.273	0.146	11.293	0.335
		11	0.298	0.184	15.716	0.152
		12	-0.036	-0.129	15.792	0.201

观察附表 1 可知，序列自相关系数没有迅速趋近于 0，所以存在非平稳性，因此，应对数据进行一阶差分。

附表2　Correlgoram of D（PER%）

```
Date: 05/05/12   Time: 17:28
Sample: 1993 2011
Included observations: 18
```

Autocorrelation	Partial Correlation		AC	PAC	Q-Stat	Prob
		1	-0.410	-0.410	3.5593	0.059
		2	-0.043	-0.253	3.6003	0.165
		3	0.092	-0.043	3.8033	0.284
		4	0.089	0.138	4.0064	0.405
		5	-0.129	-0.004	4.4674	0.484
		6	-0.212	-0.336	5.8103	0.445
		7	0.100	-0.278	6.1382	0.524
		8	0.165	0.100	7.1157	0.524
		9	-0.277	-0.069	10.195	0.335
		10	0.053	-0.102	10.324	0.413
		11	0.270	0.164	14.086	0.228
		12	-0.217	-0.133	16.915	0.153

从附表2可以看出，经过一次差分后，数据自相关系数迅速趋向于0，为平稳数据。

2. 构建 ARIMA 模型

对 PER（同比增长率）序列建立 ARIMA 模型，不同的 p、q 值下的估计结果整理成附表3。

附表3　ARIMA 模型

(p, q)		估计系数	标准差	t 统计量	p 值	调整可决系数	AIC	SC
(1, 1)	AR (1)	-0.8250	0.1163	-7.0929	0.0000	0.0178	-0.5082	-0.41020
	MA (1)	0.9116	0.0868	10.5018	0.0000			
(1, 2)	AR (1)	-0.8401	0.1363	-6.1636	0.0000	0.0133	-0.43865	-0.29161
	MA (1)	0.9427	0.1545	6.1022	0.0000			
	MA (2)	0.0236	0.0862	0.2733	0.7849			
(2, 1)	AR (1)	0.8116	0.3243	2.5024	0.0132	0.0076	-0.45741	-0.45741
	AR (2)	0.0054	0.0945	0.0573	0.9544			
	MA (1)	-0.7388	0.3157	-2.3400	0.0203			
(2, 2)	AR (1)	-0.0295	0.2814	-0.1049	0.9166	0.0190	-0.27648	-0.27648
	AR (2)	0.7062	0.2100	3.3630	0.0009			
	MA (1)	0.1616	0.2984	0.5415	0.5888			

续表

（p，q）		估计 系数	标准差	t 统计量	p 值	调整可决 系数	AIC	SC
（3，1）	MA（2）	− 0.7042	0.2524	− 2.7899	0.0058			
	AR（1）	0.10319	0.3547	2.0088	0.0460	0.0072	− 1.55631	− 1.36749
	AR（2）	0.01154	0.0923	− 0.3611	0.7184			
	AR（3）	0.06791	0.0838	0.8702	0.3853			
（3，2）	MA（1）	− 2.3842	0.3519	− 1.8155	0.0710			
	AR（1）	− 0.1231	0.3087	− 0.3987	0.6906	0.0169	− 1.12247	− 0.88645
	AR（2）	0.6392	0.2538	2.5189	0.0126			
	AR（3）	0.0767	0.0902	0.8502	0.3963			
（3，3）	MA（1）	0.2163	0.3048	0.7096	0.4788			
	MA（2）	− 0.6242	0.2970	− 2.1019	0.0369			
	AR（1）	0.0464	0.1979	0.2345	0.8149	0.0686	− 0.02396	0.259255
	AR（2）	− 0.3631	0.1473	− 2.4659	0.0146			
	AR（3）	0.7630	0.1881	4.0557	0.0001			
	MA（1）	0.0368	0.2322	0.1584	0.8743			
	MA（2）	0.4802	0.1706	2.8141	0.0054			
	MA（3）	− 0.6952	0.2313	− 3.0060	0.0030			

从附表 3 可以看出，当 p = 3，q = 1 时 AIC 值最小，所以构建 ARIMA（3.1）模型。

3. 对模型的检验

（1）通过运用 Eviews 6.0 对模型进行自相关性检验，获得结果如表 4：

附表 4　Correlogram of Residuals

```
Date: 05/05/12   Time: 18:02
Sample: 1997 2011
Included observations: 15
Q-statistic probabilities adjusted for 4 ARMA term(s)

Autocorrelation    Partial Correlation      AC     PAC   Q-Stat   Prob

                                      1  -0.136  -0.136   0.3350
                                      2  -0.202  -0.224   1.1339
                                      3   0.034  -0.032   1.1581
                                      4  -0.110  -0.166   1.4377
                                      5   0.003  -0.047   1.4379   0.230
                                      6  -0.046  -0.126   1.4971   0.473
                                      7  -0.180  -0.249   2.5299   0.470
                                      8   0.075  -0.082   2.7364   0.603
                                      9   0.013  -0.130   2.7440   0.739
                                     10  -0.188  -0.312   4.5434   0.604
                                     11   0.346   0.175  12.188   0.095
                                     12  -0.037  -0.121  12.303   0.138
```

27

显然，残差本身没有自相关性。

（2）对模型的正态性检验见附图1。

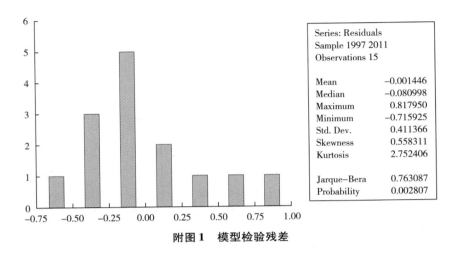

附图1　模型检验残差

从检验结果可以看出此模型残差具有正态性。综上可知，模型通过检验。

4. 模型的预测

根据上述模型利用 Eviews 6.0 的预测功能，对调整后的 2012～2022 年中韩外贸同比增长率数据进行预测（见附图2）。

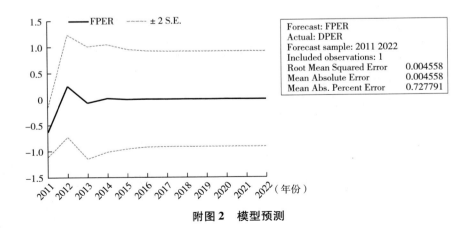

附图2　模型预测

通过观察可得，未来10年的中韩外贸增长大体可以分为两个阶段。

2012~2015 年，中韩的贸易总额年均增长率为 17.2% ~18.3%，2015 年之后会稳定在 17%。根据此结果可以确定，在一切外部条件不改变的情况下，未来中韩贸易总额仍会保持一个较高的增长速度。

参考文献

刘瑞、卢鹏起：《中韩经贸合作关系的若干问题及改进建议》，冯俊主编《亚洲学术》，人民出版社，2006。

刘瑞、周人杰：《全球金融危机下的中韩经贸关系调整及对策》，《国际经贸探索》2009 年第 3 期。

张载奎：《韩国企业对中国直接投资分析》，吉林大学硕士学位论文，2010。

张慧智：《中日韩东北亚共同体构想指导思想比较》，《东北亚论坛》2011 年第 2 期。

李明博：《"新亚洲构想"向中日发起挑战》，〔韩〕《朝鲜日报》2009 年 10 月 26 日。

以中日韩为核心的亚洲经济一体化
对未来世界新格局的影响*

崔日明　王　磊

【内容提要】纵观 21 世纪刚过去的十年，美国因金融危机陷入信任危机，欧盟因债务危机陷入治理泥潭。与此同时，以中日韩为核心的亚洲表现出的却是各方面强劲的发展势头。本文以此为主线，一方面，结合亚洲经济一体化的进展及其路径选择，深入剖析中日韩核心地位的体现机制；另一方面，分析亚洲经济一体化对未来世界新格局在经济、社会、政治、文化等方面的影响。本文预测，未来随着以中日韩为核心的亚洲经济一体化新模式的构建，以亚洲为核心的三足鼎立国际经济新格局最终将形成。

【关 键 词】中日韩　亚洲　经济一体化　世界格局

【作者简介】崔日明，辽宁大学经济学院教授、博士生导师，主要研究领域为国际贸易理论与政策、跨国公司、区域经济合作等。王磊，辽宁大学经济学院国际贸易学博士，主要从事国际服务贸易、区域经济合作方面的研究工作。

早在 20 世纪末 21 世纪初，就曾有人提出，在世界经济版图上，欧盟（EU）、北美自由贸易区（NAFTA）和东亚将呈"三足鼎立"之势，并且预言尽管相对于 EU、NAFTA 的区域一体化进程，亚洲（主要是东北亚）区域一体化举步维艰，经济实力当时与它们也还有一定的差距，但 21 世纪

---

* 文中未注来源数据主要来自世界银行网站、联合国货物贸易数据库（Comtrade Database）、亚洲开发银行、日本贸易振兴机构等。

将是"亚洲的世纪""东亚的世纪"。

纵观21世纪刚过去的十年，预言似乎已开始得到印证。一方面，欧美发达国家频频出现经济问题。2007年美国的金融危机暴露出其经济的致命弱点，有转嫁危机之嫌的二次定量宽松政策使以美国为主体的NAFTA的实力和声誉大打折扣。与此同时，多个国家频频出现的债务危机也使欧盟深陷治理泥潭。另一方面，反观亚洲，虽然囿于各种内因和美国干扰等外因，亚洲尤其是东北亚被认为是经济一体化进展较慢的地区，但进入21世纪已成为世界经济发展最快的地区之一，全球金融危机之后被认为是世界经济复苏增长的引领者。

究其原因，亚洲经济的迅猛发展离不开东北亚区域火车头的强力带动。而在中日韩俄蒙朝六个东北亚国家中，中日韩三国占有举足轻重的地位，堪称东亚经济一体化乃至亚洲经济一体化的核心。随着中日韩三国GDP和贸易额所占份额的不断上升，中日韩所能够产生的经济效应已远非简单的影响世界，而是将决定未来世界新格局的演变发展。

一 稳步推进中的亚洲经济一体化

亚洲经济曾因"四小龙"的快速发展而崛起，也因在过去15年内接连遭遇两次金融危机而受挫，但在应对危机的过程中，亚洲各经济体之间所表现出的愈加紧密的联系程度、越来越高的相互依存度和一体化程度也表明，在世界各国相继加快区域经济合作步伐的同时，亚洲地区已然不再落后，正紧跟全球步伐探索适合自己发展的合作道路。

稳步推进中的亚洲经济一体化主要表现在两个方面。第一，亚洲各经济体经济增长的同步性正达到历史最高水平。数据显示，亚洲经济正通过货物与服务贸易、外国直接投资、证券投资及经济周期的不断同步性达到一体化。亚洲经济周期同步的增强始于20世纪80年代，发展过程伴随着波动。但2005年以后周期的同步特性突然大幅提升（见图1）。亚洲地区快速提升的周期同步化趋势要求成员进一步增强区域合作，并在可能的情况下开展经济政策上的协调。第二，亚洲区域内贸易比重逐年攀升。2009年和2010年亚洲区域内贸易和外商直接投资有了显著增长，区域内出口占总出口的比重从2009年的46%跃升到2010年的近50%，表明亚洲经济体的贸易中约有一半是与其他亚洲伙伴进行的。① 此外，在亚洲各经济体之间的关系正通过贸易变得更加密切的同时，各政府部门之间的通力合作也努力促成了更加一体化的亚洲经济。这些合作包括逐步实现贸易自由化、签署政府间协议（如自由贸易协定）、建设国内及跨境交通和通信基础设施等。②

很多专家预测，未来亚洲经济一体化的程度将再攀新高，亚洲经济体或将成为全球新一轮经济增长"主力军"。

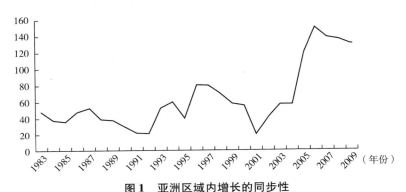

图1　亚洲区域内增长的同步性

注：增长同步性的测算对象是相关系数大于0.7的经济体数目。

二　中日韩与亚洲经济一体化的路径选择

亚洲经济一体化的进程决定于东亚区域合作的进展，而东亚合作的最大障碍则在于东北亚各国极为复杂的矛盾关系。众所周知，东北亚地区形势是相当复杂的，除了一些历史遗留问题和冷战思维的残余影响外，当前美国因素和朝鲜半岛因素的负面影响和干扰，对中日韩合作有着相当明显的挑战意味。虽然中日韩乃至东北亚地区合作之路充满坎坷，但各国合作依然取得了显著成效。依靠与东盟国家的合作发展契机，中日

---

① 数据来源：《博鳌亚洲论坛亚洲经济一体化进程2011年度报告》，对外经济贸易大学出版社，2011。

② 连接32个经济体的亚洲高速公路网络和横贯亚洲的铁路网络，加快了亚洲跨境运输的发展步伐，使得各经济体间联系更紧密，为区域内部合作提供了条件。截至2010年底，亚洲高速公路网络长度超过14.2万千米，拥有155条跨境公路。

韩与东盟和中日韩分别与东盟建立了"10＋3"和3个"10＋1"合作机制，发展极为迅速，"韩国—东盟自由贸易区"和"中国—东盟自由贸易区"已分别于2009年和2010年建成，"日本—东盟自由贸易区"也已建成。① 近年来，尤其在中日韩三国政府的大力推动下，各级合作机制逐渐向政治、安全、文化等领域拓展，已经形成了多层次、宽领域、全方位的良好局面。

考虑到亚洲各地域及各国的实际发展情况，以中日韩合作为核心，以整合各方的利益价值取向为原则，亚洲经济一体化应遵循"先易后难，小步前进"的包容性合作路线。各国只有做到可持续发展，处理好方方面面关系，真正做到包容性发展，才能实现共同利益、处理分歧。具体从政治、社会、经济及地区层面综合考虑，应推进"3＋10""3＋3＋10""6＋10＋2"的亚洲经济一体化新模式，最终形成以亚洲为核心的三足鼎立国际经济新格局。

万事开头难，"3＋10"中"3"的形成最为关键。具体来讲，"3＋10"主要包括两方面内容，一方面是形成中日韩FTA，当然整个"3＋10"的合作也是以中日韩合作的顺利实现为标志的；另一方面，由"10＋3"向"3＋10"转变也极为重要，即推动区域领导权由东盟向中日韩转移。但在借助东盟形成中日韩自贸区的进程中，中日韩之间直接合作的可能性依然较小，需要走"先两国，再三国"的两阶段路线。现实情况表明，几乎所有的区域合作问题均可归结为经济和政治两大方面。从中国的角度来看，无论经济还是政治方面，与日本合作的重要性无疑都要大于韩国，但单从政治关系的好坏来分析，中日关系远不如中韩关系。当然，从日本的角度出发结论相同，中日经济合作比日韩更重要。再从韩国角度分析，其在中韩贸易中韩国是长年顺差，而在韩日贸易中韩国是逆差，且因朝鲜问题关系，中国在政治方面对韩国的影响要大于日本。因此，若只考虑经济层面，最先合作的应该是中日两国；若只考虑政治层面，则最先合作的应该是中韩。但就当今社会而言，任何稳定发展的经济背后都必然存在着稳定的政治环境，因此

---

① 2007年11月，在第11届东盟—日本峰会上，东盟十国领导人与日本前首相福田康夫完成了《东盟—日本全面经济伙伴协定》的谈判，初步商定于2012年建成日本—东盟自由贸易区。

综合考虑可知，中韩首先建立自贸区的可能性最大，① 日本则作为最后一个国家加入"3 + 10"；然后，达成"3 + 3 + 10"，即继续引入俄罗斯、蒙古和朝鲜三国，将东北亚6国作为一个整体与东盟10国形成"3 + 3 + 10"的东亚经济一体化，并在此基础上进一步促成"6 + 10 + 2"，即与南亚两国（印度和巴基斯坦）签订FTA，形成亚洲18国经济一体化（见图2）；最后，再根据亚洲各成员跨区域合作的基础和需求，扩大亚洲区域合作范围，直至形成完全的亚洲经济一体化。

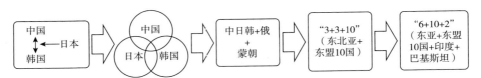

图2 以中日韩为核心的亚洲经济一体化形成路径

三 中日韩在世界格局中核心地位的体现机制

随着亚洲对世界经济的影响越来越大，中日韩的核心作用范围也更加广泛，其在世界格局中核心地位的体现与以中日韩为核心的亚洲经济一体化的实现密切相关。这种核心地位的体现机制主要包含确立"领导者"、明晰"领导权"、排除外部因素干扰三大方面，这是推进东北亚、东亚乃至亚洲经济一体化的前提条件和关键所在，更是决定未来世界新格局的源动力因素。

1. 确定领导者：从"10 + 3"向"3 + 10"转变

东亚经济一体化进展缓慢的一个重要原因在于缺乏"领导者"。东亚经济一体化的首创者和推动者是东盟，领导者却不一定是东盟。这是因为以东盟作为领导者会出现"小国领导大国"的局面，这既是史无前例的，又是暂时的、不可持续的；由东盟牵头无异于"小马拉大车"，"负担"太

---

① 2011年10月26~28日，中国国务院副总理李克强访问韩国，其间，李克强就进一步深化中韩合作提出6条建议：加快推进中韩自贸区建设；加强绿色产业等新兴领域合作；拓展投资合作的新方式；推进金融合作与创新；密切双边和多边协作；扩大人文交流与合作。中韩双方依次签署了有关电子商务、劳务合作、检疫合作和互换货币的谅解备忘录或协议。

重难以前行。况且，"10 + 3"模式产生的"意大利面条碗"（Spaghetti bowl）① 现象日益凸显，甚至导致本来是促进自贸区形成的区域贸易协定（RATs）反而成为贸易自由化的束缚。

现实数据更能说明问题（见图3），从经济总量、贸易规模、多双边投资和市场依赖等各方面分析，"10 + 3"的东亚一体化模式都必须让位于"3 + 10"，即中日韩必须成为亚洲经济一体化的核心。一是从经济总量来看，2010 年中国、日本、韩国的经济总量（GDP）分别为5.87 万亿美元、5.39 万亿美元、0.96 万亿美元，分列世界第 2 位、第 3 位和第 15 位，三国经济总量之和为12.22 万亿美元，而同期东盟 10 国GDP 总量为 1.5 万亿美元，仅为中日韩三国经济总量的12.3%。二是从贸易规模看，2010 年中日韩三国对外贸易额5.32 万亿美元（其中出口2.81 万亿美元，进口2.51 万亿美元），同期东盟 10 国为 1.65 万亿美元（其中出口0.9 万亿美元，进口0.75 万亿美元），东盟仅为中日韩三国的31%。三是从对外投资规模来看，2010 年中国对外直接投资680 亿美元（其中非金融类590 亿美元），日本为567 亿美元，韩国为192 亿美元，三国合计1439 亿美元，东盟 10 国为 370 亿美元，仅为中日韩的25.7%。四是从相互间的市场依赖看，多年来东盟一直是中国、日本、韩国最大的贸易逆差来源地之一，说明东盟的出口市场一直在东北亚，而中国的出口市场一直是欧美；日本、韩国的出口市场则是中、美、欧。以上分析说明，"10 + 3"的合作模式是历史形成的，也必将成为历史。真正的亚洲一体化必须以中日韩为核心，即从"10 + 3"过渡到"3 + 10"。

2. 明晰领导权："三核心"构成东亚乃至亚洲经济一体化的核心

东亚经济一体化进展缓慢的另一个重要原因则在于各国对区域内"领导权"的长期觊觎并"互不让步"。2010 年之前，日本在经济上"一国独大"，且受到美国的支持和保护，一直寻求在东亚经济中掌握"领导权"，然而因其在政治、外交、军事上的天然缺陷，加之"不认罪"，在东亚不得人心，难偿夙愿。2010 年之后，中国取代日本荣登亚洲经济榜首，但主

---

① "意大利面条碗"现象指在双边自由贸易协定（FTA）和区域贸易协定（RTA）（统称特惠贸易协议）下，各个协议不同的优惠待遇和原产地规则。原产地规则就像碗里的意大利面条，一根根地绞在一起，剪不断，理还乱。贸易专家们称这种现象为"意大利面条碗"现象或效应。

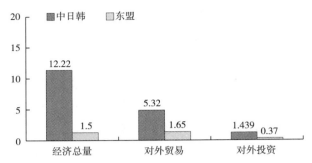

图3　2010年中日韩与东盟10国主要经济指标比较

注："经济总量"指标数据来自世界银行网站，单位为万亿美元；"对外贸易"指标数据来自联合国货物贸易数据库，单位为万亿美元；"对外投资"指标数据来自世界银行网站，单位为千亿美元。

要精力集中在国内建设上，加之受到美国的打压，遭到一些国家的反对等，也无法取得领导权。多年来，中日两国对东亚乃至亚洲经济一体化的领导权之争使东盟坐收渔利，促成了"小国领导大国"的局面。然而从长远来看，中日两国都应转变思维定式、调整策略，因为和则两立战则两伤。因此，应"从竞争走向竞合"，"从对抗走向对话"，共同担负起领导东亚乃至亚洲经济一体化的重任。

此外，明晰领导权还应将韩国考虑在内，韩国虽不是标准意义上的经济大国，但也算是"准大国"，在某种意义上可以发挥大国作用。相比之下，印度经济实力仅比韩国多30%，人口却是后者的24倍；俄罗斯虽属大国，但其经济政治重点均在欧洲。综合来看，鉴于如今东亚所处的经济政治环境，不同于北美，"单中心"不适合东亚；东亚更类似于欧盟，"三核心"模式更加符合东亚的现实情况。因此，多国领导机制更有利于利益的均衡分配，中日韩三国"三核心"领导模式更适合东亚乃至亚洲地区的经济增长和政治稳定。

3. 排除外力干扰：实行"弱美国化"

作为一个内忧外患的经济发展地域，亚洲经济一体化一方面被其内部国家之间的利益矛盾所束缚；另一方面经济合作的最大阻力还来自美国的强权干涉，可以说，正是美国长期以来在亚洲的多方制衡策略拖延了东亚乃至亚洲的一体化进程。但2008年爆发的金融危机在使全球经济陷入低谷的同时，也严重削弱了美国的对外控制力，虽然奥巴马提出"重返亚洲"，但因种种拖累力不从心，这正好为亚洲排除外力干扰提供了契机。从根本上说，"去美国化"是不可能的，但"弱美国化"是可能的。为此，中国必须采取主动，采取有力措施，借助经济一体化，选择最佳路径，实现"弱美国化"目标。如在中日韩三方合作的促进过程中，中国先与韩国签订 FTA，可增加中国对日本签订 FTA 的砝码，并可借此牵制美国（见图 2）。总之，区域合作实现的规模越大，对美国的弱化作用就越大。这样，以中日韩三国为核心层层向外扩张的经济合作机制，既解决了内患，又排除了外忧，一旦亚洲经济一体化的格局形成，则整个世界就会形成亚洲、欧盟、北美"三足鼎立"的新经济版图，以中日韩为核心的"亚洲世纪"有望实现。

四 以中日韩为核心的亚洲经济一体化
对未来世界新格局的影响

在经济全球化程度如此之深的今天，亚洲经济一体化进程将不可避免地影响甚至决定未来世界格局。围绕中日韩这一核心动力，亚洲经济一体化进程在取得实质性进展的同时，也推动中日韩三国更进一步的发展与合作。亚洲经济一体化的实现所带来的影响，不仅表现在地区层面，更表现在世界层面，其对未来世界新格局的影响不仅表现在经济层面，也表现在社会层面、政治层面和文化层面。

1. 以中日韩为核心的亚洲经济一体化使亚洲成为世界经济发展的新中心和"主引擎"

在 15 世纪之前，以中国为核心的亚洲文明在世界上长期处于领先地位。到 19 世纪初，中国的经济总量仍居世界第一位。1850 年，全球 GDP 中亚洲约占 40%，西欧约占 29%，北美约占 10%。亚洲经济的边缘化始于西方的工业革命。在二战结束后的一个时期内，亚洲 GDP 占全球 GDP 的份额更是降到了 4% 左右的历史最低点。但 20 世纪 80 年代以后，情况发生了显著变化，亚洲 GDP 占世界 GDP 的比重开始显著回升，由 1980 年的 14.5% 增至 2010 年的 27.6%（见图 4），已与欧盟的 26%、北美的 29.4% 大致相当，世界经济版图已呈现北美、亚洲和欧盟三足鼎立的局面。亚洲整体经济的飞速增长与近年新兴经济体的良好发展密切相关，主要源于这些新兴国家具备优越的基础条件：以工业化和城市化作为其经济社会发展的强大动力；具备需求庞大的消费市场；拥有雄厚的外汇储备和国内储蓄；重视研发支出和对高新技术产业的政策扶持；积极培育新兴跨国公司参与国际市场竞争；维持大宗商品合理价位，使资源出口国的国际收支出现盈余；新兴市场财富积累日益增多，中产阶级消费群体迅速壮大，内需成为经济增长的重要支撑。这些基础条件的充分发挥极大地保证了亚洲良好发展前景的可持续性。

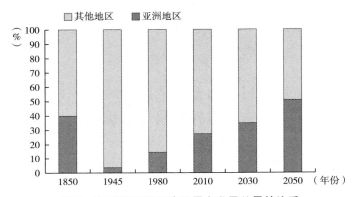

图4　各时期亚洲经济总量占世界总量的比重

注：2010 年以后为预测值。

正是在亚洲各国尤其以中日韩等的推动下，亚洲地区经济增速在过去的 30 年中平均达到了 8% 以上，远超过西方国家最高 3.5% 的水平。在亚洲经济一体化的推动下，亚洲经济总量不断增大且势头强劲，根据测算，预计到 2030 年，亚洲 GDP 将占世界 GDP 的 1/3 甚至更多，而届时欧盟和北美将各占 20% 左右；到 2050 年，亚洲经济总量有望占全球 GDP 的一半以上，总量达到 148 万亿美元（见图 4），并使 30 多亿人脱离贫困，人均 GDP 将达到 45800 美元，比全球平均水平高出 25%。[①] 这样，就将改变亚洲在世界经济三足鼎立中处于偏弱一足的地位，使亚洲重返世界经济中心，逐渐成为世界经济发展的"主引擎"。

2. 以中日韩为核心的亚洲经济一体化使亚洲成为世界科学技术革命的引领者

工业革命以后，人类在科学技术方面所取得的巨大突破基本上都源自

---

① 资料来源：亚洲开发银行报告《亚洲 2050——实现亚洲世纪》。

西方，世界一系列的科学发现和重大发明几乎都看不到亚洲的身影。直到20世纪80年代，亚洲才开始从对西方发达技术的简单模仿向引进和自主创新并举演变，而亚洲经济一体化的实现必将加速这一过程。换言之，在亚洲经济一体化的推动下，亚洲将快速地改变与西方所谓"弱势对强势"的格局，最终形成平等对话的局面。从1988年开始，日本科研经费占GDP的比重已超过美国，经费总额约为美国的2/3，约等于德法英三国之和。① 2007年，中国在技术发展方面的投资超过了1023亿美元，超过德国同期的水平。如此大量的投资已开始得到相应的回报：中国在高铁、大型计算机、航天航空等方面均取得了骄人的成绩。预计到2020～2030年，亚洲不仅将在科学工程、技术可能性的实验工作、基本原理的应用研究方面取得成就，而且将在关于物质结构与自然规律研究以及基础理论研究方面取得重大创新和突破。21世纪中叶，亚洲将全面开启知识创新的丰收时代。届时，亚洲对全人类知识扩容的贡献将赶超欧美，继而成为科学技术革命的引领者。

3. 以中日韩为核心的亚洲经济一体化挑战世界现代化的"西化模式"

众所周知，世界现代化的前两次浪潮均由西方发达国家主导，现代化也因此被"自然"地等同于"西化"，并且成为"真理"。如今全球正处于世界现代化第三次浪潮的起步阶段，且地域扩散到整个亚非拉广大地区，中心部位是亚洲，即此次由亚洲引领的世界现代化浪潮无论在国家数量还是规模方面，都远远超过西方国家。亚洲经济一体化将会促进亚洲现代化的快速实现，但更重要的是，亚洲现代化的成功将对"西化"模式提出强有力的挑战。这是因为，亚洲地区是以资本主义和社会主义为主要形式的多体制机制的经济混合体，而日本和中国在制度形式方面差别最大。这两种制度的优缺点目前已渐明晰，中国经济的持续快速发展与日本经济的长期萧条形成了鲜明对照。亚洲现代化的初步成功已明示：现代化不等于西化或欧化，现代化道路并非只有西化一条，现代化的模式也并非只有欧洲或美国的那样的经典模式。由于人类的社会发展具有多元性，现代化的模式同样也具有多样性。亚洲模式是继西方模式之后又一种新型现代化模式，这是亚洲对现代化发展模式创新的巨大贡献。

---

① 数据来源：日本贸易振兴机构。

4. 以中日韩为核心的亚洲经济一体化改变国际分工和世界经济利益的分配格局

自冷战时期开始，亚洲多数国家便一直处于世界生产产业链的末端，向西方发达国家提供能源、原料等初级产品及廉价劳动力。时至今日，美、德、英等西方发达国家一直垄断着位于世界经济金字塔顶端的信息产业、金融产业等，亚洲只有日本在紧随其后的高技术含量的最终消费品生产中占据绝对优势，而其他国家则主要从事劳动密集型的最终消费品生产，处于金字塔的底层。以中日韩为核心的亚洲经济一体化的实现将会使亚洲在世界产业链中的这种不利地位得到根本性的改变，亚洲未来将加速技术革命的步伐，加速调整产业结构，由劳动密集型产业转向高技术、高附加值产业，使信息、电子、航空航天、高级材料、医疗保健及污染防治等新兴产业成为亚洲主要国家和地区发展的支柱产业，改变亚洲与西方发达国家在国际分工上的长期从属关系，并引领世界经济发展，使亚洲在世界经济利益分配中的地位得以提升。

5. 以中日韩为核心的亚洲经济一体化进一步促进东方文明的广泛传播

伴随经济全球化的迅猛发展，西方发达国家在引领世界经济与技术潮流的同时，也借西方思想文化无形中主导了整个世界。如今，"情人节"已成为几乎所有亚洲国家的节日，本土的一些传统节日却常常被年轻人遗忘；好莱坞电影经常在亚洲国家同步上映，票房纪录不断刷新，而一些传统民间艺术团体却正面临无法生存的窘境。来势汹汹的西方文化在步步侵蚀东方文明精髓的同时，更冲击着宝贵的全球文化多样性。但从 20 世纪 80 年代开始，亚洲文化也开始重新迸发深藏的巨大优势。随着以中日韩为核心的亚洲经济一体化进程的加快，焕发活力的"亚洲价值观""亚洲新地区主义"等极具东方色彩的思想潮流正在积聚能量、蓄势待发。有人推断，2020 年前后，"文艺复兴"将发生在亚洲，亚洲各国各地区文化将相互交织、互相影响，所产生的更具开放性和创造性的亚洲文化将在全球广泛传播，对人类文明产生划时代的影响，而这反过来又会进一步加快亚洲经济一体化的进程。为了东方文明的复苏与广泛传播，各国政府和社会在经济发展的条件下，应更加重视文化的作用，自觉维护亚洲乃至世界文化的多样性，促进亚洲文化乃至人类文明的繁荣，增进亚洲人民之间乃至世界人民之间的友谊。这也是亚洲地区乃至全球和平稳定的前提条件。

6. 以中日韩为核心的亚洲经济一体化将有利于亚洲繁荣稳定与中国和平崛起

社会发展的事实证明，21世纪属于"亚洲世纪"绝不是空想。但21世纪真正由"亚洲"所主导，还需亚洲各国紧密团结并弱化美国等外部因素的干扰。作为亚洲整体崛起的坚决反对者，美国长期联合日本、印度等国在亚洲地区实施制衡策略，限制中国的经济发展，近年更是频繁鼓动越南、菲律宾等国挑起南海领土主权争端，以抵消亚洲快速发展的源动力。因此，只有坚持以中日韩为核心的亚洲经济一体化，才能从根本上实现亚洲的和平与稳定，即亚洲的发展呈现出通过经贸合作带动全面发展、通过政治对话和安全合作提升政治互信、通过集体行动应对风险和挑战等特点。

亚洲和平与稳定的真正实现取决于东亚，东亚的和平与稳定取决于中国。过去30多年的改革开放已经使中国成为世界经济大国，但面对诸多严峻挑战，中国崛起之路依然漫长。如今，以中日韩为核心的亚洲经济一体化在对世界格局产生广泛影响的同时，更是满足了中国和平崛起的必要条件：中国国家利益、国家安全战略和发展目标与时代主题相吻合；中国具备融入国际体系的比较成熟的理念、体制、物质基础和人才储备；中国在国际体制中已由局外人成为体制内的主流派和现存体制的维护者；中国面临可塑性比较强的国际环境。即将实现的亚洲经济一体化为中国的和平崛起提供了前所未有的历史机遇。

未来世界经济的中心在亚洲，亚洲的中心在东北亚，东北亚的中心在中日韩。中国目前已经形成了多元化、多层次的国际经济合作体系，对于一个积极参与全球合作的大国而言，双边、多边及区域合作都是不可或缺并互为补充的。只有实现中日韩三国的全面协调合作，才能使国家在不同利益需要条件下，选择使用不同层面的策略工具，掌握主动权，在制定对外经济合作整体战略中实现统筹安排，构筑和平发展的外部环境。

参考文献

笪志刚：《后金融危机时期东北亚区域合作新变化及展望》，《亚非纵横》2010年第 7 期。

崔日明：《中韩自由贸易区（FTA）：机遇、问题及前景》，《国际经济合作》2009
年第 1 期。

孙燕铭：《政府干预在东北亚经济发展中的作用——基于韩国政府与企业关系的思
考》，《国际经济合作》2010 年第 6 期。

董立延：《日本东亚共同体构想与东北亚区域经济一体化展望》，《亚太经济》
2010 年第 9 期。

沈铭辉：《应对"意大利面条碗"效应——兼论东盟在东亚合作中的作用》，《亚
太经济》2011 年第 2 期。

星野昭吉、刘小林：《全球化与区域化视角下构建东亚共同体的思考》，《世界经
济与政治》2011 年第 4 期。

刘雪莲、王勇：《影响东亚国际体系转型的主要因素与中国的战略选择》，《吉林
大学社会科学学报》2011 年第 3 期。

刘娟、王荣艳、王学成：《中国东亚区域合作战略调整——基于后金融危机时代的
思考》，《国际贸易》2011 年第 2 期。

Ip－Wing Yu, Kang－Por Fung, Chi－Sang Tam, "Assessing Financial Market Inte-
gration in Asia Equity Markets", *Journal of Banking & Finance*, Volume 34, Issue 12, Decem-
ber 2010, pp. 2874－2885.

Grace H. Y. Lee, M. Azali, "The Endogeneity of the Optimum Currency Area Criteria in
East Asia", *Economic Modelling*, Volume 27, Issue 1, January 2010, pp. 165－170.

Nancy Huyghebaert, Lihong Wang, "The Co－movement of Stock Markets in East Asia：
Did the 1997－1998 Asian Financial Crisis Really Strengthen Stock Market Integration?", *Chi-
na Economic Review*, Volume 21, Issue 1, March 2010, pp. 98－112.

Ritesh Kumar Mishra, Chandan Sharma, "Real Exchange Rate Behavior and Optimum
Currency Area in East Asia：Evidence from Generalized Purchasing Power Parity", *International
Review of Financial Analysis*, Volume 19, Issue 3, June 2010, pp. 205－213.

Fabio Moneta, Rasmus Rüffer, "Business Cycle Synchronisation in East Asia", *Journal
of Asian Economics*, Volume 20, Issue 1, January 2009, pp. 1－12.

Cyriac Guillaumin, "Financial integration in East Asia：Evidence from Panel Unit Root
and Panel Cointegration Tests", *Journal of Asian Economics*, Volume 20, Issue 3, May 2009,
pp. 314－326.

中韩 FTA 的经济政治影响分析[*]

王厚双　　齐朝顺

【内容提要】2014 年 11 月 10 日，中韩两国正式结束中韩自由贸易协定（FTA）谈判，这对经济危机后的全球经济的复苏和区域一体化的发展具有重要意义。中韩自贸区建立后，将形成一个人口超过 14 亿，国内生产总值超过 8 亿美元，贸易额占世界贸易额近 30% 的区域经济一体化组织。中韩自贸区的建立将对两国的经济建设起到积极作用，这不仅体现在数量上的扩大更体现结构上的调整。同时，中韩自贸区不仅仅是一个经济范畴的机制，更为两国提供了一个政治交流与合作的平台，这对于中韩两国国内政治体制的完善和两国关系的发展，以及东北亚一体化的构建亦具有重要影响。但是，我们也应该清楚地认识到，中韩自贸区建立后也会给两国乃至整个东亚地区带来各种困难和挑战，如何趋利避害已成为两国政策制定者和学者必须认真思考的问题。总之，我们仍然认为中韩自贸区的建立利大于弊。从官方层面应该积极推进中韩自贸区的建立的进程。

【关　键　词】中韩 FTA　经济影响　政治影响　一体化

【作者简介】王厚双，辽宁大学经济学院国际经济与贸易系主任，博士，教授，博士生导师，研究方向：国际贸易理论与政策。齐朝顺，辽宁大学国际关系学院国际关系专业硕士研究生。

---

* 本文为 2011 年教育部哲学社会科学研究重大课题攻关项目"东北亚区域合作与我国东北地区对外开放研究"（批准文号：11JZD050）的研究成果之一。

一　中韩自贸区谈判的背景、进程

自 20 世纪 90 年代早期以来，区域贸易协定（RTAs）已成为世界经济发展的潮流，截至 2012 年初，关税与贸易总协定（GATT）和世界贸易组织（WTO）已经收到 511 个区域贸易协定，其中有 319 个已经生效。① 从这些数字中不难看出，区域经济合作已经成为各国发展经济和实现世界贸易自由化的主要途径。目前，世界上主要的区域经济一体化组织有欧盟（EU）、东盟（ASEAN）、亚太经济合作组织（APEC）及北美自由贸易区（NAFTA）等。自由贸易区（FTA）是区域经济一体化的一种重要形式，它是指两个或两个以上的国家或行政上独立的经济体之间通过达成协议，相互取消进口关税和与关税具有同等效力的其他措施而形成的区域经济一体化组织。由于自贸区的形式简单、涉及的主权让渡较少、较易被经济体内不同的利益集团接受，以及能够产生较大的经济效益，目前已经成为国家/地区之间开展区域经济合作的首选方式。具体到东亚地区，从 20 世纪 60 年代发展起来的东南亚国家联盟是本地区开展区域经济合作的典范。整个东亚地区的经济合作一般也是在东盟的组织框架内进行的。特别是在 1997 年的亚洲金融危机之后，这种趋势更是不断深化。

1. 中韩自贸区谈判的背景

建立中韩自贸区的想法从提出到进行正式的官方谈判经历了一个长期复杂的过程。在这个过程中两国面临的国际政治经济形势发生了深刻变化，两国政府正是从变化的形势出发开始中韩自贸区谈判的。中韩自贸区谈判既有经济背景也包含政治背景。

一方面，中韩两国作为东亚地区重要的经济体，经济交流密切，双边贸易额不断扩大，互为重要的贸易伙伴，两国的产业结构有较强的互补性，这就为两国进一步开展经贸合作创造了基础；两国均为外向型国家，对外贸易的稳定对两国经济的稳定和发展具有举足轻重的作用；在当前的经济危机中，中韩两国传统的贸易对象——美欧发达国家为了保护本国市

---

① 世界贸易组织网，http：//www.wto.org/english/tratop_ e/region_ e/region_ e.htm。

场和经济发展高举贸易保护的大旗，对实行出口导向型战略的中韩两国形成了巨大冲击，两国认识到必须加强经贸合作才能同舟共济，共度难关；多哈回合谈判受阻，多边贸易体制失灵，世贸组织在贸易谈判方面的重要性减弱，面临被边缘化的危险。为推动自由贸易，中韩两国都将注意力集中到了区域和双边层面。

另一方面，中韩两国建交以来，政治互信不断加深，政治交往日益密切，2008 年战略合作伙伴关系的定位更使两国关系进入了一个新层次。良好的政治局面成为中韩自由贸易区谈判乃至最终建立的重要保障。同时，近年来，朝鲜半岛局势呈现复杂化趋势，中韩两国都致力于东北亚地区的和平与稳定，共同的政治诉求为地区性自由贸易区的建立奠定了基础。

2. 中韩自贸区谈判的进程

第一阶段：建立中韩自贸区的民间研究阶段。2004 年 11 月，在智利召开的亚太经合组织领导人非正式会议期间，中国国家主席胡锦涛与韩国总统卢武铉就中韩两国启动双边自贸区可行性民间联合研究达成了共识，并希望研究能够早出成果。双方决定由中国国务院发展研究中心和韩国对外经济政策研究院承担联合研究任务。

第二阶段：官产学可行性研究阶段。在顺利完成民间可行性研究后，2006 年 11 月 17 日，中国商务部部长与韩国外交通商交涉本部部长举行会谈，双方同意于 2007 年启动中韩自贸区官产学联合可行性研究。官产学可行性研究是民间研究的继续。研究涉及建立中韩自贸区的宏观经济影响、自贸协定的涵盖范围、贸易投资自由化对产业的影响及敏感产品和敏感领域的处理方式等问题（见表 1）。

表 1　中韩自贸区官产学联合研究的时间和主要议题

时　　间	主要议题
2007 年 3 月	双方就货物贸易、服务贸易、投资、知识产权等问题表明了各自的立场，特别是韩国方面对农业的特别关注和中国对汽车、钢铁、化工等方面的关切
2007 年 7 月	双方深入讨论了部分工业部门以及原产地规则和贸易救济措施等问题

续表

时　间	主要议题
2007 年 10 月	双方就货物贸易的部分工业部门和农林渔业、服务贸易及投资等相关问题深入交换了意见
2008 年 2 月	双方就农林渔业、制造业、竞争政策、知识产权、政府采购、动植物检验检疫（SPS）、海关程序、原产地规则和经济合作等议题进行了深入讨论
2008 年 6 月	双方就联合研究报告中的农林渔业、韩弃用两项"特别条款"和总体结论建议等议题进行了深入细致的磋商
2010 年 5 月 28 日	中韩两国经贸部长签署关于完成 FTA 产官学共同研究的谅解备忘录
2010 年 9 月 28 日	中韩两国在北京举行有关自贸协定的第一次工作会议，就敏感问题进行协商
2012 年 1 月 9 日	韩国总统李明博和中国国家主席胡锦涛就启动中韩 FTA 谈判达成共识
2012 年 2 月 24 日	为启动中韩 FTA 谈判，韩国首次进行中韩 FTA 听证会
2012 年 3 ~ 4 月	中韩两国举行有关签署中韩 FTA 的工作会议
2012 年 5 月 2 日	中韩两国正式宣布启动 FTA 谈判
2012 年 5 月 14 日	中韩两国在北京举行第一轮 FTA 谈判，设立以双方首席代表为共同秘书长的贸易谈判委员会（TNC）
2012 年 7 月 2 日	中韩在济州岛举行中韩 FTA 第二轮谈判，就商品、服务、投资等领域的谈判指南进行磋商
2012 年 8 月 16 日	中韩两国在威海举行 FTA 第三轮谈判
2012 年 10 月 30 日	中韩两国在庆州举行 FTA 第四轮谈判
2012 年 4 月 15 日	中韩两国在哈尔滨举行 FTA 第五轮谈判，就原产地和通关手续等"基本方针"（modality）达成协议
2013 年 6 月 27 日	韩国总统朴槿惠与中国国家主席习近平在北京举行首脑会谈，就签署高水平的 FTA 达成共识
2013 年 7 月 2 日	中韩两国在釜山举行 FTA 第六轮谈判，就开放水平、一般·敏感·超敏感商品比重进行磋商
2013 年 9 月 5 日	中韩两国在潍坊举行 FTA 第七轮谈判，就"基本方针"达成共识。中韩 FTA 第一阶段谈判基本完成
2013 年 11 月 18 ~ 22 日	中韩两国在仁川举行 FTA 第八轮谈判，启动第二阶段谈判。双方互换商品关税减让表，就产品的开放程度进行磋商

续表

时　　间	主要议题
2014 年 1 月 6 ～ 10 日	中韩两国在西安举行 FTA 第九轮谈判，互换包括超敏感产品清单在内的所有清单和商品关税减让表，就商品的开放程度进行磋商，但未能缩小意见分歧
2014 年 3 月 17 ～ 21 日	中韩两国在京畿道一山举行 FTA 第十轮谈判，双方根据在第九轮谈判上互换的包括超敏感产品清单在内的所有清单，针对各类产品进行关税谈判，但没有取得积极进展
2014 年 5 月 26 ～ 30 日	韩中在四川举行 FTA 第十一轮谈判，就竞争领域相关规则中的普通原则达成协议，商定在竞争领域进行合作
2014 年 7 月 3 日	韩国总统朴槿惠和中国国家主席习近平在首尔举行首脑会谈，就争取在当年年底前完成中韩 FTA 谈判达成一致
2014 年 7 月 14 ～ 18 日	中韩在大邱举行 FTA 第十二轮谈判，就服务贸易、投资领域的自由化方式达成一致
2014 年 9 月 22 ～ 26 日	中韩在北京举行 FTA 第十三轮谈判，在四个领域达成一致，但就货物贸易领域未能缩小分歧
2014 年 11 月 6 ～ 10 日	中韩在北京举行 FTA 第十四轮谈判

资料来源：中国自由贸易区服务网，http：//fta. mofcom. gov. com。

第三阶段：正式的官方谈判阶段。2010 年 5 月 28 日，正在韩国访问的温家宝与韩国总统李明博举行会谈，双方宣布结束中韩自贸区官产学联合研究，并由双方经贸部长签署谅解备忘录。经过近两年的准备，中国商务部部长陈德铭和韩国外交通商交涉本部部长朴泰镐于 2012 年 3 月宣布中韩自贸区谈判正式启动。两国正式进入官方谈判阶段。为保护各自敏感领域，自贸区谈判分阶段进行，两国首先就确定货物贸易、服务、投资和其他领域的谈判模式展开磋商。这是两国自贸协定的组成部分。在谈判模式确定后，双方再开展所有领域的其他谈判，包括货物、服务、投资和其他领域，并以一揽子方式结束谈判。2014 年 11 月 10 日，中韩两国正式完成中韩自由贸易协定谈判。

二　中韩自贸区的经济影响分析

自 20 世纪 50 年代区域经济一体化理论取得突破性进展以来，许多经济学家对区域经济一体化的经济效应进行了实证检验和量化研究，从总体上看，这种影响分为积极影响和消极影响两方面。

（一）积极影响

1. 扩大两国贸易额，促进两国经济增长

首先，中韩建立自贸区后，最直接的影响就是扩大双边贸易额，即所谓的贸易创造效应，是指成员之间相互取消关税和非关税壁垒带来的贸易规模的扩大。以欧盟为例，欧盟国家贸易额的60%以上是与区域内国家进行的。另外，由于市场的扩大，两国能够利用国内国外两个市场，有利于资源的有效配置、进口商品价格的下降，使两国人民的福利增加。

自1992年正式建交以来，短短20年间，中韩两国的贸易额迅速增长，1992年为50.3亿美元，到2011年已经达到了2456.33亿美元，增长了近50倍，年均增长率保持在20%以上，超过了两国与美欧日等传统贸易伙伴的平均增长率。目前，中国是韩国最大的贸易伙伴，出口目的地和进口来源国，而韩国是中国的第三大贸易伙伴。建立自贸区后，由于两国消除了彼此之间的关税壁垒降低了非关税壁垒，对货物流动的限制将大大降低。根据静态模型测算，中韩自贸区将带动中国出口增长3.537%，进口增长4.732%；带动韩国出口增长4.756%，进口增长5.152%。自贸区的建立将进一步密切两国间的贸易联系，使两国的贸易额进一步增长。[①]

其次，中韩自贸区的建立还会促进两国的经济增长，这在当前世界经济增长乏力，两国都面临经济转型和社会转型巨大压力的背景下更是具有十分重要的意义。根据中韩自贸区官产学联合研究报告，中韩自贸区会显著推动中韩两国的经济发展。中韩自贸区建立后将带动中国GDP增长0.395%，推动韩国GDP增长2.443%。[②]

最后，除了扩大贸易额和促进经济增长等静态效应外，中韩自贸区的建立还会带来可观的动态效应，包括规模经济效应、竞争效应和投资创造效应。

---

① 沈铭辉：《中日韩自由贸易区的经济学分析》，《国际经济合作》2011年第3期，第40～41页。
② 沈铭辉：《中日韩自由贸易区的经济学分析》，《国际经济合作》2011年第3期，第40～41页。

（1）规模经济效应。中韩自贸区将为两国产品的相互出口创造良好条件。两国国内市场将形成一个统一的区域性市场。这种市场范围的扩大促进了企业生产的发展，使生产者可以不断扩大生产规模，降低成本，享受到规模经济的利益，并且可以进一步增强区域内企业对外，特别是对非成员同类企业的竞争力。

（2）竞争效应。中韩自贸区的建立促进了中韩企业间的竞争。由于两国市场进入壁垒的减少，企业面临着来自对方国家同类企业的竞争，谁在竞争中取胜，谁就可以享受大市场带来的规模经济的利益，否则就会被淘汰。该效应对中韩两国的企业特别是两国的垄断性企业带来了巨大压力，如果不进行技术创新，降低生产成本、提高产品质量和服务水平就会在激烈的市场竞争中被市场和消费者抛弃。

（3）投资创造效应。中韩建立自贸区后，由于在区内相互取消了关税，但是对外仍然实行关税保护，这就使得原来与两国有较紧密贸易联系的国家/地区为了规避这种不利影响，可能会在当地直接设厂生产和销售，以获得与区内国家同等的竞争力，这样在客观上便产生了一种伴随生产转移的资本流入，吸引了大量境外直接投资的情况。

2. 平衡两国贸易关系，使两国经贸关系均衡发展

自建交以来，两国的贸易额虽然迅速增长，彼此互为重要的贸易伙伴，但是这种贸易关系是不平衡、不对称的，中国在双边贸易中一直处于逆差状态，并且逆差额有不断扩大的趋势（见表2）。

表2　中国对韩国贸易发展情况

单位：亿美元,%

年　份	进口额	出口额	贸易差额	差额增长率
2002	285.74	154.97	−130.77	20.32
2003	431.35	200.96	−230.38	76.17
2004	622.50	278.18	−344.31	49.45
2005	768.22	351.09	−417.13	21.15
2006	897.79	44526.00	−452.52	8.49
2007	1037.57	561.42	−476.15	5.22
2008	1121.62	739.51	−382.11	−19.75
2009	1025.25	536.80	−488.72	27.90

续表

年 份	进口额	出口额	贸易差额	差额增长率
2010	1383.99	687.71	-696.28	42.47
2011	1627.09	829.24	-797.85	19.10

资料来源：根据海关总署网站数据整理，www.customs.gov.cn。

从表2可以看出两国贸易额虽然稳步增长，但是贸易赤字的增长率几乎都高于两国贸易的平均增长率。而且，在2007年中国的进口额就已经超过了1000亿元大关，此后扩大到2011年的近1700亿美元，但是出口额未超过900亿美元，这使两国的贸易差额逐年扩大，2011年中国贸易逆差达到了797.85亿美元，环比增长了19.10%。与韩国的贸易逆差成为中国贸易逆差的第二大来源。造成中韩贸易逆差的原因有很多，其中，两国商品结构的差异性、韩国对华直接投资及韩国的贸易壁垒是主要原因。

（1）两国商品结构存在差异。众所周知，中国是劳动力和自然资源丰富的国家，因此，出口产品中大多是劳动密集型和资源密集型产品，产品的附加值和技术含量低，尽管出口的数量很多，但是出口额相对较少。而韩国是资本和技术丰裕的国家，出口产品中大多是资本密集和技术密集型的产品，产品的附加值和技术含量高，因此尽管出口的数量较少但是出口额较大。这是中韩贸易不平衡的根本原因。

（2）韩国对华投资。由于中国的劳动力资源丰富，韩国企业为了降低生产成本，提高国际竞争力，纷纷向中国进行直接投资，特别是在制造业领域。而这些韩资企业生产产品所需要的零部件却有很大一部分是从韩国进口的，其制成品的很大一部分销往美日欧等市场，很少返销本国，从而使中国的逆差不断扩大。

（3）韩国的贸易壁垒。韩国为了保护其国内的敏感产业，例如农业，树立了很高的贸易壁垒，特别是非关税壁垒。韩国利用本国先进的技术和生产工艺，以保护环境和人民生命健康为由，千方百计阻止外国产品进入本国市场。由于中国的优势产业正是韩国相对弱势的产业，因此中国产品受到贸易壁垒的影响尤甚。韩国的贸易壁垒给中国产品的对韩出口造成巨大的人为阻力。

为了扭转中韩之间贸易不平衡的现状，促进两国经贸关系的可持续发展，建立自贸区是一个重要路径。因为建立自贸区后，随着两国之间关税、非关税及投资壁垒的消除和减少，商品和资本能够在两国之间更加自由地流动，必然会促进中国对韩国的产品出口以及中国企业对韩国的直接投资，这对平衡两国的贸易具有十分重要的意义。

3. 促进双方在其他经济领域的合作

中韩自贸区建立后，不仅能够为两国带来看得见的经济效益，而且能够深化双方在其他经济领域的合作。因为贸易联系的增强为两国在其他经济领域的合作创造了条件。这些领域包括建立共同应对经济危机的机制、解决贸易争端、货币合作、技术交流、能源和环境合作、知识产权保护等。下文以建立共同应对危机机制和解决贸易争端为例简要说明两国的合作前景和路径。

2007 年由美国次债危机引发的全球经济危机给世界各国提出了一个问题，即如何通过区域合作防范危机，降低危机对区域内成员经济的影响。2010 年生效的区域外汇储备基金是在中国、日本、韩国和东盟清迈倡议多边化机制（CMIM）下设立的，是由"10 + 3"全体成员共同参与的多边货币互换机制，旨在通过单一协议下的共同决策机制，采取迅速统一的行动实施货币互换交易。该机制的建立就是为了有效应对金融危机，减少危机对区域国家的影响。

另外，如前文所述，近年来中韩两国的贸易争端不断，甚至爆发贸易战，尽管最后两国都能通过友好协商解决争端，但是也给两国的相关产业和消费者造成了一定损失。在通常情况下，当两国出现贸易争端时，两国可将争端提交世界贸易组织，由该组织的争端解决机制对贸易争端进行裁决，但是裁决的结果通常不能使争端各方满意。因此，中韩自贸区建立后，两国可以参考世贸组织的有关规则和惯例再结合两国经济发展的具体情况，建立双边的贸易争端解决机制，当两国出现贸易争端时，通过该机制解决争端，并且可以将该机制和世贸组织的贸易争端解决机制结合起来，促进两国和其他国家间贸易争端的解决。随着两国经济的发展和国际经济形势的变化，两国合作的范围、深度和广度将不断扩展，一体化程度将不断深入。

4. 加强两国在区域和多边协作中的地位

众所周知，当今的国际秩序仍是发达国家主导的，任何国家想要凭借一己之力挑战发达国家的地位几乎是不可能的，国家间的合作已是大势所趋。目前，尽管中国的经济规模居世界第二位，但是由于某些原因，中国在世界经济中的话语权仍然比较有限，中国渴望获得与经济实力相称的话语权。同时，金融危机对韩国的打击也使韩国认识到进行经济合作的重要性和必要性。中韩自贸区的建立将给两国进行合作提供一个平台。尽管不能做到像欧盟那样在各种国际事务中几乎用一个声音说话，但是如果两国能够以建立自贸区为契机加强两国之间的利益协调，在区域和多边机制如APEC和WTO中给予对方以经济和政治支持，就能更好地维护两国的国家利益。

5. 促进中日韩自贸区的建立和东亚经济一体化进程

目前，亚洲最主要的区域经济一体化组织是东盟，从总体上看，东亚地区的经济合作也是在东盟的组织框架内进行的，由东盟国家主导。但是2008年的经济危机使东亚地区最大的三个国家中国、日本、韩国意识到三国必须建立独立于东盟的经济合作框架和机制才能摆脱经济危机对三个国家的不利影响以促进经济的稳定增长。2008年，中日韩三国首脑峰会应运而生。中日韩首脑峰会机制的创立为三国加强合作建立了制度保证，扩大了三国合作的路径和范围，使三国间的经济联系更加密切。在这种框架下，中日韩自贸区的建立也很快提上了议事日程，并且进展迅速。2011年5月22日，中日韩三国政府达成一致，将加速中日韩自贸区的商讨。2012年5月13日，中日韩第五次首脑会议同意在年内启动中日韩自贸区谈判并决定签署三国投资协定。中日韩均为亚洲重要经济体，其经济总量在亚洲分别排第一、第二和第四位，三国总共超过10万亿美元的生产总值占全球的近20%和亚洲的70%以上，在全球仅次于欧盟和北美自贸区。由于三国经济的互补性很强，三国建立自贸区的经济效应将超过任何双边自贸区。据测算，如果签署FTA，将给中国带来47亿~64亿美元的收入，推动GDP增长1.1%~2.9%；给日本带来67亿~74亿美元的收入，推动GDP增长0.1%~0.5%；给韩国带来114亿~263亿美元的收入，推动GDP增长2.5%~3.1%。[①]从上述数字中不难看出，FTA的建立将给三国带来巨

---

① 《中国—韩国贸易分析—中日韩自贸区成立影响展望》，http：//china. trade2cn. com/news/ 110616141825 6Or. html。

大的经济利益。

由于欧盟等区域经济一体化组织的建立给成员国带来了巨大收益，许多学者提出了建立东亚共同体和东亚经济圈的设想，并为此进行了尝试。最初的尝试是以三个"10＋1"机制实现东亚地区一体化即由东盟分别与中日韩建立自贸区，然后再将三个"10＋1"合并组成东亚自由贸易区，但是由于这种设想具体操作起来存在很大问题，这种尝试以失败而告终。由于中韩之间的经贸联系紧密，经济发展水平相对接近，经济互补性强再加上两国之间没有历史问题和领土争端等问题，两国有着强烈的进行区域经济合作的愿望和很大的建立自贸区的可能性。如果中韩率先完成自贸区谈判，并且用谈判中的经验教训指导中日韩自贸区谈判，将加速谈判进程，并将撬动建立东亚经济共同体的巨石，最终，实现东亚经济一体化将不再遥远。

（二）消极影响

诚然，建立中韩自贸区将给两国带来巨大的经济效益和其他收益，但是正如一枚硬币有正反两面一样，自贸区的建立也会给两国及其他国家/地区带来一些消极影响。

1. 加剧两国贸易的竞争性，对两国处于比较劣势的产业造成冲击

中韩自贸区建立后，随着商品在两国间的自由流动，同质产品的竞争将越来越激烈。最近几年，随着中国经济的快速增长，产业结构的调整升级，产品结构和层次也逐渐摆脱利用本国丰富的劳动和资源获得国际竞争力的老路，向资本和技术密集型的产品的生产和出口转移，并且随着中国企业对技术的吸收和创新，上述产品出口的数量和质量不断提高，从而与韩国原有的产品形成竞争。由于两国的出口市场相似，这种竞争不仅在两国市场而且在国际市场上表现得越来越突出。这种竞争性也导致两国间贸易摩擦不断，甚至爆发贸易战。无疑，中韩自贸区的建立将使两国都具有比较优势的产业之间的竞争加剧。减少这种竞争性，着眼于两国产业间的互补性不断扩宽两国合作的基础，将是影响自贸区效果的重要因素。

一个国家内部产业之间的发展水平不可能是完全一致的。根据要素禀赋学说，一个国家必然有处于比较优势的产业和比处于较劣势的产业。中韩两国也是如此，两国都有大量的脆弱和敏感产业。例如，中国的汽车和钢铁业、韩国的纺织和农产品都由于成本高、劳动生产率低，国际竞争力严重不足，都是需要政府给予补贴和特别保护的产业。这些产业都是国民经济的支柱产业，吸收了大量就业，是关系一个国家的安全和发展的重要部门，最重要的是与这些产业有关的利益集团在国家决策体系中占有重要地位，它们对政府政策具有相当大的影响力。以韩国为例，最大的反对中韩自贸区的声音来自农业团体和中小企业。韩国农业经济协会估计，一旦自贸区建立，在十年的时间里，如果除了对大米之外的全部中国农产品的关税被取消，韩国农业产值将下降 2.36 兆亿韩元（约合 21 亿美元）。这是韩美 FTA 使韩国农业产值下降 8800 亿韩元的近 3 倍。据调查，韩国的水果、谷物和蔬菜分别比中国产品贵 7.4 倍、5 倍和 5.7 倍。① 可见两国农产品竞争力差距巨大。韩国国际经济政策协会认为中韩自贸区将使农产品产量在未来下降 15%。由此可见，一旦处理不好保护敏感产业和开放市场之间的关系，中韩自贸区谈判将遇到巨大障碍。因此，如何在保护敏感产业的情况下，建立自贸区并且使自贸区发挥应有的作用将是考验两国政府和学界智慧的重要课题。

2. 使两国的某些经济主权受到侵蚀

纵观世界主要的参与区域经济一体化的国家，它们在进行和深化经济合作的过程中都会丧失一部分经济主权，其中以欧盟各国让渡的经济主权最多。自 1992 年签订《马斯特里赫特条约》决定建立经济与货币同盟以来，目前欧元区国家的货币主权、财政主权等都已经让渡给了一体化组织，由欧盟的决策机构协调成员国利益，制定统一的政策，由成员国执行。中韩在建立自贸区后也不可避免地会遇到这类问题，首当其冲的是两国的关税主权。由于自贸区建立后，除少数例外产品，大部分商品的关税都会降为零，关税的保护国内市场、增加税收、改善贸易条件、调节进出口商品结构的作用将丧失，国家将失去一种调节经济和实施经济政策的重要手段。另外，由于两国国内经济发展战略存在差异，建立自贸区后，如何保证既定的国内和国际政策特别是对外贸易政策的连贯性和一致性，是两国政府需要权衡的问题。

---

① "Agriculture at risk under FTA with China", http：//english. hani. co. kr/arti/english_ edition/e_ international/531069. html.

总之，在自贸区谈判中，为了协调彼此利益，满足各自的诉求，必然要做出一定的让步和经济主权的牺牲。但是，我们也应该看到，要进行区域经济的深入合作，提高合作质量和水平，妥协和牺牲是不可避免的。

3. 对两国经济和贸易的其他不利影响

首先，自贸区的建立促成了新的垄断的形成。尽管自贸区的贸易创造和投资创造效应能扩大两国的贸易和经济增长，但是，两国间彼此取消关税会使区域内的企业获得比区域外的企业更大的价格优势，形成一种竞争保护。这种情况可能会使两国内原有的企业因缺乏竞争而形成新的垄断，而这种垄断又会造成技术进步缓慢和经济效率的降低，从而不利于整个国民经济的健康发展。

其次，自贸区的建立可能会拉大两国经济发展水平的差距，其中对中国的影响更为明显。从经济规模来看，尽管中国的经济总量排世界第二位，是韩国的近 7 倍，但是人均 GDP 仅为韩国的 1/4 左右，再加上中国经济结构不合理、缺乏资本、技术相对落后及投资环境有待改善，中国在自贸区中获得的收益必然小于韩国。以投资为例，由于韩国的投资环境优于中国，自贸区建立后，资本将向投资环境较好的韩国流动，造成中国的资本外流、吸引外资的能力下降。这对缺乏资本发展经济和吸纳就业的中国来说，无疑是沉重的打击。

最后，使用的贸易限制措施将更加隐蔽，给两国企业造成困难。中韩自贸区建立后，两国将取消关税限制措施，但是两国政府为了保护国内的某些产业必然会诉诸非关税壁垒，例如技术性和环境贸易壁垒，这种贸易壁垒由于隐蔽性和名义上的合法性而具有更大的歧视性，对两国的出口企业将造成更大的限制。可以预见，基于非关税壁垒的贸易争端也会增加。

4. 对其他国家和地区的消极影响

自由贸易区最大的特点就是"对内自由，对外保护"。建立自贸区后，尽管实现了区域内的自由贸易，但区域内的成员对外仍然使用关税和非关税壁垒。自由贸易区对贸易的不利影响是贸易转移效应，它与贸易创造效应截然不同，是指建立自由贸易区后成员国之间的相互贸易代替了原来效率高的贸易，增加了进口成本；使资源配置效率降低；由于价格的提高，人民福利将减少。我们以中国台湾地区为例说明贸易转移的影响。台湾的机器设备、石油化工原料和纺织品等超过 2000 种产品与韩国出口到中国的产品是相互重叠的。因为与许多韩国出口到中国的产品相一致，这些年来，由于处于同等的竞争地位，台湾地区的公司在与韩国公司的竞争中保持了它们上述产品的市场份额。[①] 然而，一旦中韩之间签订自贸协定，韩国企业将获得价格和竞争优势，抢占台湾商品的市场份额将是不可避免的，这将在很大程度上影响台湾地区向大陆的出口，在经济危机的影响还未完全散去的情况下，这给台湾地区经济的复苏蒙上了一层阴影。其实不仅是中国台湾地区，所有与中韩两国有紧密贸易联系的国家都会受到或大或小的影响。

三　中韩自贸区的政治影响分析

在前文中，我们分析了中韩 FTA 建立后在经济层面上的影响，这些影响似乎比较容易理解，毕竟 FTA 是一个经济层面的体制，相比之下它的政治影响却晦涩得多，但是，中韩 FTA 在政治层面上的影响也不容小视。不管是对中韩两国国内，还是对东北亚和整个世界来说，中韩 FTA 的建立都是一个具有重大影响的事件。下面，我们将利用新现实主义的层次分析法，从国内和国际两个角度对中韩 FTA 的政治影响做简要分析。

（一）中韩两国对 FTA 的政治诉求

中韩两国致力于 FTA 建设，除了经济领域内的需求以外，两国在政治领域也有自己的政治诉求，这种政治诉求是中韩 FTA 得以建立的重要原因。

中国是世界上最大的发展中国家，虽然在改革开放后保持了高速的经济增长，但是综合国力和国际竞争力与发达国家还有一定的差距。中国的发展离不开一个稳定的周边政治环境和和谐的经济环境。参与周边国家和地区的经济合作，有助于进一步发展与周边国家和地区的睦邻友好关系，在继续保障自身稳定和持续增长的同时，对周边国家和地区的稳定和繁荣也有积极意义。[②]

---

① "China – Korea FTA to Affect Taiwan's Textile Exports", http：//www. fibre2fashion. com/news/textile – news/newsdetails. aspx？news_ id ＝107350.

② 刘培华：《中国 FTA 发展战略探讨》，《黑龙江对外经贸》2009 年第 10 期，第 20 ~ 22 页。

朝鲜半岛作为中国东北部的"门户",在中国的地缘政治中占有重要地位,同时朝鲜半岛稳定与否也关乎中国能否在东北亚一体化进程中发挥关键作用,所以准确把握朝鲜半岛问题的发展脉络,处理好与此相关国家的关系,成为中国现阶段处理东北亚事务的重中之重。韩国作为朝鲜半岛的两个国家之一,是朝鲜半岛问题的"当事者"和"参与者",在朝鲜半岛问题的发展中具有特殊的作用。同时,自建交以来,中韩两国关系发展良好,尤其是经济方面,而中韩 FTA 不仅在经济上将使两国的交往增进一个层次,也将给两国政治关系的发展提供一个契机。中国希望抓住机会,在没有美国"直接参与"的情况下,与韩国展开外交对话,在双边关系和地区稳定上取得更大进步。

就韩国而言,中韩 FTA 是一个机会也是一个挑战,韩国在此问题上有政治诉求,但也有政治担忧。现在朝鲜半岛局势虽趋于稳定,但是矛盾仍在、摩擦不断。面对不明朗和不乐观的朝鲜半岛局势,韩国一方面没有放弃统一朝鲜半岛的愿望和决心,另一方面考虑到自己的实力和一些现实困难,韩国一边加强同传统盟国美国的联系,试图通过韩美同盟向朝鲜施压,逼其就范,一边试图寻求其他途径,拓宽外交空间有意在中国方面"大做文章"。但是,中韩历史上的敌对、韩美同盟和中朝特殊关是韩国想在 FTA 上做更多文章的羁绊。

综上所述,在 FTA 问题上,中韩两国的政治诉求既有一致性也有差异性。一致的政治诉求说明中韩在 FTA 建设上有着共同的利益,基于共同利益的合作才能是长久和有效的;同时,中韩之间存在着不同的政治诉求,这也表明中韩之间在某些方面的利益冲突和矛盾,这可能会影响中韩关系的发展及中韩 FTA 建设。但是,我们必须认识到,在无政府的国际社会里,两个主权国家存在利益的不一致性是普遍和正常的,不应惧怕矛盾和冲突,而是寻找解决这些矛盾和冲突的突破口,进而促进相互间的合作与发展。

(二) 中韩 FTA 的建立对两国国内政治的影响

中韩 FTA 虽然是一个两国间的贸易协定,主要是对两国间的经济政治关系产生影响,但是,与其说中韩 FTA 是一种两国间的政策协商,不如说这是一个为解决自身发展问题而进行的一次外部"妥协"行为。中韩 FTA

产生于两国的国家利益，也必将为两国的国家利益而存在。国内政治作为国家政治的重要组成部分，在中韩 FTA 施行时必将遭受各种影响，而这些影响也会反过来影响中韩 FTA 的发展。所以，确切地分析中韩 FTA 对两国国内的政治影响是十分必要的。

就中国而言，FTA 作为中国进一步贯彻改革开放的基本国策的重要措施，在中国社会主义市场经济建设中将发挥着重要作用。尤其是进入 21 世纪，借助 FTA 进一步深化改革，已成为中国 FTA 发展的重要任务之一。

从上述中国的 FTA 发展状况来看，中国已签署的自贸协定主要是中国与发展中国家的 FTA，这些国家的总体经济状况和市场经济的完善程度与发达国家有一定差距，对中国的促进作用也是有限的。而从中国正在谈判的自贸协定来看，对象主要是发达国家，这就表明中国的 FTA 战略从发展中国家开始转向发达国家，这不仅是因为发达国家的经济发展状况和贸易水平领先于世界，从国内政治考虑，这也有利于中国进一步解放思想和深化改革。中韩 FTA 的作用亦不容小视。

我们也必须注意到，中韩 FTA 建立后，中国的很多行业将遭受挑战，尤其是在电子、汽车等高端工业领域，中国企业将面临三星、现代、LG 等韩国企业的冲击。这种冲击可能导致很多企业倒闭，进而引起大量职工下岗，如果不能够妥善安置和处理，恐将在一定程度上影响局部地区的稳定与发展。同时，韩国企业在中韩 FTA 实施后会更大规模地进军中国，与之相伴随的西方资本主义腐朽文化，可能会给中国的社会安定和谐造成很多麻烦。

对于韩国来讲，中韩 FTA 的磋商已经在国内引起了很多争论，韩国最大的在野党民主统合党曾要求政府停止中韩 FTA 谈判。这种要求当然有国际关系和现实政治方面的考虑，但是我们仍然能清晰地看到，中韩 FTA 已成为韩国各种政治势力相互"攻讦"的工具。早在卢武铉"左派"执政时期，中韩就达成了尽快签订自由贸易协定的共识，当时却受到"右派"的诘难，而李明博"右派"执政后，又在中韩 FTA 问题上被责难。中韩 FTA 给了他们相互指责的机会。当然，不可否认，中韩 FTA 建立后，可能对韩国的一些行业，如农业、渔业、纺织业等造成很大的冲击，韩国的社会矛盾也会因此而激化。回想《韩美自由贸易协定》签订后，韩国农民的一系列过激行为，我们就不难想象中韩 FTA 签署后韩国社会的反应会是什么样的。

但是，中韩 FTA 的签订将拉近中韩关系，这将有利于韩国的国家安全和社会稳定。

（三）中韩 FTA 对两国关系的影响

中韩 FTA 作为两国经贸往来的制度性保障措施，对中韩两国关系的发展具有重要影响，这种影响不仅表现在中韩两国在处理对外关系上给自己增添了一个"砝码"，还表现在中韩两国在两国关系的发展中更加"游刃有余"。

1. 中韩 FTA 对中国对外关系的影响

近年来美国调整其全球战略，将其战略重点移向亚太地区。2012 年 3 月生效的《韩美自由贸易协定》更是美国加强对亚太地区控制的一个重要措施。美国期待以韩美 FTA 为切入点，巩固美国在东北亚地区的经济影响力，进而发挥政治影响力，以牵制崛起的中国对朝鲜半岛和整个东北亚的影响力。因此正如美国媒体大肆渲染的那样，韩美 FTA 的迅速达成醉翁之意不在酒，真实意图在于提升美韩联盟关系，这也是韩美 FTA 协定迅速达成的最重要原因。① 中韩 FTA 的建立，势必会对美国的亚太战略起到弱化的作用。根据复合相互依存的理论，中韩间经济往来的密切会对政治和军事的发展产生重要影响，这也会进而影响到韩美同盟和美国的亚太战略。更重要的是，中韩缔结 FTA 不仅将使中国获得地缘政治利益，巩固全球大国地位，更可使中国获得东亚自贸区话语权，提高对第三国的判断力，进而主导东亚一体化进程。②

2. 中韩 FTA 对韩国对外关系的影响

1948 年韩国建国以来，韩国的外交政策有两条主线，一条是坚定而灵活的对朝政策，一条是稳固而求变的对美政策。韩国历届政府都将这两条主线当作制定和施行对外政策的基准，不管是以朴正熙为代表的"右翼"政府，还是以金大中、卢武铉为代表的"左翼"政府，都围绕这两条主线进行对外交往活动，只不过在具体的方向和措施上存在着分歧和偏差罢了。左翼一般认为，应将朝鲜视为可与之和解的同族国家，而美国则是制

---

① 王琳：《论韩美自由贸易协定下的东北亚经济格局演变》，《东方企业文化》2010 年第 5 期，第 173 页。

② 娄朝晖：《中韩 FTA 的缔约策略分析》，《国际贸易问题》2010 年第 12 期，第 54 页。

造分裂的外来干涉者；右翼则认为，韩国的繁荣与安全取决于与美国发展紧密的伙伴关系以及警惕来自朝鲜的威胁。① 中韩 FTA 对韩国对外关系的影响也应主要从这两条主线出发来探讨。

中国在朝鲜半岛问题上拥有"特殊地位"，韩国认为，单纯依靠自己或依靠美国不能有效地解决朝鲜问题，可以从争取中国入手。毋庸置疑，中韩 FTA 的签订在加强中韩两国经济往来的同时，一定会密切两国的政治交往。同时，韩国认为，中韩 FTA 使中韩两国成为"一条船"上的人，中国可能会在朝鲜问题上适当地约束"盟国"朝鲜，从而发挥"平衡者"的作用。

在对美关系上，韩国虽然一直以韩美特殊关系作为外交主轴，但是随着经济的崛起，韩国国内出现了减小美国控制、发展平等外交的新倾向，尤其是以左翼政党为代表的政治势力，更提出摆脱美国、独立发展的观点。中韩 FTA 虽然不会导致韩国摆脱美国控制投向中国怀抱，但是对于韩国拓宽外交空间、发展独立外交具有重要意义。

同时，随着东北亚一体化方案和中日韩 FTA 得到深入讨论，韩国谋求在未来的一体化或中日韩 FTA 中占据主导地位。早在卢武铉总统时期，韩国就提出，要充分发挥韩国在地缘政治上的优势，通过与东北亚其他国家签订 FTA，壮大国家实力，使韩国成为这一地区的中心国家。② 中韩 FTA 谈判获进展面临的是韩日 FTA 取得实质性进展和中日 FTA 举步维艰的情况，一旦中韩自由贸易区开始谈判，日本本来就对中国抱有很强的竞争心理，因此会迫切希望先与韩国签署自由贸易区协议，这样中韩自由贸易区的启动就推动了日韩自由贸易区的实现。然后通过韩国的"桥梁与缓冲"作用，中韩自由贸易区和日韩自由贸易区最终将合并为中日韩自由贸易区。因此可以说，中韩自由贸易区是实现中日韩自由贸易区的突破口。③ 这势必会使韩国成为未来中日韩 FTA 的"沟通国"和"中间国"，对于增强韩国在未来东北亚一体化中的地位和作用大有裨益。

---

① 〔韩〕崔志鹰：《韩国：左翼和右翼的对垒——从对外政策上看》，《世界知识》2009 年第 3 期，第 20 页。

② 廖小健、廖新年：《韩国 FTA 战略》，《外交评论》2005 年 10 月（总第 84 期），第 81 页。

③ Zhang Jian ping, "Analys on the Issues of and prospects for a China – Korea FTA", KIEP, CNAEC Research Series, 2006 (4): 10 – 20.

（四）中韩 FTA 对东北亚和世界的影响分析

中韩两国作为东北亚的重要国家，中韩 FTA 又作为东北亚地区的第一个自由贸易协议，其签订对东北亚乃至东亚一体化都有重要影响。

第一，中韩 FTA 的签订将为东北亚地区的合作与发展提供一个良好的模式。目前，东北亚地区正处于全球国际格局调整和区域结构调整的双重调整中。在东北亚地区，我们既可以看到欣欣向荣和逐渐走向合作的区域经济共同体的雏形，也可以看到频繁震荡、热点问题突出的紧张的地区安全形势。① 在当前朝鲜问题没有很好地解决，美国势力仍然强势存在的情况下，东北亚很快实现政治和解和政治合作是不现实的。所以东北亚各国只能寻找其他途径来实现东北亚的联合与自强，"以经促政"是其中一个行得通而且比较明智的选择。东北亚三大国中日韩之间的经贸往来和经济联系日益密切，但是在没有形成经济合作机制的情况下，三国之间经济上摩擦不断，不利于三国政治互信的加强。东北亚的一体化只有在经济和政治等各方面都实现和解与合作的前提下才能够实现。FTA 虽然也许不能在短时间内使得三国的政治互信和政治合作得到快速加强，但是在 FTA 框架内各国能够相互交流、相互约束，这对于消除分歧、加强合作具有重要作用。中韩 FTA 率先开始了这种尝试，相信在中韩两国的共同经营和呵护下，中韩 FTA 一定能够走出一片天地，给东北亚一体化发展指出一条正确的道路。

第二，中韩 FTA 顺应了历史潮流，促进了世界多极化的发展。冷战后，美国依靠其无可匹敌的军事和经济实力以及遍及世界的盟友成为世界的霸主。近年来，随着欧盟、日本和中国的崛起，美国的霸权受到挑战，但是美国并不甘心被超越，在积极调整其全球战略的同时，加强与盟友的联系。韩国作为美国在亚太地区的重要盟友，是美国遏制中国的"桥头堡"，中韩 FTA 的签订虽然不能从本质上改变这种事态，但是对于中国"突出重围"具有重要意义。同时，通过中韩 FTA，韩国的经济和政治力量也会大大加强，在国内反美势力的影响下，也会逐渐摆脱美国的控制，

① 于海洋：《自贸区与政治一体化：中日韩自贸区的战略设计及实施》，《东北亚论坛》2011 年第 6 期，第 35～41 页。

这对世界多极化的发展具有重要意义。

四　结论与对策

中韩 FTA 能够在多大程度上促进中韩之间的经贸发展和政治往来，促进地区的和平与稳定，促进世界的繁荣与发展，主要取决于中韩两国能够在多大程度上利用好中韩 FTA 这个"平台"。可以预见，在未来的一个时期内中韩 FTA 会对中韩两国的经济政治合作与发展产生积极影响，但是我们也要意识到，中韩两国在领土问题、朝鲜问题等问题上的一些矛盾和冲突，势必会对两国 FTA 发挥全面的经济和政治作用产生消极影响，同时，中韩 FTA 也只是一种"缓兵之策"，不应该是一个终极的模式和策略，要想实现地区的一体化，还有很长的路要走。因此，为了能使中韩 FTA 在最大限度上促进两国和东北亚地区的和平与发展，中韩两国应该把握这样几个原则。

第一，循序渐进的原则。中韩 FTA 从启动到官产学联合研究再到最终的谈判启动，经历了近十年的时间。这是一段不寻常的历程，也是一个循序渐进的过程，是对中韩两国经济政治的全面评估和检测。中韩 FTA 是两国友好协商的结果，也是两国"相互妥协"的结果。在未来的合作发展中，中韩两国还会在不断的协商和妥协中解决两国经济政治发展中的一些问题，但是这些问题并不是能够一蹴而就地解决的，两国关系也不会一劳永逸地达到完美的程度。两国应继续遵从循序渐进的原则，对对方保持足够的耐心，对双方关系抱有充分的信心，只有这样才能使中韩 FTA 施惠两国人民。

第二，经济政治平衡发展的原则。东北亚受冷战思维的影响在发展合作中表现出"政冷经热"的现象，中韩两国之间亦是如此。虽然两国在建交后致力于两国政治关系的改善，在 2008 年将两国关系升格为战略合作伙伴关系，但是相比经济来说，政治发展还是相对滞后的。所以在未来两国的合作中，政经同步发展是十分必要的，正如于海洋教授指出的，政冷和经热不是一个可以长期维持的状态，尤其当一个地区发展到一定阶段的时候，在缺乏政治保障的情况下，经济合作出现大规模停滞或倒退的风险将极大地增加。① 当然，毕竟两国在意识形态、国家利益方面存在着很多矛盾和冲突，这也直接导致了两国政治互信的不足，但是，中韩两国必须从长远出发，着眼未来，积极寻找政治合作的突破口，争取在经贸趋热的同时，使两国政治发展更上一个台阶。

第三，合理处理第三方影响的原则。由于各种历史和现实因素，中韩两国在对外交往中都不能摆脱第三国的影响。对于中韩两国来说，美国因素和朝鲜因素是影响两国关系发展的"障碍"。正如前文讲到的，对于韩国来说，美国既是保障国家安全的重要筹码，也是发展自主外交的瓶颈。美国因素让韩国处在进退两难的境地，尤其是处理对华关系上，美国因素成为韩国施展外交手段的一种制约，同时，过多美国因素的存在使得中国对韩国缺乏足够的信任。与之相似的是，朝鲜因素在中国外交中，尤其是中国对韩外交中有着特殊地位。朝韩半个多世纪的对立使得任何与朝鲜有关的因素都会成为韩国关注的焦点，韩国对于中朝关系也颇敏感，中国如何处理好与朝鲜的关系对于中韩关系的发展具有重要意义。中韩 FTA 虽然是一个经济层面的协定，但是这种第三方的影响仍然会影响其未来发展方向，如何处理好第三方的影响对于中韩 FTA 乃至中韩两国关系的发展具有重要意义。

参考文献

张京红、王生辉：《中韩贸易失衡问题及对策建议》，《经贸论坛》2008 年第 12 期。

张秀明、冯巍巍：《中韩双边经贸关系及中韩自由贸易区的前景问题分析》，《中国商界》2010 年第 3 期。

周培奇：《中韩自贸区于中国区域一体化》，《上海商学院学报》2011 年第 1 期。

沈铭辉：《中日韩自由贸易区的经济学分析》，《国际经济合作》2011 年第 3 期。

宿景昌：《论区域经济一体化组织的类型、作用及发展趋势》，《山东教育学院学报》2000 年第 6 期。

刘昌黎：《论中韩 FTA》，《世界经济研究》2008 年第 4 期。

---

① 于海洋：《自贸区与政治一体化——中日韩自贸区的战略设计及实施》，《东北亚论坛》2011 年第 6 期，第 35~41 页。

田密：《试论中日韩自贸区与东亚经济合作进程的关系》，《中国外资》2011年第13期。

刘培华：《中国FTA发展战略探讨》，《黑龙江对外经贸》2009年第10期。

王琳：《论韩美自由贸易协定下的东北亚经济格局演变》，《东方企业文化》2010年第5期。

娄朝晖：《中韩FTA的缔约策略分析》，《国际贸易问题》2010年第12期。

崔志鹰：《韩国：左翼和右翼的对垒——从对外政策上看》，《世界知识》2009年第3期。

廖小健、廖新年：《韩国FTA战略》，《外交评论》2005年10月（总第84期）。

Zhang Jian-ping, "Analysis on the Issues of and Prospects for a China-Korea FTA", KIEP, CNAEC Research Series, 2006。

于海洋：《自贸区与政治一体化：中日韩自贸区的战略设计及实施》，《东北亚论坛》2011年第6期。

韩国经济面临的困境及其未来展望[*]

崔 文

【内容提要】2012 年 5 月中韩两国同时宣布，正式举行自由贸易区政府间协商，由此正确了解韩国经济脉络、把握其发展前景，对中国来说尤其重要。目前，韩国经济面临着经济增长动力缺乏、过分依赖对外经济、服务业国际竞争力较弱、大企业与中小企业难以协调发展、少子化与老龄化等诸多亟须解决的难题。但是韩国经济发展历程和经验告诉我们，韩国人具有超强的韧劲和毅力，具有一种把一次次困境与危机转化为新的发展机遇的能力，因此在即将迈进发达国家门槛的时刻，韩国经济将实现新的质的飞跃。

【关 键 词】经济增长 对外经济 服务业 少子化 发展目标
【作者简介】崔文，延边大学东北亚经济研究所所长。

一 前言

1945～2010 年，在政府强有力的政策主导下，依靠大中小企业以及国民的勤奋努力与坚韧毅力，充分利用以关贸总协定/世界贸易组织为基础的国际贸易环境和"后发展优势"，韩国创造了令世界瞩目的持续、快速发展的"汉江奇迹"，由 1940 年代末期世界最贫穷国家之一，发展成为 2010 年经济规模排世界第 15 位的国家。

中韩自 1992 年建交以后，依靠国土相邻、文化相近及经济互补的优

＊ 本研究受 2012 年度韩国国际交流财团（Korea Foundation）的经费资助得以完成。

势，在政治、经济、社会、文化等领域的合作取得了世界两国关系史上罕见的快速发展。中国自2004年起成为韩国最大的贸易伙伴国、对韩国经济影响力最大的国家；韩国也已成为中国第三大贸易伙伴国，韩国对中国经济发展的重要性也不可小视；2008年两国建立了"战略伙伴关系"，2012年5月两国宣布正式举行中韩自由贸易区（Free Trade Agreement，FTA）政府间协商。

关于韩国经济的研究，在中国国内已发表的论文可谓不少，但对1997年韩国金融危机以后，特别是展现21世纪韩国经济新面貌以及面临的困境等的相关研究则相对较少。本文在评价韩国目前经济实力的基础上，将分析其发展面临的困境，最后结合韩国相关研究资料，对其未来发展进行展望。

二　韩国的经济实力

（一）世界第15位的经济强国

从宏观层面上看，经济规模通常指国内生产总值（GDP）的规模，即在一定时期内，一个国家经济中所生产出的全部最终产品和劳务价值的总量，用于反映经济表现以及国力与财富。2010年韩国经济依靠出口和内需拉动实现了13209亿美元，比2009年增长了6.1%。从支出角度看，居民消费在2010年上半年因就业状况得到改善和收入增加以及消费心理好转等而增长了6.3%和3.7%（第一季度和第二季度），但是到了下半年因7月和11月韩国银行两次上调0.25%的利率而导致家庭支出负担增加，再加上房地产市场持续萎缩等，民间消费开始得到抑制，增长只达到3.3%和3.1%（第三季度和第四季度）。设备投资因经济复苏而显现的出口和内需增加以及因金融危机而一直被压抑的投资压力突然释放等而大幅增加，前三季度分别达到29.9%、30.2%、25.2%，而第四季度因经济增长势头减弱等只增长8.8%，但是全年平均增长率还是达到了25.6%，而失业率基本保持在4%左右。

2010年韩国的GDP规模，按当年汇率折合为10145亿美元，占世界第15位。居第一位的美国为145867亿美元，第二位的中国为59266亿美元，第三位的日本为54588亿美元，第四位的德国为32805

亿美元（参见 表 1）。从人均 GDP 来看，韩国人均 GDP 为 20757 美元，排世界第 28 位。

表 1　2010 年韩国经济规模的国际比较

排　序	GDP 规模（亿美元）		排　序	人均 GDP 规模（美元）	
1	美　国	145867	1	卢 森 堡	105195
2	中　国	59266	2	挪　威	85389
3	日　本	54588	3	瑞　士	67457
4	德　国	32805	4	丹　麦	56245
5	法　国	25600	5	澳大利亚	50748
6	英　国	22617	6	瑞　典	48897
7	巴　西	20879	7	美　国	47153
8	意大利	20610	8	加 拿 大	46212
9	印　度	17271	9	奥 地 利	45181
10	加拿大	15770	10	芬　兰	44378
15	韩　国	10145	28	韩　国	20757

资料来源：世界银行，http：//data. worldbank. org/。

（二）国家资产

一个国家每年创造的 GDP 能从流量角度说明一国的经济规模与实力，但这还不够，还要从整个国民资产、国家财富这一存量资本方面来进行衡量。根据韩国统计厅 2011 年 2 月公布的数据，2009 年底韩国的国家资产为 7385 兆韩元，比上年增加 5.6%，1999 年的 3223 兆韩元增加 2.3 倍，年均增速达 8.7%，高于 GDP 增速。

韩国的国家资产从其构成来看，占最大比重的是土地资产，占46.9%，规模为 3464.6 兆韩元；其次为有形固定资产，占 42.8%，规模为 3162.7 兆韩元；此外，库存资产占 6.1%，规模为 450.7 兆韩元，耐久消费品占 2.6%。

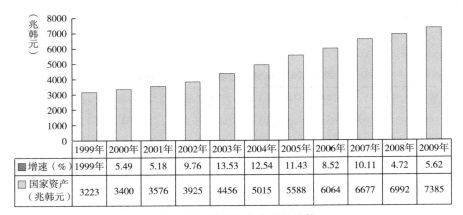

	1999年	2000年	2001年	2002年	2003年	2004年	2005年	2006年	2007年	2008年	2009年
■ 增速（%）	1999年	5.49	5.18	9.76	13.53	12.54	11.43	8.52	10.11	4.72	5.62
▨ 国家资产（兆韩元）	3223	3400	3576	3925	4456	5015	5588	6064	6677	6992	7385

图1 韩国国家资产的增长趋势

资料来源：韩国统计厅发布的国家资产统计。

表2 2009年韩国国家资产的构成

单位：兆韩元

年 份	有形固定资产	库存资产	土地资产	耐久消费品	其 他	资产总额
1999	1464.1	222.5	1389.5	103.1	43.70	3222.9
2005	2293.6	294.6	2753.0	163.1	84.10	5588.4
2006	2439.0	314.4	3053.2	165.3	92.00	6063.9
2007	2721.7	354.7	3324.7	171.8	103.80	6676.7
2008	3015.6	422.1	3264.6	181.9	108.30	6992.5
2009	3162.7	450.7	3464.6	191.2	115.90	7385.1

注：其他资产包括无形固定资产、林木资产、地下资产等。

资料来源：韩国统计厅公布的国家资产统计。

三 韩国经济面临的难题

（一）经济增长动力的缺乏

韩国的经济增长率从1970年代的6.9%和1980年代的8.6%以及1990年代的6.7%，到2000年代迅速下降为4.4%，并且这种下降趋势这将进一步延续。分析2000年代经济增长率下降的原因，可以发现劳动投入和资本投入的快速下降是主因。劳动投入的增加率自1990年代的1.7%，到2000年代大幅下降为0.5%，而这归因于就业人数增长乏力和平均工作时间的减少。

就业人数增长乏力除就业岗位因素之外，还与人口增长缓慢和出生率低下因而新增劳动力供给不足有关，而平均工作时间的减少则与法定工作时间的减少和钟点工人数增加有关。值得关注的是上述两个因素的变化趋势只能进一步下降，没有上升的动力，由此将来还存在增长率转为负数的可能性。

资本投入的增长率也由 1990 年代的 11%，到 2000 年代大幅下降至 5%。2000 年代以后，虽然韩国的出口依然强劲增长，但出口增长带动内需增长和投资增长的情况开始消失。出口增加且收益提高的大企业集团不再进行过去那种积极的投资，而中小企业对大企业集团的依赖使得其收益率极其低下，因此无法扩大投资。相反，对外投资则持续增加，由此出现对外投资代替国内投资，进而出现"产业空洞化"① 的情况。但归根结底，还是缺乏新的经济增长动力和创新能力不足。

以制造业为中心的发展战略获得了成功，但是地区差异严重，主要集中在首都圈和庆尚道。1990 年代以后，虽大力发展信息通信产业并构建了相关配套设施，但因为缺乏原创技术，核心技术的对外依存度还是很高；同时信息通信产业领域中的设备和电子产品制造能力虽然已达到一定高度，但软件开发能力欠缺；在研发方面虽在短时间内构筑了以大企业为中心的技术开发体系，但因研发费用激增而投资效率明显低下。韩国与发达国家在技术研发、设计、营销、物流等方面有较大差距，但随着中国、巴西、印度等新兴经济体国家的崛起，其制造业领域的竞争优势也大幅缩小了。

未来韩国经济的发展要依靠创新和技术进步，而这要依靠优质的人力资源。但韩国目前出生率低下，且教育体制出现各种弊病，如片面追求升学率，学生课务负担过重，为提高成绩学生去课外辅导班，而辅导费用昂贵，只有家境好的学生才上得起，结果导致教育不均等和阶层分化。在韩国，目前符合时代要求的创新型人才的选择范围和余地已越来越小。

---

① "产业空洞化"是指伴随对外直接投资和产业转移的持续发展，越来越多的企业将主要生产和经营基地从国内转移到国外，仅在国内留下一个"空壳"，以致国内投资不断萎缩，就业机会减少，失业问题日益严重。这种情况主要发生在发达国家，如日本。日本学者高野邦彦则把"产业空洞化"看作一种国家或地区的新产业还没有得到发展，而已有产业处于衰退阶段，或者新产业的发展不够充分而不能弥补已有产业衰退的影响，从而造成经济陷入不断下降甚至萎缩的现象。

表3　韩国经济增长率及其推动因素

单位:%

年　度	GDP 增长率	劳动投入增长率	资本投入增长率	技术进步增长率
1971 ~ 1980 年	6.89	3.76	13.54	− 0.30
1981 ~ 1990 年	8.63	2.00	10.48	3.66
1991 ~ 1997 年	6.66	1.72	11.02	1.68
2000 ~ 2005 年	4.41	0.51	5.49	2.16

资料来源: 李世旭:《韩国经济新的增长模式与政策选择》, 韩国开发研究院, 2006, 第29页。

(二) 日益严重的对外依赖型经济结构

韩国的对外依存度在世界各国之中处于特别高的水平。2007 年韩国的对外依存度即进出口贸易额占 GDP 的比重达到了 69.6%, 与美国的 23.0%、日本的 30.5%、法国的 45.2% 形成了鲜明对比。

韩国经济自 1960 年代以来, 一直致力于出口导向型经济发展战略, 出口一直是韩国经济增长的源动力, 并且将来也会如此。但是过于依赖出口, 使得内需相关产业的发展陷入停滞, 与出口部门的差距越来越明显。特别是 1997 年东亚金融危机以来, 韩国的开放度越来越高, 由此在封闭经济体系下受到保护的内需部门, 已经面临激烈的国际竞争。

同时, 2008 年的国际金融危机对韩国经济的影响显示, 过高的对外依存度使得韩国经济面对外部冲击时相当脆弱, 特别是对外部金融风暴特别敏感, 且经济的不稳定性显著增加。次贷危机发生以后, 美欧的大型银行如汇丰、花旗、高盛、美林等都深深卷入, 巨额的外资因此迅速从韩国股市及汇市中大量撤出, 而这导致韩国股市大幅下跌、韩元大幅贬值, 使其成为在亚洲甚至世界上受金融危机冲击最严重的国家之一。

韩国综合股价指数 (KOSPI) 于 2008 年初就开始出现了下跌。到了 3 月以后, 国际金融市场逐渐恢复平静开始出现反转, 并在 5 月达到 1888.9 点。但是, 9 月美国雷曼兄弟公司申请破产引发了国际性金融危机, 由此在国内及国外投资者们的极度恐慌心理和悲观预期下, 出现了大量抛盘, 韩国综合股指迅速大幅下跌, 并在 10 月 24 日创下了年中最低点 938.8 点, 较年初 1 月 2 日的 1853.4 点下跌了 914.6 点, 跌幅达到 49%。

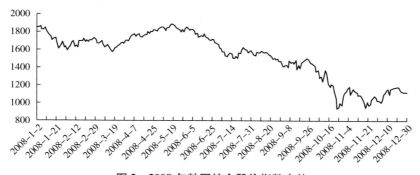

图 2　2008 年韩国综合股价指数走势

资料来源：韩国银行经济统计系统，http：//ecos. bok. or. kr/。

表 4　2008 年韩国综合股指与市值的月平均变化

单位：点，兆韩元

月份	1 月	2 月	3 月	4 月	5 月	6 月	7 月	8 月	9 月	10 月	11 月	12 月
股指	1732	1690	1651	1776	1846	1758	1570	1537	1447	1202	1074	1115
市值	817	860	861	927	940	851	810	750	737	566	554	577

资料来源：韩国统计厅，http：//kostat. go. kr/nso2009/intro/smain1. html。

在汇市上，2008 年开始韩元步入了缓慢的贬值过程，但到 9 月，发生国际金融危机以后，其贬值幅度大大加快，并在 11 月 24 日创出 1513 韩元兑 1 美元的最高点。为此韩国不得不与美国、中国、日本达成货币互换协议，才止住了贬值势头。但到年底汇率还是达到 1259. 5 韩元兑 1 美元，较年初 1 月 2 日的 936. 9 韩元兑 1 美元，贬值了 34. 5%，成为亚洲国家中货币贬值最多的国家。

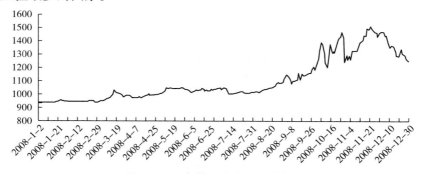

图 3　2008 年韩元兑美元汇率走势

资料来源：韩国银行经济统计系统，http：//ecos. bok. or. kr/，汇率为每日收盘价。

表5 2008 年东亚主要国家的月平均汇率变动率

单位：%

时　间	日本日元	中国人民币	新加坡新元	马来西亚林吉特	泰国泰铢	印度尼西亚盾	韩国韩元
2008.1	1.00	1.00	1.00	1.00	1.00	1.00	1.00
2008.2	0.99	0.99	0.99	0.99	1.03	0.98	1.00
2008.3	0.93	0.98	0.97	0.97	1.04	0.97	1.04
2008.4	0.95	0.97	0.95	0.97	1.04	0.98	1.04
2008.5	0.97	0.96	0.95	0.98	1.06	0.99	1.10
2008.6	0.99	0.95	0.96	0.99	1.09	0.99	1.09
2008.7	0.99	0.94	0.95	0.99	1.10	0.97	1.08
2008.8	1.01	0.95	0.98	1.02	1.11	0.97	1.11
2008.9	0.99	0.94	0.99	1.05	1.13	0.99	1.21
2008.10	0.93	0.94	1.03	1.08	1.13	1.05	1.41
2008.11	0.90	0.94	1.05	1.10	1.15	1.22	1.49
2008.12	0.85	0.95	1.03	1.09	1.16	1.20	1.45

资料来源：韩国银行经济统计系统，http：//ecos.bok.or.kr/。

此外，与中国、东盟、巴西等国家和地区的竞争日益激烈也使得出口依赖政策面临重大考验。韩国的出口占世界市场的份额自 1960 年代以来一直迅速增长，但 1995 年以后呈停滞状态。韩国的世界出口市场占有率在 1995 年达到 2.6%，但 2007 年还维持在 2.7%的水平，而中国 1985 年的出口市场份额仅为 1.5%（韩国为 1.6%），但在 1995 年达到 2.9%，超过了韩国，而 2007 年则达到 8.8%。韩国的出口企业为避开与中国的价格竞争，从劳动密集型产业转为技术密集型产业，但这又引发了韩国就业率的下降，因此单靠出口的增加很难解决失业问题。

（三）服务业国际竞争力较弱

进入 1990 年代，韩国的劳动密集型产业与中国、东盟、巴西等国家和地区激烈竞争，因其价格优势消失殆尽而逐步走向衰退，从这些行业中退出来的劳动力只能转向批发、零售、餐饮、住宿等小型服务产业，结果韩国自营业者的比重逐渐提高。但这些行业的特性使得其劳动生产率很难得到提高，相反教育、医疗等高级专门劳动力组成的知识密集型服务业所占比重则比较低，因此韩国服务业各部门的国际竞争力普遍较弱。

显示性比较优势指数（Revealed Comparative Advantage Index，RCA）是美国经济学家贝拉·巴拉萨（Balassa Bela）于1965年测算部分国际贸易比较优势时采用的一种方法，可以反映一个国家某一产业的出口竞争力。它通过该产业在该国出口中所占的份额与世界贸易中该产业占世界贸易总额的份额之比来表示，剔除了国家总量波动和世界总量波动的影响，可以较好地反映一个国家某一产业的出口与世界平均出口水平相比的相对优势。RCA指数大于1说明在国际竞争中具有比较优势，小于1说明在国际竞争中处于比较劣势。表6为2000~2008年的韩国服务业RCA指数。

表6　2000~2008年韩国服务贸易领域RCA指数

年　份	2000	2001	2002	2003	2004	2005	2006	2007	2008
运输	2.06	2.14	2.26	2.64	2.62	2.57	2.57	2.64	2.77
旅游	0.73	0.74	0.73	0.58	0.53	0.49	0.46	0.40	0.51
通信	0.64	0.62	0.65	0.48	0.51	0.46	0.57	0.41	0.45
建筑	0.05	0.14	0.07	0.06	0.13	0.12	0.13	0.10	0.14
保险	0.11	0.10	0.04	0.03	0.12	0.17	0.22	0.25	0.18
金融	0.36	0.30	0.40	0.32	0.37	0.50	0.63	0.71	0.62
电脑与信息	0.01	0.02	0.02	0.02	0.01	0.03	0.12	0.12	0.08
专利权使用费	0.31	0.45	0.40	0.53	0.57	0.53	0.53	0.35	0.40
其他事业服务	1.13	1.01	0.95	0.90	0.86	0.88	0.88	0.94	0.70
个人娱乐和文化	0.24	0.28	0.36	0.14	0.18	0.40	0.51	0.51	0.55
政府服务	1.18	1.44	1.57	1.49	1.36	1.39	1.31	1.21	1.36

资料来源：崔文：《韩国与中国的服务业国际竞争力比较分析》，《韩国地域经济研究》，2011，第225页。

从RCA指数可以看出，2008年韩国服务业具有国际竞争力比较优势的行业为运输和政府服务业，而其余的旅游、通信、建筑、保险、金融、电脑与信息、专利权使用费、其他事业服务、个人娱乐和文化等，在国际竞争中均处于比较劣势。1997年的东亚金融危机以前，韩国经济开放程度有限，服务业处在政府保护之下，但此后韩国经济的开放步伐越来越快，而如今伴随通信技术的发展，海外服务产品的购买也越来越方便，因此韩国服务业发展面临巨大挑战。

为了提高韩国服务业的生产效率和竞争力，适当降低技术含量较低的生计性服务业的比重，加快发展高技术和高附加值的知识密集型服务业、提高其竞争力，尤其重要。

（四）难以实现的大企业与中小企业的共同发展

在韩国经济发展过程中，大企业集团发挥了重要作用，并且经过1997年金融危机的洗礼之后，迅速融入全球经济中，具备了很强的国际竞争力。相反，韩国的中小企业发展有限，且与大企业集团之间的差距不断拉大。

当前，随着产业的融合与复合化趋势的到来以及技术的复杂与精细程度越来越高，在全球竞争中，单靠一个企业或企业集团来进行生产越来越不现实。因此全球竞争态势也从单一企业之间的竞争转变为企业网络之间的竞争，企业的竞争力不仅来自本身，更来自包括中小企业的企业网络。而这需要合作中小企业能力的提高和大企业与中小企业之间以信用为基础的共生关系的构筑。此外，在韩国国内市场上，大企业集团与中小企业的竞争问题以及利益矛盾难以解决，如何做到合作发展更是难上加难的问题。

从韩国企业发展的历程以及近年韩国大中小企业发展态势中可看到，韩国大企业的发展通常以牺牲中小企业利益为代价。韩国大企业集团要独享经济增长的好处，而与大企业集团合作的下游中小企业，很少能分到经济繁荣的一杯羹；大企业对与之联营的中小企业，总是压低它们提供的零部件和原材料的级别和价格或不立即支付它们的货款，甚至强取豪夺中小企业开发的技术专利、挖走它们的技术管理人才等。由此有一部分学者认为，大企业集团对中小企业的欺压是韩国社会最大的不公正。

以2010年为例。2010年韩国十大企业集团的营业额在韩国制造业所占的比率已经超过了40%，10大集团在韩国股市中的市值之和也超过了总市值的一半。以韩国的三星集团为例，2010年的销售额高达全国GDP的22%，出口额的20%，三星的股票市值占韩国股市的25%。2010年韩国全国企业净利润的30%由三星电子等十大企业独占，但它们创造的就业不及全国总就业数的2%。

在金大中和卢武铉执政时期，韩国政府为了保护中小企业的利益即为使中小企业的经营事业免遭强势财阀集团的侵占，大致划分了大中小企业的经营范围。但李明博总统上台后，出台了鼓励大企业发展的政策，财阀集团屡屡向餐饮业、汽车维修、葡萄酒销售、高尔夫练习场和出租车运营等传统上是中小企业经营的行业进军并加大投资。乐天、新世界、Home-plus 等大型超市集团则在韩国各地开设了很多小型连锁店，使平民小商店以及传统集市受到沉重打击。

2011 年李明博也意识到大企业过于挤占中小企业发展空间的问题，提出了国政运营的新目标"共生发展"——"不是扩大差距的发展而是减少差距的发展，不是无雇佣的增长而是增加工作岗位的增长，让韩国成为相互照顾的温暖的社会"①。为了"共生发展"，李明博特别告诫大企业集团，"要从贪欲经营到伦理经营、从自由的资本到责任的资本、从贫富两极分化做到相生繁荣"。直属韩国总统的机构——"共同成长委员会"——于2011 年 9 月和 11 月分两次颁布了"中小企业适合行业以及品目"，从而划定了中小企业的固有行业以及领域。如果大企业违反规定，进入被指定为中小企业固有行业经营，该企业将成为"不道德企业"，将受到社会舆论和消费者的强烈谴责。

但是在韩国影响力最大、代表保守势力的《朝鲜日报》在光复节的第二天即 2011 年 8 月 16 日发表社论，说要从总统开始，"警惕以韩国社会共生发展为借口的诋毁市场经济或民粹主义的行为"。韩国另一家大报《东亚日报》也在 8 月 18 日发表了题为"政界打击大企业无益于国民"的社论，指出："企业的最大目的是通过经营壮大企业，在创造利润的同时创造工作岗位并向国家上缴税款，大部分国家财富也来自于此。企业拥有社会责任，但如果将企业视为慈善机构，必定会阻碍企业与产业的发展。"

因此，在不同的利益团体和社会阶层的矛盾与对立中，如何实现大企业与中小企业的共同发展，如何构建大企业与中小企业的共生关系将是未来韩国经济要解决的重要课题。

---

① 李明博：《光复节祝词》，2011 年 8 月 15 日，http：//www. ohmynews. com/NWS_ Web/View/at_ pg. aspx？CNTN_ CD = A0001611165。

（五）少子化与老龄化社会的加速推进

韩国正以前所未有的速度进入老龄化社会。韩国的总和生育率① 1960 年代为 6.0 的高水平，与当时落后的经济发展状况不相称，于是政府实施了抑制人口出生的政策。至 1984 年韩国的总和生育率下降至 2.0 以下，步入了低生育国家，而经历 1997 年金融危机以后，出生率又开始急速下降，1998 年总和生育率下降到 1.4，步入了超低生育国家。2000 年代这种超低生育现象进一步加剧，2005 年甚至达到了 1.1，2010 年为 1.2。

这种趋势继续下去的话，预计 2018 年起韩国的绝对人口将开始下降，至 2050 年减少 600 万以上，达到 4200 万左右。按年龄段分析少儿人口（0～14 岁）和可参加工作人口（15～64 岁）将急剧减少，相反老年人口（65 岁以上）将急速增加。少儿人口由 2009 年的 818 万，至 2038 年将减少至 500 万以下，至 2050 年则只有 376 万。可参加工作人口 2016 年达到最高水平为 3619 万，但 2050 年则急剧减少 1500 万降至 2241 万名。相反，2008 年已超过 500 万名的老年人口，2026 年将达 1022 万名，而到 2040 年将达到 1504 万名。特别是超过 80 岁的老人数，2008 年只有 83 万名，但 2020 年将达到 178 万名，而到 2050 年将达到 613 万名。

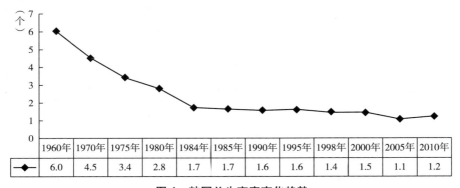

	1960年	1970年	1975年	1980年	1984年	1985年	1990年	1995年	1998年	2000年	2005年	2010年
◆	6.0	4.5	3.4	2.8	1.7	1.7	1.6	1.6	1.4	1.5	1.1	1.2

图 4　韩国总生育率变化趋势

资料来源：韩国统计厅，国家统计网、http://kosis.kr。

---

① 总和生育率（Total Fertility Rate，TFR），也称总生育率，是指该国家或地区的妇女在育龄期间，每个妇女平均的生育子女数，韩国统计的育龄期间为 15～49 岁。

2000 年韩国老年人口占总人口的比重就已达到 7.2%，由此进入了老龄化（ageing society）社会，而到 2018 年老年人口占总人口的比重将达到 14%，由此将进入老龄（aged society）社会（老年人人口占比为 14%），而到 2026 年老年人口占总人口的比重将超过 20% 而进入超老龄（hyper aged society）社会。这样，韩国自老龄化社会转至老龄社会将花费 18 年时间，而世界其他国家，如法国需要 115 年，美国需要 73 年，日本则需要 24 年。转至超高龄社会（老年人人口比率为 20%）的时间，韩国需要 8 年，法国需要 40 年，意大利和美国则分别需要 20 年和 16 年。

少子化与快速老龄化，首先，从经济角度将引发劳动力不足和劳动生产率的下降以及内需缩小，同时导致储蓄率、投资率降低和生产规模缩减，从而减退韩国经济的活力以及弱化其国家竞争力。比如，从不同年龄的消费、储蓄行为来看，一般比较典型的模式是在生产年龄阶段储蓄，退休时开始取款消费。从储蓄目的和运用的方法来看，用于防老目的的存款占相当大的比重。随着老龄化的进展，可以预想韩国的国内储蓄率将不断下降，储蓄余额也会随之减少，这样投资资金会出现枯竭，必然影响经济增长。其次，老年人的增加一方面使就业人口减少，即纳税人减少；另一方面也会相应增加养老金和医疗费的支出。韩国的养老金基金并不十分丰裕，随着老年人的增加，以养老金为中心的社会保障基金将出现缺口，且将大幅增加社会抚养负担，引发国民养老保险金财政和健康保险金财政的恶化，进而拖累整个国家财政。最后，长期的少子化，使得学生人数和学校个数将同时缩减，从而引发整个国家教育体系的退化以及国家军队兵源枯竭而出现国防危机等。因此，应对少子化与老龄社会，韩国需要出台奖励生育的政策以及加大少儿抚养方面的政府支出，同时应进行老年人养老保险以及健康、医疗保险方面的制度改革，此外还得对公务员、军人、私学年金进行改革，而这些政策和改革的实施结果如何，又很难预料。

表7 韩国的人口结构及展望

单位：万名,%

年 份	总人口	幼少年人口 (0~14岁)		生产可能人口 (15~64岁)		老年人口 (65岁以上)	
		规 模	比 重	规 模	比 重	规 模	比 重
2010	4887	791	16.2	3561	72.9	536	11.0
2015	4928	673	13.7	3616	73.4	638	12.9
2020	4933	612	12.4	3551	72.0	770	15.6
2025	4911	578	11.8	3356	68.3	977	19.9
2030	4863	553	11.4	3130	64.4	1181	24.3
2035	4773	523	11.0	2895	60.7	1355	28.4
2040	4634	478	10.3	2652	57.2	1504	32.5
2045	4452	422	9.5	2450	55.0	1580	35.5
2050	4234	376	8.9	2242	53.0	1616	38.2

资料来源：韩国统计厅：《将来人口推算》，2006。

表8 老龄化速度的国际比较

国 家	进入年份			所需时间（年）	
	老龄化社会（7%）	老龄社会（14%）	超老龄社会（20%）	老龄社会	超老龄社会
韩 国	2000	2018	2026	18	8
日 本	1970	1994	2006	24	12
德 国	1932	1972	2009	40	37
美 国	1942	2015	2036	73	21
法 国	1864	1979	2018	115	39

资料来源：韩国统计厅：《特别人口推算》，2006；UN, *World Population Prospects*，2006。

（六）朝鲜半岛形势的复杂性与不确定性

朝鲜半导局势的不稳定给韩国经济前景蒙上了浓重阴影。2010 年伴随天安舰事件和延坪岛事件以及美韩联合军演等，朝鲜半岛的军事对抗和紧张状态比任何时候都严重，而这给韩国经济前景蒙上了浓重阴影。如果朝鲜半岛紧张局面长期化，韩国社会的不安情绪会逐渐高涨，消费、投资和出口均可能受到影响。此外，韩国经济体系属于典型的小规模开放经济，伴随 2010 年韩国经济快速恢复，国际热钱已源源不断地流进了韩国。而地缘政治对市场风险偏好有着重大影响，伴随朝鲜半导局势的恶化，这些热钱随时可能急速从韩国撤走，由此将引发韩国汇率与股价暴跌，从而加大韩国金融市场风险，使刚刚走出金融危机的韩国经济陷入新的困境。

今后，创造和平与安全的周边环境，维护朝鲜半岛的稳定，是韩国必须解决的课题，如果朝鲜半岛局势发生剧烈动荡，遭受最大损失的只能是韩国。韩国好不容易经过几十年的努力，取得了如今的经济成就，如果朝鲜半岛出现剧烈动荡，或者发生战争，韩国所取得的一切成果均将被毁灭。对朝鲜来说维持现状和政局的稳定也是重要的目标之一，因此重启六方会谈对韩国和朝鲜都有极其重要的意义。

六方会谈不仅涵盖朝鲜半岛无核化问题，包括本地区长治久安的长远问题；不仅已成为管控朝鲜半岛局势的有效机制，也有望成为统筹构建地区安全新格局的最佳平台。如果六方会谈长期停滞下去，其结果绝非共赢，而是"共输"，因此有关各方应重新坐到一起，就朝鲜半岛的和平与稳定以及共同关心的问题开诚布公地交换意见，增进理解，建立彼此信任，进而谋求更多共识，找出维护朝鲜半岛的和平与稳定的妥善办法。要对话，不要对抗；要和解，不要对峙；要和平，不要战争。这是朝鲜半岛和本地区人民的殷切心愿，也是国际社会的普遍期待，符合和平与发展的时代潮流。

四　韩国经济社会未来发展展望

韩国国土狭小，自然资源匮乏，国内市场也狭小，但在政府强有力的政策主导下，依靠大中小企业以及国民的勤奋努力与坚韧毅力，充分利用以关贸总协定/世界贸易组织为基础的国际贸易环境和"后发展优势"，创造了令世界瞩目的持续、快速发展的"汉江奇迹"。特别是 2008 年的全球金融危机以后，2010 年韩国经济在 OECD 国家中表现抢眼，实现了 6.1% 的高增长。这是进入 2000 年代以后，2002 年实现 7.2% 的增长率之后，近八年来达到的最高值，而这归因于韩国制造业竞争力的提高、出口持续增加、投资迅速扩大等。

目前，韩国经济已取得了 GDP 世界规模第 15 位的成就，人均 GDP 也超过了 2 万美元，但如前所述，韩国经济面临着经济增长动力缺乏、经济结构过分依赖对外经济、服务业国际竞争力较弱、大企业与中小企业不能协调发展、少子化与老龄化社会困境、朝鲜半岛形势紧张等诸多亟须解决的难题。但是韩国经济的发展过程和经验告诉我们，韩国人具有特有的牺牲和永不放弃的精神，具有超强的韧劲和毅力，具有一种把一次次危机转化为新的发展机遇的能力，在即将迈进发达国家经济门槛的今天，韩国正准备着新的摸索与质的飞跃。

为了今后 20 年的长期发展，为了实现渴望创造巨大变化的韩国社会的心愿，为了成为 21 世纪知识经济时代的世界性的主导国家，2007 年 11 月，韩国开发研究院发表了《为先进韩国的政策方向和课题》的战略报告书，指出了如下韩国的未来发展目标与展望。

（一）韩国的未来发展目标

首先，从目前至 2020 年的 10 年间，力求快速变化，进行抢占性投资，克服韩国社会的不足点，从而构建进入发达国家的基础。其次，从 2020 年至 2030 年的 10 年间，完成质的转换，扩充来自国内外挑战的应对力量，在政治、经济、社会、文化等诸多领域成为居于国际先导地位的发达国家。

在实现未来韩国发展目标的过程中，韩国的国家地位和国民的生活水平将持续上升。即使经济增长率下降，依靠生产率的提高以及构建创新型的经济体制，2030 年预计韩国的人均 GDP 也将达到 5 万美元。韩国将建立世界榜样型的先进的教育和福利制度，满足教育、居住、医疗、文化等国民的基本需要，保证国民生活在大气污染减少、城市绿地空间宽敞、使用洁净替代能源的空间里。政府和市场以及经济、社会制度将实现升级和质的提高，从而为世界级的产业、企业提供可靠的支援平台。同时，提高国民的生活满意度，成为国家竞争力和生活质量均达到世界前十位的国家。

在未来韩国经济发展过程中，将会出现诸多变数以及巨大困难，但上述发展目标还是具有充分的实现可能性的。经济学人智库（Economist Intelligence Unit，EIU）曾经预测，2005 年韩国的人均 GDP 只有美国的 40%，但 2025 年将达到美国人均 GDP 的 65%。并提出在这一过程中，韩国人均 GDP 2015 年将超过西班牙，2017 年将超过意大利。当然这一预测不可全信，但这样的预测可以印证韩国具有巨大的发展潜能。同时，应该保持清醒的是，在 2030 年之前，韩国的未来发展不可能是线形的和机械式的，其发展道路将充满荆棘和曲折。

（二）韩国经济社会未来展望

1. 经济领域

预计韩国 2010 年代经济增长率将维持在 3% 的水平，而到 2020 年代经济增长率将回落到 2.8% 的水平，但这一速度还是会高于欧盟和美国以及日本的水平，因此韩国与发达国家的差距将显著缩小。因巨大经济体俄罗斯、印度等国经济的快速增长，韩国的 GDP 规模只能徘徊在世界第 10 位左右，但是人均国民收入的增长将有目共睹，逐步逼近世界前 10 位水平。

在国内经济中，以主导型大企业和创新型中小企业以及在韩国投资的跨国企业为轴心的技术密集型产业的比重将大幅增加，且产业的国际竞争力也将得到增强。制造业将进入全球生产网络（Global Production Network）的核心圈，并且成长为世界核心材料与零部件的主要供给源。向以中国为首的新兴经济体国家，提供产业发展所必需的核心零部件以及关键设备，同时国内技术密集型产业的比重也将提升，并且通过这种过程形成与中国以及其他新兴经济体国家之间的互补性增长关系。电子、汽车、化学等目前以最终产品为中心的支柱产业将转化为以核心材料与零部件为主进行生产的产业，且将出现这一领域的世界性跨国公司。

与美国、欧盟、中国等世界主要市场签订的 FTA 网络将迅速扩大，伴随经济开放和产业的知识密集化，跨国公司在韩国国内的经济活动（生产、就业、贸易）参与比率将得到提高。不过，伴随工资上升、国外订单加工增加及新兴经济体的追赶，技术水平较低的中小企业将面临严峻考验并被市场淘汰，中小企业的比重可能因此下降。但是生存下来的中小企业，其技术与管理水平将得到质的提高，且与大企业之间的技术差距将会缩小。

作为韩国经济新的增长动力和提供就业岗位的主要行业，服务业的比重将进一步提高，到 2030 年韩国将完成向发达国家型服务经济的转变。伴随东北亚国家服务需求的扩大，除通信、物流、信息产业相关的服务以及企业支援型服务以外，教育、医疗、休闲等非交易商品型社会文化服务产业的增长也将加快。

构建保证市场公平竞争、减少企业经营限制的制度环境，确立和谐、合作的劳资关系，建立企业承担社会责任，企业家得到尊敬的社会。作为国家创新体制与区域创新体制的核心——大学的功能将得到重视，构筑开放与融合的韩国特有的全球人才网络，成为世界高级人力的集散地和21世纪人力资源核心国家。由此发展成以信息通信技术（IT）、生物工程技术（BT）、纳米技术（NT）等最尖端技术为基础的核心技术强国。

构建大学与研究所的研究成果与产业竞争力联系在一起的产学研合作体系，以及大学—产业—地区共同发展的模式。各地区依据其地方优势和内在发展机制，展现地区均衡发展模式和多样型国家发展模式。同时，农村的生活环境得到改善，人口和经济活动过于集中在大城市的潮流得到反转，城乡间、地区间的发展差距将得以缩小。

2. 社会领域

家庭结构变化（小型化和单身家庭增加）、个人主义文化的蔓延、国际人力交流等，将带来社会成员的价值观和生活方式的多样化和个性化，由此形成包容多样的诉求和价值的综合性的社会，形成融合传统性与现代性、东洋思想与西洋思想的新的综合性价值观。

将构筑经济回报和社会回报、市场机制和非市场机制适当结合的新型"性别间、代际分工模式"，特别是女性和老龄人力参与经济、社会活动的比重将大大提高。将构建健康的妊娠和生育得到保证、无抚养费负担且得到高级养育服务的抚养幼儿支援体系，形成女性通过就业展现自我、女性权利得到保障的社会。将构建愿意就业的老龄人也能得到就业岗位、退休后能得到稳定收入的社会保障制度。

将构建能从容应对环境变化的分权型的、开放的教育、人力资源开发体系。将构建优异的教育环境、多样的学校制度，将构建得到充实教育的正规教育体系，在建立公立型创新学校、自立型私立学校等的同时，使学生享有可以自由选择学校的权利、应试压力逐步消失，并且改善低收入阶层儿童的课余教育服务实施体系。加强失业人员的工作能力开发和再就业教育，构建包括正规教育培训机构以及企业和事业团体等多种供给主体共同参与的服务于全体工作人员的终生学习体系和教育保障网络。

参考文献

李明博:《光复节祝词》，2011 年 8 月 15 日，http：//www. ohmynews. com/NWS_ Web/View/at_ pg. aspx？CNTN_ CD = A0001611165。

李世旭:《韩国经济新的增长模式与政策选择》,韩国开发研究院，2006。

崔文:《韩国与中国的服务业国际竞争力比较分析》,《韩国地域经济研究》，2011。

韩国开发研究院，为先进韩国的政策方向和课题，2007。

韩国统计厅:《将来人口推算》，2006。

韩国统计厅，国家资产统计。

韩国银行经济统计系统，http：//ecos. bok. or. kr/。

世界银行，http：//data. worldbank. org/。

UN，*World Population Prospects*，2006。

金融危机后的中日韩金融合作[*]

刘　红

【内容提要】1997 年亚洲金融危机后中日韩金融合作开始起步，三方在"10＋3"框架下，在清迈双边货币互换体系、亚洲债券市场和政策对话协调机制建设等方面取得实际进展。2008 年由美国次贷危机引发的全球金融危机，进一步对三国金融合作产生了巨大助推作用。全球金融危机后的中日韩金融合作取得哪些进展？中日韩金融合作还存在哪些制约因素？今后发展前景如何？这些问题是本文研究的焦点。

【关　键　词】金融危机　中日韩　金融合作　进展

【作者简介】刘红，经济学博士上，辽宁大学国际关系学院教授，主要研究方向：日本金融、东北亚区域合作。

中日韩作为东北亚三个最重要的国家，在东亚乃至亚洲经济中具有举足轻重的作用。三国人口占东亚的 74%、世界的 22%，经济总量占东亚的 90%、世界的 20%，贸易总量占东亚的 70%、世界的 20%。在东亚如此具有影响力的三个大国间的贸易、金融合作不仅有利于推动东亚一体化建设，而且有利于整个东亚地区的繁荣和稳定。与中日韩富有成效的经贸合作相比，三国间的金融合作起步较晚、发展相对滞后，但在两次金融危机的背景下也取得了快速发展，并呈现不断深化的趋势。

---

* 本文为国家社科基金"日本民主党执政后的经济转型研究"（10BGJ010），以及辽宁大学东亚研究中心 2012 年度项目、辽宁省教育厅创新团队项目"经济转型背景下的金融制度改革：中日韩比较"（2009T039）的阶段性成果。

一　亚洲金融危机后的中日韩金融合作

1997 年亚洲金融危机爆发，危机的强传染性、有效金融救助机制的缺乏、最后国际贷款人不力及东亚国家自身的脆弱性等问题，使得东亚国家纷纷陷入困境。危机之后的痛定思痛，使得中日韩等东亚经济体开始认识到通过加强本地区金融合作来防范金融风险的必要性和紧迫性。为此，1997 年的亚洲金融危机之后中日韩金融合作开始起步，当时推进区域金融合作的主要目的是希望通过加强货币金融合作来维护东亚地区的金融稳定。经过十年发展，中日韩的金融合作取得一定进展，在金融合作机制增加的同时，其功能也日益完善（见表 1）。三国合作尤其在清迈双边货币互换体系、亚洲债券市场及经济预警监督机制①等层面取得了实际进展。

1. 清迈双边货币互换体系的构建

1998 年，在中国倡议下，东盟 10 国和中日韩 3 国建立了"10 + 3"金融合作机制。1999 年成立了"东盟与中日韩财长机制"，启动了东亚金融合作进程。2000 年 5 月，中日韩与东盟在泰国清迈达成了"清迈协议"（CMI）。"清迈协议"框架下的货币互换安排成为东亚金融合作的起点。该倡议提出，在一国发生外汇流动性短缺或国际收支问题时，其他成员国须集体行动提供应急性外汇资金。这实际上是一种基于双边货币互换协议的区域救助机制。此外，为共同防范本地区的金融危机，还建立了多层次的政策对话机制，设立东亚债券基金等。这是在东亚范围内加强金融合作的第一项实质性举措。此后，为克服"清迈协议"中的双边货币互换协议结构松散、不易形成合力等缺陷，2003 年 10 月，在"10 + 3"领导人会议上，温家宝提出了"推动清迈协议多边化"的建议。

2005 年 5 月，在伊斯坦布尔召开的"10 + 3"财长会议（APT）上，各方决定将双边货币互换协议规模加倍，将出资与 IMF 贷款规划脱钩比例

---

① 迄今已启动了 8 个与东亚金融合作相关的政策对话机制和监控预警机制。

由10%增加到20%，并探索货币互换安排多边化的途径。① 2006年5月，在海德拉巴举行的"10＋3"财长会议，开始对"清迈协议"多边化方案开展研究，并提出了新的发展方向：第一，确立集体决策机制，即在紧急时刻迅速、同时行使多个两国间协定；第二，不断强化地区经济监测能力，设立早期警戒体系工作小组；第三，将各国的财长代理组成一个课题小组，目的是建立比地区流动性援助框架更进一步的合作框架（CMI多边化或新一代CMI）。②

2007年5月，"10＋3"财长会议同意建立外汇储备库。外汇储备库是清迈协议多边化的一种形式，即把清迈协议框架下现有的各个双边货币协议升级为一个单一的协议，建立公共外汇储备，共同防范严重金融风险。③ 主要由各成员分别划出一定数量的外汇储备，建立区域储备基金，帮助危机国家和地区应对短期流动资金困难。CMI多边化后的最大特点在于其保持了与IMF的联动性。换言之，CMI被定位为是对IMF等已有国际组织金融救助功能的一种补充，在启动货币互换时，原则上要以同意IMF的经济调整计划等为主要先决条件。但是，在可贷款额的20%以内，即使没有同意实施IMF计划，也可以启动货币互换。截至2007年7月，东亚地区的双边货币互换安排已达17个，双边互换金额达830亿美元，标志着东亚金融合作已经取得了实质性进展。

表1　东亚金融合作机制功能一览

机　制	东盟＋中日韩财长机制	亚欧会议财长机制	东盟财长机制	东盟中央银行论坛	亚太经合组织财长机制	东亚及太平洋中央银行行长会议组织（EMEAP）	东南亚央行组织（SEACEN）	东新澳央行组织（SEANZA）
金融市场发展	√	√	√		√	√		
支付结算	√					√		

---

① 　吴晓灵：《东亚金融合作成因、进展及发展方向》，《国际金融研究》2007年第8期。
② 　〔日〕筱原兴：《东亚地区金融合作之路》，《国际经济评论》2009年3～4月。
③ 　陆建人：《东亚金融合作新阶段》，《四川党的建设》（城市版）2007年第6期。

机　制	东盟＋中日韩财长机制	亚欧会议财长机制	东盟财长机制	东盟中央银行论坛	亚太经合组织财长机制	东亚及太平洋中央银行行长会议组织（EMEAP）	东南亚央行组织（SEACEN）	东新澳央行组织（SEANZA）
银行监管						√		
经济评估及政策对话	√	√	√	√	√	√	√	√
危机管理	√		√			√		
能力建设			√	√		√		

资料来源：吴晓灵：《东亚金融合作成因、进展及发展方向》，《国际金融研究》2007 年第 8 期，第 6 页。

2. 亚洲债券基金的发行与亚洲债券市场倡议

早在 1998 年，日本最先提出在亚洲建立一个亚洲货币基金组织（AMF）以弥补国际货币基金组织在危机救援方面的缺陷。当亚洲出现危机时，首先由亚洲货币基金组织来进行救援。这一方案虽然一经提出便夭折，却将亚洲金融合作议题提上了日程。接着在 2001 年 5 月亚行年会之后召开了第一次同行意见会议，探讨的主题就是如何加强东亚的金融合作。

2002 年 6 月，东亚及太平洋中央银行行长会议提出设立亚洲债券基金（ABF）的构想。最初的设想是由成员国各自拿出一定数量的外汇储备成立基金，专门投资成员国的债券，以促进储备回流、改善本地区债券市场流动性及市场基础设施。2003 年的东亚及太平洋中央银行行长会议，推出第一期总额为 10 亿美元的亚洲债券基金，成为统一亚洲债券市场（AB-MI）进程的正式开端。2005 年又推出第二期总额为 20 亿美元的亚洲债券基金。两期的亚洲债券基金虽运作良好，其规模却远不成形，以致在 2008 年金融危机中没有发挥什么作用。

在亚洲债券市场培育方面，泰国在 2003 年 "10＋3" 财长会议上提出，发展本地区债券市场，以使本地资金服务于本地金融市场，促进金融一体化与贸易投资一体化的协调发展。自启动以来，ABMI 在促进区域债券市场发展、促进债券品种多元化和投资主体多元化、完善债券市场基础设施等方面发挥了积极作用。亚洲债券市场的规模也从 2003 年的 1.4 万亿美元迅速扩大到 2008 年 9 月的 3.7 万亿美元。①

综上，亚洲金融危机以后，以"10＋3"框架为依托，中日韩金融合作取得了长足发展，使得三国应对金融危机的能力有所提高。但总体上中日韩三国的金融合作还处在初级阶段，与"金融一体化"的发展目标尚存相当的距离。

二 国际金融危机后的中日韩金融合作

如果说 1997 年的亚洲金融危机唤醒了中日韩加强区域金融合作的意识，那么始于 2008 年的国际金融危机再度使中日韩三国感受到加强金融合作、共同应对危机的重要性。在本轮国际金融危机之后，中日韩金融合作的进展主要体现在以下两个方面。

1. 东盟框架外——中日韩金融合作的启动

2008 年的国际金融危机对中日韩三国的金融体系形成了不同程度的冲击。中国因在美国金融机构债务资金链中的参与程度较低，所受的直接损失较小。日本、韩国的金融体系则受美国金融危机的影响比较大。日本金融机构因介入美国金融体系较深而受到金融危机的直接影响较大。2008 年 10 月10 日，日本保险公司大和生命保险因经营困难向东京地方法庭申请破产，这是此次全球金融危机中首家破产的日本金融机构。韩国由于金融体系的开放程度超过自己的经济实力地位，外资渗透较深，当外资撤离时整个金融体系发生了系统性危机。2007 年底以来，韩元兑美元贬值接近 30%，一度逼近 1美元兑 1500 韩元关口，不少企业因汇率的大幅度波动而破产。② 由于韩国受金融危机的影响较为显著，它更希望通过加速金融合作来化解危机。为此韩国率先提出在中日韩三国之间建立危机救援基金的倡议，向外汇储备存量丰富的中日两国求援，中日两国也积极回应。

2008 年 12 月 13 日，中日韩三国领导人峰会在日本福冈举行，三国领导人就加快扩大区域性货币互换体系及尽早对亚洲开发银行进行增资达成共识。三国明确表示，"应努力将当前金融动荡可能对世界经济造成的负

---

① 刘钧胜：《东亚金融合作：危机驱动与未来前景》，载张宇燕主编《亚太地区发展报告（2009）》，社会科学文献出版社，2009。
② 时永明：《美国金融危机促推东亚金融合作》，《北京周报》2008 年 10 月 17 日。

面影响降到最低"，并决定将会议机制化。三国央行发表联合声明，宣布建立中日韩央行行长会议机制，每年举办一次。会议主要就三国宏观经济金融形势以及国际和区域金融合作等共同关心的问题交换意见。① 这是中日韩三国领导人首次单独在"10＋3"的框架之外，在非东盟国家举行正式会议，标志着中日韩金融合作进入了一个全新的阶段。中日韩三方金融合作的提速，不仅有助于缓解危机对韩国的冲击，而且也意味着未来中日韩三国将会加速直接的金融合作，而不是继续通过借道东盟来完成。②

目前，中日韩三国已就本币贸易结算达成共识。以往，中日韩三国基于对美元以及以美元计价金融产品的高度信任，三国的对外贸易主要以美元计价和结算。即使是日元国际化程度很高的日本，其对外贸易中也有80％是以美元计价的，这一比例在中国和韩国则更高。然而，2008 年金融危机爆发后，美国实行的一系列财政金融政策大大削弱了国际社会对美元的信任度。为此，中日韩三国都迫切需要在国际贸易和投资中降低对美元的依赖。2011 年 5 月 4 日，中日韩三国财长在越南首都河内发表联合声明表示，三国已同意就使用本国货币结算相互之间的进出口贸易展开可行性研究。应该说，目前只有中日韩这三个本国货币相对比较坚挺的国家有能力开展货币合作并进行多边的本币结算试点。如果中日韩三国能建立一种经常性的、可以在事实上减少对美元依赖的货币合作机制，不仅能促进中日韩贸易的增长，而且也将为世界金融货币体系改革做出贡献。

2. "10＋3"框架内——中日韩金融合作的深化

除上述东盟框架之外的中日韩金融合作取得突破性进展之外，金融危机也使得东盟框架内的中日韩金融合作进一步升级。国际金融危机为中日韩三国提供了深化金融合作的新契机，尤其是助推了亚洲外汇储备库的建设以及亚洲债券市场的发展。

（1）亚洲外汇储备库建设。2007 年 5 月，日本京都"10＋3"财长会议正式决定建立亚洲外汇储备库。其后，国际金融危机的蔓延和深化为加快储备库筹建进程提供了有利契机。随着国际金融危机对东亚各国金融市场和实体经济产生重大冲击，东亚各国再度认识到加强区域金融合作、增

---

① 外交部：《中日韩合作（1999～2012）》，《光明日报》2012 年 5 月 10 日。
② 张明：《东北亚区域金融合作破局》2008 年 12 月 16 日。

强危机救助能力的紧迫性和重要性，由此推动了亚洲外汇储备库的建设。2008年5月，"10+3"财长会议在马德里举行，这次会议有关清迈协议的进展有三点。① 第一，继承京都协议的内容，再次确认了在一个整体契约的基础上，通过各国运用各自的形式蓄积外汇储备池的基本思想，继续讨论如何促进CMI的多边化。第二，强化区域内政策对话，发挥监管作用，探讨在必要时设立提供有效信息的国际性机构及其作用。第三，就筹建共同外汇储备基金的规模达成一致，各方同意至少出资800亿美元，其中，中日韩三国分担80%的出资额，余下的20%由东盟国家承担。这是"清迈协议"在多边机制下再度扩充额度的重要举措。2008年11月，在日本箱根举行的"10+3"财政、央行副行长会议上，各方就加强区域财金合作、应对金融危机的具体举措达成以下共识：第一，就储备库的主要要素达成共识；第二，将外汇储备库的规模扩大到1200亿美元；第三，加强区域经济监测；第四，在强化经济监测机制后，扩大储备库与IMF贷款脱钩比例；第五，必要时可扩大与其他成员签订的双边货币互换协议的规模，以及扩大签约国范围。

2009年2月，"10+3"特别财长会议在泰国普吉发布了《亚洲经济金融稳定行动计划》。根据该行动计划，清迈协议多边机制（CMIM）将共同储备基金规模由原定的800亿美元扩大至1200亿美元。同时，为保证共同储备基金的有效管理和使用，提议建立独立的区域监控实体。上述措施实施后，共同储备基金启动与IMF的条件性贷款的挂钩比例将从目前的80%进一步降低。② 2009年5月，在巴厘岛"10+3"财长会议上，就总额达1200亿美元的区域外汇储备库的规模及份额分配、出资结构、贷款额度、决策机制、经济监测机制等主要要素达成共识。会议决定，中日韩出资80%，东盟出资20%。其中，中国出资384亿美元，与日本并列成为东亚外汇储备库的最大"股东"，韩国出资192亿美元。这标志着东亚国家加强金融合作、清迈协议多边化进程取得了里程碑式的突破性进展。2009年12月28日，会议还就有关清迈协议多边化的主要事项达成协议，③ 协议已

---

① 〔日〕筱原兴：《东亚地区金融合作之路》，《国际经济评论》2009年3~4月。

② 高海红：《东盟+3：以多边制度合作保障区域金融稳定》，《第一财经日报》2009年2月24日。

③ 所谓多边化是指将以往的双边货币互换协议统一起来，签订新的CMI多边化协议。

于 2010 年 3 月生效。

亚洲外汇储备库的建设不仅可以解决资金流动性问题，也是东亚国家加强金融合作，推进东亚自由贸易区进程，进而迈向经济与金融一体化的重要举措。亚洲外汇储备库建立以后，能够有效提高亚洲国家应对金融危机的能力，对维护地区经济和金融稳定具有重大意义。从发展趋势上看，它更有可能成为亚洲货币基金组织的萌芽。

随着欧元区经济的衰退、美国经济增长的放缓及亚洲地区面临着的诸如短期资本流动波动加大等风险因素，东盟及中日韩三国对本地区的经济前景感到担忧。为进一步防范流动性危机、加强地区金融安全网建设，2012 年 5 月 3 日，"10＋3" 财长和央行行长会议同意将外汇基金清迈协议的规模由 1200 亿美元扩大至 2400 亿美元，以增强东亚地区抵御金融风险的能力，满足危机国家的相关救助需求，降低东亚各国对国际货币基金组织等国际金融机构的依赖。同时，还将提高单一国家在危机时能够动用的援助资金配额的上限。在现行框架下，遭遇金融危机的国家最多只能动用本国在清迈协议中 20% 的配额；2012 年将成员国在没有获得 IMF 救助情况下可动用的基金配额上限提高至 30%，并在形势需要且进行审议的情况下到 2014 年将配额上限提高至 40%。亚洲外汇储备库的建立，如同欧债危机中欧洲的自救一样，属东亚国家自己出资并在危机中使用，将有助于维护亚洲的金融稳定。

（2）亚洲债券市场的新路线图。2003 年提出的亚洲债券市场发展倡议（ABMI）对亚洲债券市场的扩大做出了很大贡献。亚洲债券市场发展的最高目标是建立一个东亚区域内的统一的债券市场，以实现"将亚洲的储蓄用于对亚洲的投资"之宗旨。但是，在国际金融危机之后其意义正在发生变化。国际金融危机后，由于区域内政府和企业都迫切希望找到合适的融资渠道，亚洲债券市场建设提上了议事日程。

为进一步整合资源、提高效率，合力打造亚洲金融体系，2008 年 5 月，"10＋3" 马德里财长会议通过了亚洲债券市场新路线图。根据该路线图，亚洲债券市场下设四个新工作组，分别在扩大本币债券发行、扩大本币债券需求、改进监管框架、改进相关的市场基础设施等领域进一步开展工作。其中，推进区域内货币计价债券的发行与需求成为未来发展的重点。2008 年 11 月，"10＋3" 和亚洲开发银行同意为建立信贷担保和投资机制（CGIF）提供政策快车道。^①而CGIF则主要是为亚洲企业的债券发行和国内投资提供担保，设立时资金规模为7亿美元，并将根据需要增资。其担保的对象是BBB级以上的债券，7亿美元的分担额为中国和日本各2亿美元，韩国1亿美元，东盟0.7亿美元，亚洲开发银行1.3亿美元。^②

从中长期看，改善亚洲地域资金流动结构的亚洲债券市场，将和着眼于危机时短期应对的清迈协议一起成为推动东亚金融合作的重要机制。^③

三　两次危机下中日韩金融合作的比较

1997年亚洲金融危机和2008年国际金融危机均对推动中日韩金融合作产生了深远影响。对比两次危机下中日韩金融合作的进展，可以发现如下的共性和差异。

1. 两次危机下中日韩金融合作的共性

第一，金融合作的危机驱动性。迄今为止的中日韩金融合作发展历程证明，危机对货币金融合作的推动作用是巨大的。中日韩金融合作的进展大多是在金融危机的强大外在压力下取得的，具有典型的危机驱动特征。亚洲金融危机为东亚各国加快金融合作进程提供了契机。正是该危机使得东亚各国意识到金融合作机制的缺乏加大了三国的金融风险。为了减少流动性风险，东亚各经济体签署了清迈协议。但是由于政治、经济等因素的影响，清迈协议具有较大的局限性。2008年全球金融危机的爆发，使以出口导向型贸易模式为主的东亚国家遭受巨大的经济损失，中日韩三国也因此面临新的金融风险。在危机冲击巨大的背景下，中日韩在外汇储备库建设、亚洲债券市场建设等方面继续深化了金融合作。

第二，金融合作的相对滞后性。中日韩金融合作仍处于较低层次，远远落后于贸易和投资领域的合作。众所周知，中日韩三国具有紧密的经贸

---

① 刘钧胜：《东亚金融合作：危机驱动与未来前景》，载张宇燕主编《亚太地区发展报告（2009）》，社会科学文献出版社，2009。

② 〔日〕清水聪：《发展亚洲债券市场的意义与今后需要解决的问题》，《南洋资料译丛》2011年第4期。

③ 〔日〕西山香织：《东亚地域金融合作》，《金融》2009年第3期。

合作关系，中日韩三国间的贸易额从 1999 年的 1300 多亿美元增至 2011 年的 6900 多亿美元，增长超过 4 倍，中国已连续多年成为日本、韩国的最大贸易伙伴，日本、韩国在中国贸易伙伴中分别居第四位和第六位。日本、韩国已成为中国重要的外资来源地。截至 2011 年底，日本、韩国累计对华直接投资分别接近 800 亿和 500 亿美元。① 但是，中日韩三国在机制化的金融合作方面仍然较为滞后，不仅金融合作机制数量少，② 而且功能有限，在应对金融危机方面依然力不从心。

第三，金融合作政治基础的薄弱性。1997 年亚洲金融危机以来的中日韩金融合作呈现显著的危机驱动特征，也正是中日韩金融合作政治基础薄弱的体现。通常，共同的政治承诺和妥协是地区金融合作发展的关键，③ 而目前中日韩三国却因历史与现实问题的羁绊难以做出共同的政治承诺。只有在危机大规模爆发的背景下，三国才能暂时摒弃彼此间的政治历史分歧，将金融合作向前推进。2008 年美国金融危机的爆发同样增强了中日韩三国一损俱损的危机感，从而加快了三国求同存异的合作进程。但是三国金融合作政治基础薄弱的问题并未从根本上解决。

2. 两次危机下中日韩金融合作的差异

第一，对"10 + 3"框架的依赖性不同。中日韩作为东北亚的重要国家，在东亚乃至亚洲经济中发挥着举足轻重的作用，其金融合作对防范区域金融危机、化解金融风险能够发挥重要作用。④ 但是，亚洲金融危机后中日韩金融合作的进展大体上是在"10 + 3"框架内取得的，无论是清迈双边货币互换协议的签署，亚洲债券市场的建设，还是对区域性监管机制的强化，都表现出对"10 + 3"框架的强依赖性。这是由于中日韩之间存在的历史问题始终未能得到根本解决，三方的制度性合作缺乏坚实的政治基础。在这样的背景下，中日韩三国只好通过加强与东盟国家的双边合作

① 外交部：《中日韩合作（1999～2012）》，《光明日报》2012 年 5 月 10 日。
② 危机前东亚的金融合作机制仅包括 1991 年成立的东亚及太平洋中央银行行长会议组织（EMEAP）和 1994 年成立的亚太经合组织（APEC）财长会议机制。
③ 郑联盛：《储备库、清迈协议与东亚财金合作进展、前景与中国的政策》，中国社会科学院世界经济与政治研究所国际金融研究中心，2009 年 5 月 7 日。
④ 庞德良、张建政：《中日韩金融合作与东北亚区域经济发展》，《东北亚论坛》2002 年第 4 期，第 22 页。

来间接地推进东北亚地区的贸易金融合作。然而，在国际金融危机之后，中日韩金融合作对"10＋3"框架的依赖程度有所减轻，中日韩三国在"10＋3"框架下继续深化合作的同时，也开始独立地探索东盟框架外的金融合作，并已取得初步成效。

第二，金融合作进展程度不同。如果说亚洲金融危机后的金融合作仅仅是开启了中日韩金融合作的大门，中日韩金融合作开始起步，那么国际金融危机后的中日韩金融合作则日渐走向成熟和深化。国际金融危机后，东亚在清迈协议的基础上建立了亚洲外汇储备库，在促进亚洲债券市场发展等方面进一步促进了中日韩金融合作的发展。

四　中日韩金融合作的前景

纵观中日韩金融合作的发展历程，不难发现三国之间的货币金融合作在两次金融危机的驱动下取得了可喜的进展。从最初的清迈协议、亚洲债券市场，到亚洲外汇储备库的筹建，均显示了三方金融合作的稳步推进和不断深化。特别是在世界经济复苏面临严峻挑战的形势下，2011 年以来中日韩三国着重从以下三个方面继续深化协调与配合：一是在完善清迈协议多边化（CMIM）区域危机救助机制的基础上，积极推动 CMIM 发展危机防范职能；二是进一步推动亚洲债券市场发展倡议取得进展；三是推动"10＋3"财金合作未来重点领域研究。①

尽管危机后中日韩金融合作取得了一定进展，但同时也应看到，中日韩三国的金融合作仍处于较低层次，尚存在诸多问题，制约着未来金融合作的发展。具体而言，中日韩金融合作存在以下几方面的问题。

（1）合作动力尚未摆脱危机驱动性。中日韩金融合作的进展一直是危机驱动型的，在危机过后如何实现合作动力从危机驱动向发展驱动的转变，如何克服三国合作政治基础薄弱的弊端，将应对金融危机的临时性合作机制规范化、长期化，持久地推进中日韩金融合作的深化，仍将是巨大的难题。

（2）金融合作与贸易投资合作能否形成良性互动的问题。中日韩三国

---

① 外交部：《中日韩合作（1999～2012）》，《光明日报》2012 年 5 月 10 日。

作为东北亚最重要的三个国家在区域经济发展中起着核心作用。冷战后尽管东北亚区域贸易、投资与技术合作在中日韩三国带动下取得了巨大发展，但是，金融合作落后于贸易、投资与技术合作的局面一直未能改观。而此次美国金融危机对东亚地区的影响主要体现在东亚发展模式的转变上。金融危机"对于东亚国家国际贸易的产品和地理结构，特别是地理结构可能会发生一些中长期影响。由于欧美市场不振，东亚国家对于区域外出口的依赖不得不减弱，再加上东亚各国主动扩大内需方面的政策调整，东亚区域内贸易的规模、范围都会在危机后进一步扩大。区域内贸易的加强为区域金融货币合作提供了非常重要的贸易基础"①。特别是 2012 年 5 月 13 日，中韩日三国已同意在 2012 年底启动中日韩自贸区谈判，这意味着中日韩三国正式开启了建设自由贸易区的进程。而自由贸易区的建设又内在地要求金融业为其提供配套服务，中日韩三国在金融领域中的合作将大大降低三国在贸易汇率方面面临的风险。今后，如何通过贸易、投资来带动金融合作的发展，在建立汇率稳定合作机制的基础上，使得货币金融合作与贸易投资合作协同推进，对于未来的金融合作至关重要。

（3）"10 + 3"框架本身的局限性问题。虽然 2008 年之后中日韩金融合作有脱离"10 + 3"框架的倾向，但未来"10 + 3"框架对于中日韩三国来说依然是推进金融合作的一个重要平台。欧洲之所以能够实现一体化，成为今日之欧盟，就是因为它们能够求同存异，有共同发展的决心。而中日韩三国由于历史积怨难以化解，即使形势发展要求三国合作，其合作深度也会比较有限。因此，中日韩金融合作在相当长的时间内都将难以完全脱离"10 + 3"框架独立发展。然而，即使是"10 + 3"框架内的金融合作，也还存在一些问题。最突出的是东亚金融合作中一直缺乏汇率方面的合作，这是在区域性金融合作方面亚洲与欧洲的最大差异，亚洲轻视汇率合作，而欧洲重视汇率合作，② 今后如何加强汇率政策的协调，保持地区货币汇率的稳定，是金融合作深化无法回避的问题。

综上所述，未来中日韩金融合作进展的大小将取决于三国能否摆脱危

---

① 祝丹涛：《全球金融危机促进东亚金融合作》，国研网，2009 年 1 月 5 日，http://www.tynewtown.com/kfqfzj/show.asp? id = 93。

② 周宇：《东亚金融合作的历程与最新动向分析》，《当代世界》2009 年第 6 期。

机驱动的现实，取决于金融合作能否与贸易、投资合作协同推进，更取决于"10＋3"框架自身的发展。如果中日韩三国能够彼此增进互信，妥善处理三国间存在的问题，以长远眼光开展合作，那么三国的金融合作将具有巨大的空间和发展潜力。

参考文献

〔日〕筱原兴：《东亚地区金融合作之路》，《国际经济评论》2009年3～4月。

〔日〕西山香织：《东亚地域金融合作》，《金融》，2009。

〔日〕清水聪：《发展亚洲债券市场的意义与今后需要解决的问题》，《南洋资料译丛》2011年第4期。

〔日〕金京拓司：《东亚的金融合作：清迈协议的现状与课题》，《南洋资料译丛》2011年2期。

〔美〕兰德尔·亨宁：《东亚金融合作》，陈敏强译，中国金融出版社，2005。

吴晓灵：《东亚金融合作成因、进展及发展方向》，《国际金融研究》2007年第8期。

张蕴岭：《东亚区域合作的新趋势》，《当代亚太》2009年第4期。

刘钧胜：《东亚金融合作：危机驱动与未来前景》，载张宇燕主编《亚太地区发展报告（2009）》，社会科学文献出版社，2009。

金熙德：《东亚合作的进展、问题与展望》，《世界经济与政治》2009年第1期。

翁东玲：《东亚地区金融合作发展展望》，《亚太经济》2008年第6期。

胡艺、沈铭辉：《中韩金融合作新思维》，《东北亚论坛》2009年第3期。

祝小兵：《东亚金融合作：可行性路径与中国的战略研究》，上海财经大学出版社，2006。

余永定、何帆、李婧：《亚洲金融合作：背景、最新进展与发展前景》，《国际金融研究》2002年第2期。

刘瑛、喻旭兰：《试析国际金融危机下的中日韩金融合作》，《广州大学学报》（社会科学版）2010年第8期。

周宇：《东亚金融合作的历程与最新动向分析》，《当代世界》2009年第6期。

袁长军：《中日金融合作与东亚经济共同体的建立》，《国际贸易》2010年第7期。

高海红：《从清迈协议到亚洲债券基金》，《国际经济评论》2004年5～6月。

韩国企业对中国投资的认识度和趋势变化研究

〔韩〕 高正植

【内容提要】随着中国经济结构与投资环境的改变，韩国企业对中国的投资趋势也发生了相应变化。本文使用了过去 20 年间（1990～2010 年），韩国对华投资的统计资料，意在分析中国经济结构与投资环境出现变化的同时，韩国企业对华投资趋势也出现相应变化的现象。

有关企业的经营状况，韩国较为关注的是对华投资效应、雇用、原材料、劳动关系、中国市场的开拓、生产基地、本地化等。可见，掌握韩国关注的领域，有助于促进中国与韩国的经济交流与合作。韩国对华投资主体主要分为大企业和中小企业，21 世纪中期以后，无论是大企业还是中小企业，都以进军中国内地市场为目标，投资方式首选独资投资。

【关 键 词】韩国企业　中国投资　投资趋势　投资环境　投资关注

【作者简介】高正植，韩国培才大学中国学部中国通商系教授。

一　研究目的

本文以韩国对中国投资的认识度和投资变化趋势为研究对象。自 1992 年建交以来的 20 年期间，韩国对中国投资环境的认识和投资趋势随着中韩两国经济交流的迅速发展发生了巨大变化。

本文旨在分析韩国企业对华投资趋势的变化，并使用统计数据来验证。进入21世纪，中国加入世贸组织后更大幅度地开放了国内市场，同时，中国政府通过扩大内需等经济政策的连续调整，实现了经济的可持续发展。中国遵照加入WTO时的承诺，陆续开放了国内市场；改革开放使国家积累了大量财富，国内需求空前膨胀，尤其是在美国爆发金融危机之后，中国政府更加重视扩大内需，并继续实行以国内市场为中心的可持续发展政策。此后，又实施了人民币升值、提高工资、加强环境保护等措施，极大地改善了外国资本的投资环境。

随着中国经济结构与投资环境的改变，韩国企业对中国的投资趋势也发生了相应变化。本文使用了过去20年间（1990~2010年）韩国对华投资的统计资料，意在分析中国经济结构与投资环境出现变化的同时，韩国企业对华投资趋势也出现相应变化的现象。

二 研究方法

首先，本文的研究基础是韩国各大日报及经济类报纸中有关中国经济及投资的报道内容，这些媒体与驻华韩国企业一同成为韩国大部分企业获取中国信息的主要渠道。本文将报道内容分为1990~1999年、2000年至今（2000~2005年、2006~2010年）两大阶段，并针对媒体在不同阶段的关注领域进行比较分析，最后研判韩国对中国经济及投资认识的变化趋势。

依照研究目的及研究方法，本文所选取的调查对象即各大日报及主要经济类报纸的名称如下（参见表1）。

表1 主要调查对象名称

主要经济类报纸	各大日报
《韩国经济报》《每日经济报》《首尔经济报》《金融报》《MT》《经济新闻》《亚洲经济报》《亚洲经济日报》等。	《中央日报》《朝鲜日报》《东亚日报》《京乡新闻》《Naeil新闻》《文化日报》《世界日报》《韩国日报》《亚洲今日报》《首尔新闻》等

资料来源：韩国舆论振兴财团媒体统计信息。

为了掌握长期的变化趋势，本文搜索了 1990～2010 年间的所有报道。

在选定有关投资环境信息的检索语时，本文参照的是韩国国内的中国问题研究机构的研究报告，这些研究机构包括对外经济政策研究院、大韩商工会议所、贸易协会、产业研究院等，而且也参考了中国问题研究学会的学术论文，这些学会包括韩国东北亚经济学会、韩中社会科学学会、现代中国学学会等。

在与中国投资环境有关的检索语的选定中，主要参照池万株（2004）、大韩商工会议所（1998）、韩国贸易协会贸易研究所（2003）等学者及研究机构的研究成果。有关对华投资决定因素的学术论文，具体参见表 2。

表 2　韩国主要学者及研究机构有关对华投资的研究主题

研究机构及学者	有关对华投资的研究主题
池万株等（2004）	本地化、原料及辅料、内需市场、驻华韩国人、朝鲜族雇用、劳资、工资、人事管理、劳资矛盾、增值税、官本位、生产成本、本地金融到位、企业竞争、社会保险、市场规模、平均收入、人力资源、基础设施、经济开发区等
大韩商工会议所（1998）	人工费、税费减免、中国市场开发、销售网的构筑、劳动力保障、原料及辅料、本地金融到位、电力不足、原材料、税收制度、中国紧缩政策、增值税退税、关税、熟练工匮乏、辞职率、中国经营环境
韩国贸易协会贸易研究所（2003）	原材料供应、对华依存度、加工贸易生产基地、中国销售收入比重、中国销售比重、劳动集约型、雇用人员、雇用效果、对华投资效应等

资料来源：池万株（2004）、大韩商工会议所（1998）、韩国贸易协会贸易研究所（2003）。

在选定检索语之后，为掌握韩国社会对中国经济及投资环境的关注领域及其变化趋势，有必要对已选定检索语进行分类，具体顺序为：①按检索语的主题进行总体分类；②细化分类。

表3　有关中国投资环境的检索语分类情况

总体分类	细化分类
外国人投资环境	中国企业破产及清算程序、中国投资环境、韩国企业的经营难题、对华投资的战略变化、收入、增值税退税、外国人直接投资的政策变化、企业环境、韩国的直接投资、外国人投资政策、外商投资企业、土地使用权、经营效益、投资企业清算、海外投资、税务调查、规范强化、投资环境、外资政策、中国协商、中国消费者、税收制度、内需市场、劳资、增值税、官本位、生产成本、金融到位、企业竞争、社会保险、市场规模、平均收入、基础设施、经济开发区、电力不足、税收制度、增值税退税、关税、熟练工匮乏、离职率、劳动集约型等
驻华韩资企业经营状况	韩国企业经营本地化、外资企业劳务管理、投资企业、经营成果、韩国企业实况、本地化、对华投资状况、劳动法、财产权、物流竞争力、劳动关系、现场到位、韩国驻华办事人员、朝鲜族劳动力、人事管理、劳资矛盾、人工费降低、中国市场开发、销售网构筑、劳动力保障、原材料保障、加工生产基地、中国的销售收入、销售比重、雇用人员、雇用导向效应、对华投资效应等

资料来源：依据表2、表3、表4内容制作。

　　本文使用了韩国企业对华投资的业绩统计，旨在分析韩国对华投资趋势与中国经济结构及投资环境之间的互动关系，本文运用了韩国企业对华投资的业绩统计，首先对投资规模、投资方式、投资目的等进行分类，并分析了不同类型的对华投资出现的变化趋势。对20世纪90年代至21世纪初划分了时间段，验证了不同时期投资趋势的变化。

三　研究现状

　　目前，关于韩国对华投资的研究已相当细化，研究对象也均为具体主题。其中，对华投资实际状况及与经营环境有关的主题成为近来对华投资问题的研究热点。白权浩等（2002）、Beon - Uk Kim（2001）、成荣模（2009）等人进行了关于对华投资本土化方面的研究；大韩商工会议所（1997，2005）、朴韩镇（2007）、池万洙等（2003）、韩国贸易协会贸易研究所（2003）等，也对韩国投资企业的经营实际状况及成果进行了综合性研究。Jae Hoon Song（2002）研究了何种环境因素和决定因素会使投资经营成果受到影响。Byoung Sop Han（2005）对韩国对华投资企业的工厂选址问题进行了研究。赵庆日（2005）、池万洙等（2008）等人的论文也颇关注韩国对华投资企业，并针对中国内需市场进行了研究。

朴仪范（1998）围绕韩国企业对华投资方式进行了研究，后又针对对华合资投资进行了研究。Tae - Koo Kang（2007：345 - 347）研究分析了韩国对中国独资投资企业在国际化过程中的决定因素，并证明了产品抗排异能力、海外项目经验、自身独特性、企业规模、知识占有度、市场潜力、心理差距等因素，在独资投资中所起的决定作用。研究结果表明，产品抗排异能力、海外工作经验、产品独特性等因素是决定独资投资的附带条件。金基贤（2000）把中小企业投资分成独资投资和合资投资两类，分析了决定对中国投资成果的主要因素结论是独资投资需要事先对华市场积累一定的经验并考虑出口比重；合资投资需要总公司拥有一定的技术能力；中小企业在对华投资中是否拥有所有权将影响投资成果。这些研究都与韩国对华投资方式、投资规模密切相关，内容涉及分析大企业和中小企业之间的差别，以及独资投资、合作投资、合资投资的差异等。

李英珠、林川锡等人（2006：12 - 13）对进军中国的动机和效果进行了实证分析，证实了进军（中国）市场、节约资金、获取技术及寻求政府优惠政策等目标之间有密切联系。本文使用的"投资动机"与"投资目标"是相同的概念。而金相郁（2011）的研究则分析了韩国对华投资的决定性因素，即国民收入、工资、人力资本、SOC、汇率等一般决定海外投资效果的因素，并通过回归分析，确定了决定韩国对华投资效果的决定因素。这些针对对华投资决定因素的研究取得了丰硕的成果，Han Gyoun Kang（2005：129 - 146，2009）、池万洙（2002）等人的研究成果便是其中之一部分。这些研究成果表明，在韩国对华进行投资的过程中，投资动机与降低成本、进入当地市场等有关，而工资等因素与降低成本有明显联系。

本文参照了当前的研究成果，首先以分类的方式，对韩国对华投资的投资规模、投资方式、投资目标进行了分析，从而验证了不同类别在上述三个方面是存在差异的。之后，又进行了具体分类，即按照投资规模和投资方式、投资规模和投资目的、投资方式和投资目的的分类方式予以分析，用事实证明了不同类别的趋势各不相同。与现有研究不同的是，本文运用了统计学原理，综合概括了韩国对华投资结构趋势变化与不同投资类型的投资变化趋势之间存在的差异，分析了整体、个案在投资规模、投资方式、投资目标等方面呈现的不同变化趋势。并进一步按照投资规模、投资方式和投资目的分类，以统计学的方法分析了20世纪90年代至21世纪初不同投资时间段存在的差异，从而说明随着中国经济结构和投资环境出现变化，韩国对华投资的模式也发生了变化。

四　分析结果

1. 韩国对中国投资环境关注的变化

有关中国的投资环境，韩国媒体的报道中出现频率最高的是中国企业环境（34311件）这一用词，其次依次为对华投资战略（28779件）、韩国企业经营难题（27252件）、中国的直接投资（26418件）、韩国的直接投资（16580件）、收入（16316件）、税收（12203件）、规范化（10913件）、金融到位（10023件）等。

有关驻华韩资企业的经营状况，韩国最为关注的是对华投资效应，其媒体出现频率高达33657件，居首位，其次依次为雇用（22384件）、原材料（20385件）、劳动关系（18318件）、中国市场改革（18242件）、投资成效（12582件）、生产基地（11767件）、本地化（10709件）等。

有关中国的投资环境，韩国对中国的投资企业环境、直接投资、对华投资战略、外商直接投资、规范强化、税收、生产原价等的关注度剧增。此外，有关对华投资企业的经营状况，韩国对投资效益、雇用、原材料、中国市场开拓、物流等领域的关注度也有了明显提高。

表4　有关中国投资环境的各类检索语的出现频率

单位：件

投资检索用语	1990~1999 年	2000~2005 年	2006~2010 年	2000~2010 年
外国人投资环境	912	3028	2475	5503

续表

投资检索用语	1990~1999 年	2000~2005 年	2006~2010 年	2000~2010 年
投资环境	4634	12641	14614	27255
韩国企业困难事情	200	501	594	1095
工资	4272	7826	8490	16316
增值税退税	30	69	274	343
土地使用权	150	120	207	327
投资企业清算	366	649	1028	1677
税务调查	319	711	801	1512
规制强化	2246	4019	6894	10913
外资政策	855	1392	1252	2644
租税制度	326	725	638	1363
工会	1057	4366	4594	8960
增值税	51	107	354	461
生产原价	1230	4353	5670	10023
现地金融筹借	455	531	1052	1583
平均工资	883	1439	1732	3171
电力不足	713	1409	1595	3004
税金	1732	4696	7507	12203
熟练工	66	119	137	256
离职率	55	113	140	253
官僚主义	349	369	262	631
企业破产	725	1007	2277	3284
中国进出战略	4356	13967	14812	28779
直接投资政策	1813	3309	3841	7150
直接投资	4586	11535	14883	26418
企业环境	5364	15762	18549	34311
韩国直接投资	2797	6686	9894	16580
外国人投资政策	1583	4734	5229	9963
外商投资企业	115	176	120	296

资料来源：韩国舆论振兴财团运营的媒体统计信息系统，http：//www. kinds. or. kr。

表5 有关外商投资状况的各类检索语的出现频率

单位：件

投资检索用语	1990~1999年	2000~2005年	2006~2010年	2000~2010年
投资企业经营状况	149	299	195	494
经营现地化	366	1098	1138	2236
劳务管理	195	380	556	936
经营成果	1614	5557	7025	12582
投资状况	484	817	621	1438
劳动法	2025	3471	3458	6929
财产权	1593	2621	2756	5377
物流	2085	9049	9269	18318
劳动关系	3855	5576	5133	10709
本地化	633	2805	3472	6277
本地调达	1095	1800	2434	4234
朝鲜族	3618	4365	2477	6842
人事管理	2265	3616	4161	7777
劳资关系	218	1015	696	1711
人件费节减	237	653	3349	4002
中国市场开拓	3565	9241	9001	18242
贩卖网	—	1278	1127	2405
劳动力	2389	3272	2547	5819
原材料	2094	6623	13762	20385
生产基地	2268	6190	5577	11767
赁加工	516	608	419	1027
雇用	3256	9591	12793	22384
中国投资效果	3720	13031	20626	33657

资料来源：韩国舆论振兴财团运营的媒体统计信息系统，http：//www.kinds.or.kr。

　　可见，韩国对中国投资环境关注领域也出现巨大变化。有关韩国企业对中国的投资，韩国的主要关注对象是中国的投资环境、投资战略、直接投资、企业环境、工会组合、工资、投资效应、雇用、本地化、劳资关系、物流等。

表6 韩国对中国投资环境关注度的变化情况

项　目	1990~2000 年	2000 年至今
中国的投资环境	基础性的投资条件介绍	税收制度、收入等投资环境的变化
对华投资战略	强调制定长短期中国市场进军战略的必要性	不同行业投资的区别化对待，进军中国市场的障碍，内需市场战略的制定，重新制定进军中国市场战略的必要性
对华直接投资	对中国制造业的直接投资，各经济领域直接投资动向	强调对华直接投资的核心是金融、房地产
中国的企业环境	介绍一般性的企业环境	劳动、环境、收入等经营环境的变化和恶化，企业环境急剧变化
中国工会	介绍工会、劳动法及劳动法制定趋势	禁止解雇，最低工资提高倾向，劳动者权益保护，罢工，劳动环境恶化
工资	工资与效益，工资提升趋势，收入制度改革	收入提高率，罢工，低工资时代的结束
中国投资效应	反向效应（boomerang effect），未来投资重点领域	雇用效应，市场竞争力
中国雇用	废止终身雇用，城市失业，中国就业及失业状况	对华投资企业的雇用压力，韩国国内就业岗位减少
中国本地化	本地化战略，对劳资关系管理的重视	各领域本地化战略，本地化成功案例，本地化方法
中国的劳资关系	劳资关系的新经营变数，罢工增加	劳资矛盾的增加，罢工事态，劳工运动动向
中国物流	构筑综合物流系统，攻占物流市场	攻占各地区不同行业物流市场

资料来源：韩国舆论振兴财团运营的媒体统计信息系统（http://www.kinds.or.kr）资料中选取并整理 1990~1999 年和 2000~2010 年中准确率达 90% 以上的报道内容。

2. 韩国对华投资趋势变化

（1）对华整体投资类型趋势变化。本文的研究目的在上文的研究方法中已有所阐述，即对韩国对华投资的趋势变化，从投资规模、投资方式、投资目的等层面进行分析。韩国各种对华投资类型的整体变化趋势分析结果如下。首先，投资规模分为大企业、中小企业、个人及私人企业进行验证。结果显示，自 20 世纪 90 年代后，大企业对华投资呈持续增长势头；而中小企业的对华投资在 1992 年达到最高峰之后，开始持续下滑；个人及私人企业投资与大企业和中小企业投资情况相比，变化幅度不明显，但进入 21 世纪后，个人及私人企业的投资出现了增长趋势（参见图 1）。

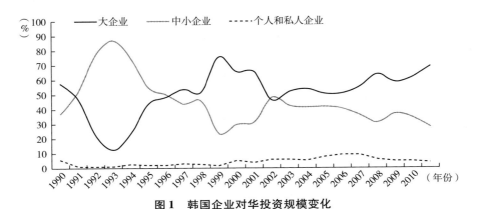

图 1　韩国企业对华投资规模变化

接下来，我们把投资方式区分为：独资投资、合作投资、合资投资进行分析（参见图 2）。独资投资，20 世纪 90 年代呈持续下滑趋势，到了 21 世纪又呈现稳定增长趋势。而合资投资从 20 世纪 90 年代至 21 世纪初一直呈下滑趋势。合作投资在 10% 幅度之内上下浮动。

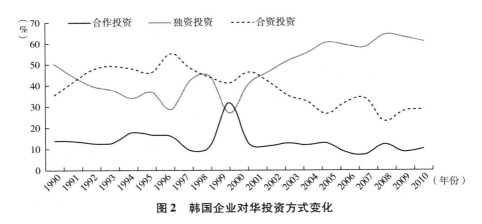

图 2　韩国企业对华投资方式变化

从投资目的角度分析，投资目的可以分成两大类：第一类，以利用廉价劳动力、进入当地市场、促进出口为主，第二类包括开发资源、克服贸易保护、确保原材料供应、引进先进技术等。从投资目的角度看（参见图3），20世纪90年代上半期以利用廉价劳动力为目的的对华投资达到高峰，之后持续回落。自21世纪初以来，随着中国内需市场的扩大，以进入当地市场为目的的对华投资呈现明显增长趋势。以促进出口为目的的投资，其增长幅度稳定在20%左右。以获取资源为目的的投资项目，从20世纪90年代下半期开始剧增，到21世纪则呈下降趋势。以克服贸易保护、引进先进技术为目的的投资，呈现整体下滑趋势（参见图4）。以确保原材料来源为目的的投资则在2%左右徘徊，一直不够活跃。

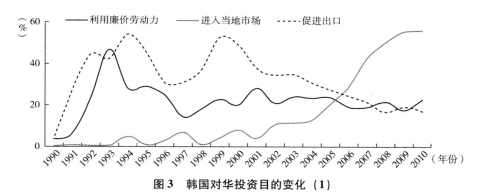

图3 韩国对华投资目的变化（1）

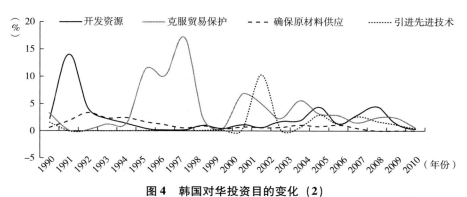

图4 韩国对华投资目的变化（2）

综合来看，在韩国对华投资中，大企业投资、独资投资以进入当地市场为目的的投资呈增长趋势。而中小企业投资、合资投资以利用廉价劳动力为目的的投资则呈现下滑趋势。一般来说，大企业以进入当地市场为目的的投资主要采取合资投资或合作投资的形式，而韩国大企业以进入当地市场为目的的投资形式，其特点是以独资投资为主。

（2）对华个案投资类型的趋势变化。本文拟将韩国对华投资划分为以下几类进行分析：投资规模与投资类型、投资规模与投资目的、投资类型与投资目的。韩国对华个案投资类型变化趋势分析结果概括如下（参见图5～图11、表7）。第一，从投资规模和投资方式上看，大企业和中小企业的独资投资都有所增长，合资投资有所下降，而合作投资则呈持平状态（参见图5、图6）。第二，从投资规模和投资目的层面考虑，大企业和中小企业以利用廉价劳动力为目的的投资呈下滑趋势，而以进入当地市场为目的的投资则呈上升趋势。以促进出口为目的的投资，大企业情况持平，而中小企业维持负增长（参见图7、图8）。第三，从投资方式和投资目的来看，在以利用廉价劳动力为目的的投资中，独资投资、合资投资与合作投资三种形式都呈负增长，而在以进入当地市场为目的的投资方面，都呈正增长。但在以促进出口为目的的投资中，独资投资和合资投资呈负增长，而合作投资则呈正增长（参见图9、图10、图11）。

表7　韩国对华投资个案各投资类型的趋势变化整理

		投资规模		投资方式			投资目的		
		大企业	中小企业	独立投资	共同投资	合作投资	利用廉价劳动力	进军当地市场	促进出口
投资规模	大企业			+	中性	−	−	+	中性
	中小企业			+	中性			+	
投资方式	独资投资	+	+				−	+	−
	合作投资	中性	中性					+	+
	合资投资	−	−				−	+	−
投资目的	利用廉价劳动力	−	−	−	−	−			
	进入当地市场	+	+	+	+	+			
	促进出口	中性	−		+		中性		

资料来源：根据图5～图11整理。

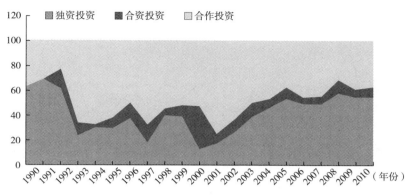

图 5　大企业对华投资方式的变化

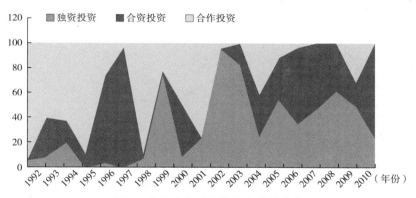

图 6　中小企业对华投资方式的变化

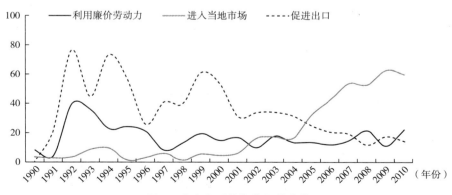

图 7　大企业对华投资目的变化

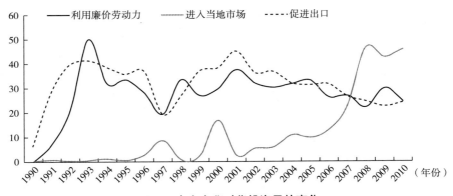

图8　中小企业对华投资目的变化

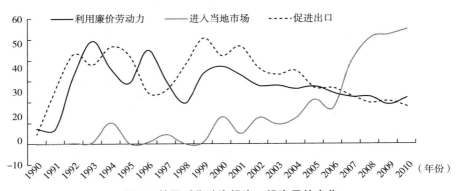

图9　韩国对华独资投资—投资目的变化

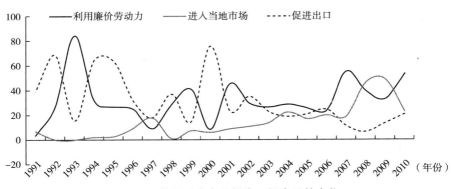

图10　韩国对华合作投资—投资目的变化

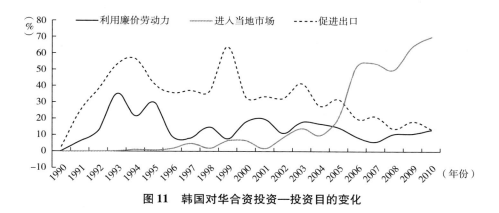

图11　韩国对华合资投资—投资目的变化

五　结论

有关中国的投资环境，韩国最为关注的是中国的企业环境、对华投资战略、韩国企业的难题、对华直接投资、对韩直接投资、工资、税收、规范强化等。有关企业的经营状况，韩国较为关注的是对华投资效应、雇用、原材料、劳动关系、中国市场的开拓、生产基地、本地化等。可见，掌握韩国关注的领域有助于促进中国与韩国的经济交流与合作。

也就是说，为扩大韩国对中国各个地方的投资规模，该地区有必要推进信息透明化，为韩国提供更为具体而详细的信息，如中国地区市场信息、未来产业发展情况、工资、劳务、罢工、资金到位的可能性、原材料到位、雇用条件、本地化等。此外，在中国各地方政府举办的各类招商引资投资说明会中也有必要向外界提供这些信息。

韩国对华投资的变化趋势是，韩国大企业对华投资、韩企对华独资投资及进军当地市场的投资等，呈现较强的上升势头；而韩国中小企业对华投资、中韩合资投资、以利用廉价劳动力为目的的投资等，则显露下滑趋势。韩国对华投资趋势的变化与中国经济结构和投资环境的变化密切相关。也就是说，20 世纪 90 年代，在中国外向型经济持续发展的情况下，对华投资企业主要是以利用廉价劳动力为目的的韩国中小企业为主。但进入 21 世纪后，随着中国内需市场的快速发展，韩国对华投资呈现出韩国大企业进军中国内地市场迅猛发展的势头。

　　韩国对华投资主体是大企业和中小企业，预计进入 21 世纪中期以后，无论是大企业还是中小企业，都以进军中国内地市场为目标，投资方式首选独资投资。一般来讲，投资内地市场首选合资投资或合作投资两种形式，但本研究表明，韩国企业对华投资更偏爱独资投资。这种现象应该引起我们的关注。因此，今后的重要课题是，探明韩国企业对华投资过程中，独资投资企业激增的原因。

参考文献

　　《经济新闻》《京乡新闻》《金融报》《Naeil 新闻》《东亚日报》《文化日报》《每日经济报》《首尔经济报》《首尔新闻》《世界日报》《亚洲经济报》《亚洲经济日报》《亚洲今日报》《中央日报》《朝鲜日报》《韩国经济报》《韩国日报》，1990 ~ 2010。

　　Han – Gyoun Kang：《韩国直接投资中国制造业的宏观投资决定因素分析》，《贸易学会刊》2005 年第 3 期，第 129 ~ 146 页。

　　Tae – Koo Kang：《对华独资投资企业国际化过程的决定因素》，《贸易学会刊》2007 年第 2 期，第 331 ~ 356 页。

　　Han – Gyoun Kang：《韩国和日本对华各省 FDA 的决定因素与投资集中度的比较分析》，《国际经营评论》2009 年第 2 期。

　　Beon – Uk Kim：《中国人视角中的对华投资企业本土化实况调查》，仁川发展研究院，2001。

　　金相郁：《韩国对华直接投资的决定因素分析》，《东北亚经济研究》2011 年第 1 期。

　　大韩商工会议所：《韩在华企业的经营实况与投资成果分析：以山东省、辽宁省为中心》，1997。

　　大韩商工会议所：《韩在华企业劳资关系现况与劳务管理本土化战略》，1998。

　　大韩商工会议所：《韩在华企业的经营环境实况调查》，2005。

　　朴仪范：《韩国企业对华合资投资的相关研究》，《经营论丛》第 42 卷，1998，第 305 ~ 331 页。

　　朴韩镇：《对华投资企业经营成果的评价与展望，韩中 FTA》，KOTRA，2007。

　　白权浩：《韩在华企业经营本土化研究》，KIEP，2002。

　　Jae Hoon Song：《投资的决定因素与环境因素对韩国中小企业对华直接投资经营成果的影响研究》，《中小企业研究》2002 年第 2 期，第 211 ~ 235 页。

　　申泰容：《中国发展的转型与外国人投资环境的变化》，产业研究院，2008。

成荣模等:《在华韩国分公司本土化战略及投资成果的决定因素研究》,《大韩经营学会刊》2009 年第 6 期。

赵庆日:《韩国企业进军中国内需市场的战略研究——以市场营销的本土化为中心》,《国际贸易研究》2005 年第 2 期。

池万洙:《韩国企业进军中国区域商圈战略》,KIEP 政策研究,2002。

池万洙等:《韩在华企业的经营实况与启示》,对外经济政策研究院,2003。

池万洙等:《中国消费市场的特征与进军战略》,对外经济政策研究院,2008。

李英珠、林川锡等:《进军中国的动机与成果实证研究》,《东北亚经济研究》2006 年第 1 期。

韩国贸易协会贸易研究所:《对华投资企业的投资实况调查》,2003。

Byoung Sop Han:《韩国在华投资企业分公司工厂选址的决定因素研究》,2005 年第 3 期,第 101～127 页。

政治・外交

军队从政坛的退出与韩国社会转型

——基于自然政府的视角*

刘洪钟

【内容提要】利用诺斯及其合作者发展起来的基于自然政府的精英主义理论框架，本文重点讨论对军队的政治控制与韩国从有限准入向开放准入社会转型的关系。我们将证明，从1960年代初开始，一批围绕朴正熙和全斗焕的军事精英通过建立一个包括军队官员、政党政治家、高级政府官员和资本家阶层在内的统治联盟，从整体上控制国家和社会，从而重建了韩国的有限准入社会秩序。然而这个相对稳定的社会秩序不是一成不变的，随着经济的快速发展和相应的社会结构的变化，社会反对势力尤其是中产阶级和工人阶层不断成长，军人执政联盟最终自掘坟墓，被迫于1980年代末从政坛退出并将政治归还给市民社会。沿着这一主题，我们分析了韩国对军队的政治控制过程及竞争性政治和经济市场的出现，两种市场的建立标志着韩国社会转型的完成。

【关 键 词】自然政府　有限准入　开放准入　韩国　社会转型

【作者简介】刘洪钟，经济学博士，辽宁大学国际关系学院院长，教授，博士生导师。

* 本文受到国家社科基金"金融危机后东亚经济再平衡及我国战略研究"（10BGJ022）、辽宁大学"211工程"三期重点学科建设项目和长策智库的资助。感谢匿名审稿人的宝贵建议。辽宁大学博士生杨攻研、辽宁省政府发展研究中心刘永刚博士对本文英文原稿的翻译提供了大量帮助，一并感谢。当然文责自负。

一　引言

2010 年末以来，从突尼斯的"茉莉花革命"到埃及的反独裁专制民主运动，阿拉伯世界连续发生的民主化社会运动震惊了全世界。值得注意的是，在这两次运动中，一直是独裁政府最大支持力量的军队，均拒绝向人民开枪，而是选择了中立的立场，最终迫使独裁政府放弃政权。一个独裁政府的倒台，能够推进突尼斯和埃及成功地转向市民社会吗？可持续的、成熟的民主国家需要怎样的社会基础和转型逻辑？二战以后，实现极权社会向比较成熟的民主社会转型的国家并不太多，而韩国显然是其中最为成功的一个。正走在民主化转型道路上的发展中国家，究竟能够从中得到怎样的启示呢？

本文利用诺斯、沃利斯和温加斯特（NWW，2007）① 发展的自然政府理论（natural state approach）中一个以精英为中心的理论框架，讨论韩国对军队的政治控制与社会转型之间的关系。在其开创性研究中，诺斯、沃利斯和温加斯特构建了一个政治—经济复合理论框架来解释现代社会的发展。他们声称存在三种社会（秩序）：原始社会秩序（primitive social order）、有限准入社会秩序（limited access social order）（或称自然政府，natural state）、开放准入社会秩序（open access social order）。诺斯、沃利斯和温加斯特重点研究的是后两种社会秩序，他们认为这两种社会之间存在明显差别，而且从前一种社会向后一种社会转型非常困难，只有在被他们称为特殊的"入门条件"得以满足的情况下才有可能发生。

作为二战后极少数完成这种转型的经济体之一，韩国取得成功的最直接原因是军队从市民社会的撤出。从 1961 年朴正熙将军领导的政变开始，军队在韩国的政治生活中通过直接干涉民主政治和利用各种手段影响社会和经济而变成了一股强有力的政治势力。然而从 1987 年的民主化运动开始，军队逐步和平地重返军营，预示着韩国从有限准入社会（自然政府）向开放准入社会的成功转型。以下两个方面可以清楚地表明这一点。一个

---

① Douglas C. North, John Joseph Walls and Barry R. Weingast, "A Conceptual Framework for Interpreting Recorded Human History", Mercatu Center Working Paper 75, George Mason University, 2007.

显著变化是军人或军官出身的人在政府要员中的占比。在朴正熙时代（1963~1979年）的政府中，军队出身的官员数量占内阁总人数的 27.5%，而在金泳三政府（1993~1998年）中，这一比重降至 4.5%。另一个变化是 1993 年第一位文职总统候选人和 1997 年第一位反对党总统候选人在和平的选举背景下当选总统。

尽管尚未达到发达国家的水平，[①] 但毫无疑问，现在韩国已经是一个典型的具有开放准入秩序特征的市民社会。韩国的成功转型让许多人印象深刻，但是很少有人会对如下两个问题提出疑问：为什么民间团体想让军队退出，同时军队又为何自愿从政坛退出？进一步讲，如何在政治—经济理论框架内解释韩国从有限准入向开放准入的社会转型？

本文将具体讨论这些问题，文章由五部分组成，第一部分提出问题；第二部分阐述诺斯、沃利斯和温加斯特发展的自然政府理论中所包含的以精英为中心的分析框架（NWW，2007）；第三部分分析民主化运动以前韩国有限准入社会秩序的特征和演化过程；在第四部分，我们讨论韩国从民主化运动开始向开放准入社会秩序的转型；最后一部分得出结论。

二　军人的政治控制与社会转型

在诺斯、沃利斯和温加斯特的研究中，有限准入秩序指的是这样一种社会，它仅向一个小范围精英阶层提供有意义的政治和经济活动的权力；与此相对应，在一个开放准入社会，社会秩序主要通过政治和经济上的竞争而不是通过创造租金来维持。诺斯、沃利斯和温加斯特认为有限准入社会秩序就是自然政府，这种秩序不利于经济发展，主要是通过创造和给强势集团（在军事、政治或宗教领域拥有权力）提供诸如土地、社会影响力、贸易、宗教等方面的特权来维持社会稳定；而那些在统治联盟外部的

---

① 关于韩国是不是发达国家，学术界还存在一些争议。如果按照世界银行的标准以及按照加入 OECD 作为发达国家的标准，韩国已经是一个发达国家。不过，与典型的西方发达国家相比，韩国又更多地具有新兴市场经济国家的特征。根据韩国三星经济研究所的一项研究《韩国到底有多发达？》，2/3 的受访民众认为，韩国还未达到发达国家的标准。以 OECD 各项指标的平均值作为参考，韩国距离西方发达国家还有 7.7 年的差距（Kim Sun - bin，"How Advance is Korea？"，*Issue Report 07 - 13*，Sumsung Economic Research Institute，June 2010）。

人，却缺乏接近政治和经济权力的机会通道。所以特权阶层和既得利益集团联合起来维持着国家与政权的存在。正像诺斯、沃利斯和温加斯特所说，"有限准入秩序是一种社会均衡。在这个均衡里面有如下最一般的特征：（1）通过精英阶层的特权控制暴力工具；（2）限制贸易进入；（3）对精英阶层的产权提供有力保护，而对非精英阶层的产权保护相对较弱。在某种程度上，自然政府以法制为特征，但法制主要是为精英阶层服务的；（4）对经济、政治、宗教、教育和军事等组织的进入和退出加以限制"（NWW，2007，p. 17）。所以从有限准入向开放准入的社会转型是非常困难的。诺斯、沃利斯和温加斯特认为，除了传统的发达国家，二战以后仅有八个国家和地区完成了这种转型，其中包括亚洲的韩国和中国台湾地区。

那么，是哪些因素促成了它们从有限准入向开放准入的社会转型呢？根据诺斯、沃利斯和温加斯特的观点，关键因素是精英之间非人格化交流的发展与扩大。但是在自然政府社会秩序下精英阶层的非人格化交流只有在一些特殊条件被满足的情况下才能发展。这些条件被称为"入门条件"，主要包括三个：服务于精英利益的法制；服务于精英利益的永续组织（包括政府本身）；对军队的政治控制。

在一个国家/地区，第一个"入门条件"在管理精英之间特定的正式或非正式关系的规则被创造之后就被满足了。这些规则是必要的，因为它们能够让个体（至少对于精英来说）相信在纠纷发生的时候可以依靠公正的第三方来解决他们之间的问题。永续组织是指寿命可以比其成员更长的组织。这就意味着一个组织的领导者今天做出的承诺在未来仍会得到履行，而无论将来的组织成员到底是谁。一旦人们看到组织的寿命比它当前的领导者寿命要长，那么他们就会相信与组织的契约关系。当政府提供法律框架去保护契约关系的时候，开放准入社会秩序的一个关键性基础就出现了。

在上述三个条件中，第三个条件也就是对军队的政治控制①是最不容易达到的。对军队的政治控制意味着在一个由强势集团和个人组成的有限

---

① 根据诺斯、沃利斯和温加斯特的分析，对军队的政治控制与我们今天所说的职业军队的文官控制是一个意思（NWW，2007，p. 57）。

准入社会中，没有任何一个个人或组织能够单独控制属于联盟的军队。如果他们能够那么做的话，其他的非武装个体和组织就会长期处于恐惧之中，于是他们也会自发地将自己武装起来。诺斯、沃利斯和温加斯特（NWW，2007，p. 58）认为，对军队的政治控制需要一系列条件：存在一个掌握全国所有军事资源的组织；在该组织内对不同军事资源的控制是稳固统一的；对于如何运用军队保护统治联盟的成员，存在一系列可信的规定。总而言之，要达到诺斯、沃利斯和温加斯特所说的对军队的政治控制，权势精英阶层需要直接组成一个稳固联盟，并且必须在一系列管理军队的规则和程序上达成一致，同时联盟还要有保证这些规则和程序能够被大家遵守的机制。

很明显，诺斯、沃利斯和温加斯特指出了对军队的政治控制对实现有限准入向开放准入社会转型的重要性，这是一个必要条件。但他们并没有具体解释怎样才能形成这样的条件，也未讨论转型的机制是怎样的，而1960～1990年代韩国的社会转型为解答这些问题提供了一个鲜明的案例。

三 军事独裁下的韩国有限准入社会

韩国的军事独裁始于1961年朴正熙将军领导的政变，结束于1987年的民主化运动。在这个时期，韩国经历了一场巨大的从有限准入向开放准入的社会转型。尽管又经过十多年的时间韩国才最终完成这一转型，但正是在这个时期韩国创造了转型必需的所有基础条件。不过，要想理解韩国的有限准入社会秩序及其转型，我们必须深入探究军队在韩国社会的进入与撤出。

（一）军政同盟和有限的精英组织

在1961年军事政变以前，军队尽管不能被完全从韩国的政治生活中排除，但至少没有公开扮演角色。① 然而从朴正熙集团通过一场成功的非流血军事政变夺取政权开始，这种情况发生了变化，军队开始作为韩国社会

---

① 1948～1960年李承晚执政时期，他曾经试图将军队变成其个人的政治工具，但是最后当他要求军队镇压1960年4月开始的大规模学生运动时，军队抛弃了他。这也是他的第一共和国失败的主要原因。

中占主导地位的政治力量出现了，此后它扮演了一系列重要却经常不得人心的角色，包括在政治生活中拥有一票否决权，作为应对内部和外部威胁的保护者，作为社会稳定和经济发展的推动者和政治体制的建设者。1979年10月朴正熙总统被暗杀后，他的军事独裁统治被他的军事门徒全斗焕所追随，直到1987年结束。所以在这近30年当中，韩国的政治、经济、社会围绕着军队被彻底重建，满足了所有诺斯、沃利斯和温加斯特所说的自然国家的特征。

朴正熙和全斗焕统治集团主要是通过培养四个阶层的力量来重建自然政府的，包括军官、执政党政治家、高级政府官员及资本家阶层。这四个阶层组成了一个主导性的军民精英阶层联盟，他们的相互依存使韩国的政治和经济结构达到了诺斯、沃利斯和温加斯特所说的双重平衡，并且形成了稳定的社会秩序。

朴正熙集团夺取政权以后，面临的第一个紧迫任务是使其政权合法化，并在此基础上巩固其权力。这些新的执政者大多是下层军官，缺乏控制军队的基础。他们非常清楚自身的局限性以及重返军营的后果，因此，得到军队多数军官的支持就成了当务之急，为此，他们采用了萝卜加大棒的策略。一方面，他们提升没有参加政变的军事领导人的军衔，另一方面，他们迅速组建了韩国中央情报部（KCIA）及其他一些情报网络，以随时监视和清除任何反对政变的颠覆活动。

在获得军队的控制权以后，朴正熙军事集团开始加强军队在政治和社会中的介入，同时将军队作为他们在政治上的资本。最重要的方式就是在政府的核心岗位上安插了一大批军官。具有军人背景的官员开始主导内阁，比如他们在1961～1971年朴正熙任命的部长中占了46%，在1972～1979年维新宪法下的内阁中占31%，在1980～1987年全斗焕内阁中占33%。[1] 1980～1987年尽管在国民议会中只有15.8%的成员具有军人背景，却有42%的委员会主席有此背景，和国防委员会的比例相同，在民政事务委员会中这个比例则为3/4。[2]

---

[1] Robin Luckham and Gordon White, eds., *Democratization in the South: The Jagged Wave*, Manchester University Press, 1996, p. 130.

[2] David I. Steinberg, *The Republic of Korea: Economic Transformation and Social Change*, Westview Press, 1989, p. 112.

通过这种方法，朴正熙成功地将军队改造为他的军事政变集团的组成部分。只要有需要，无论何时他们都可以以军事手段介入政治。军队介入政治主要是协助完成两项任务——救援和统治。更具体地说，他们干涉政治既可能是对付政治反对派，也可能是执行在别的情况下无法执行的计划、项目、建议等。其中一个例子就是1961～1979年朴正熙颁布了很多条全国范围或是地区性的戒严法。每一次的武力干涉和秩序恢复都使朴正熙控制了政治对手并且完成了其政治议程安排。[①] 为保持其总统位置，朴正熙利用武力加强了其紧急修改宪法的权力，首先是在1969年随后又在1972年（建立维新体制[②]），最终使终身总统制合法化。与此相似，全斗焕也通过宣布戒严法来获得权力——在光州事件期间颁布的戒严法持续了九个月，是韩国独裁时期持续时间最长的。[③]

执政党政治家是军民精英联盟的另一组成员，虽然只是一个相对较小的"伙伴"。不同于开放准入社会中"自下而上"的民主政治秩序，在军事独裁时期，韩国的执政党创造了一种完全相反的政治秩序，我们可以称之为"自上而下"的反民主政治秩序。[④] 这些政党通常是由总统或政党领导人直接自上而下建立的，目的是满足自己在脱下军装成为平民以后的选举或政治控制的需要。在政党内部尽管也有一些法律或社会科学领域的知识分子，但大部分成员来自军队、情报机关或警察部门。作为一个整体，政党主要是军事领导人招募人员进入所谓文官政府的一种手段。因此，政党的前途和命运是与领导人的未来紧密联系在一起的，政党的存续和消亡取决于其缔造者政治生涯的成功与否。[⑤] 当民主共和党的主席朴正熙在

① Sung Chul Yang, *The North and Korean Political Systems: A Comparative Analysis*, Westview Press, 1994, p. 445.

② 维新的意思是复兴改革，主要内容是通过给予总统各种特殊权力使帝王总统制制度化，这些权力包括总统有权解散国民议会，有权超越宪法制定特殊法案，以及有权提名1/3的国会议员。

③ Sung Chul Yang, *The North and Korean Political Systems: A Comparative Analysis*, Westview Press, 1994, p. 445.

④ 根据Yang（1994）的研究，民主政治的逻辑通常表现为，现代民主都是代议制民主，其中立法机构扮演关键角色，这一机构必须通过选举产生，因而各个政党被组织起来并推选其候选人竞选立法机构的席位。

⑤ Soong Hoom Kil and Chung - in Moon, eds., *Understanding Korean Politics: An Introduction*, State University of New York Press, 2001, pp. 83 - 84.

1979 年 10 月遇刺后，该党就解散了。与此相似的是，当全斗焕将总统的权力移交给卢泰愚之后，他领导的民主正义党（DJP，创建于 1980 年）也消失了。

仅仅通过军队和执政党对政权进行控制还不能保证执政集团长期拥有权力。鉴于取得政权的非民主方式，朴正熙、全斗焕及他们的执政联盟需要采取更多措施将其权力的取得变为"正确"的，将赤裸裸的夺权合法化。很明显，经济增长是唯一的途径。为了做到这点，他们建立了威权的行政官僚制度，这样他们就可以控制所有资源以达到经济增长的目标。

在一个开放准入社会中，立法、行政和司法机构相互竞争相互制约。但是在朴正熙、全斗焕的军事独裁下，韩国的立法机关和司法机关是不发达的。一方面，作为立法机构，国民议会的力量被严重削弱，① 司法部门的独立性和完整性也受到严重破坏，没有权力挑战行政部门的反自由主义倾向。而另一方面，行政机构总是能够操纵政治机构和国家的经济和社会政策而不必受到立法和司法机关的有效监督。行政机构主要由两个部分组成：总统和政府官员。它们之间的关系主要是后者支持前者。虽然官僚也在很大程度上参与决策程序，并有机会在管理的细节性和技术性问题上展现自己的影响力，但其权威性（相对于总统）往往是有限的。如同"自上而下"的政党政治，行政、官僚机构在韩国的权力属性也是自上而下的。② 官僚们受到总统办公室在政治上的控制。总统及其咨询机构，如总统秘书处和经济企划院，负责政策制定，而其他行政部门则仅负责政策的执行。通过这种方式，朴正熙和全斗焕政府可以根据自己的喜好控制所有的资源分配。

统治联盟里最后的成员是资本家阶层。这些经济上的精英拥有一些大型财团（通常被称为财阀）。这些财阀大部分是在军事独裁统治时期成长起来的，并且其成功主要归功于其与独裁政府所建立的风险合作伙伴关系。事实上，早期的朴正熙军事独裁政权曾承诺要严惩各种非法商业活动

---

① 在朴正熙和全斗焕时代，如果事前没有行政部门的同意，国民议会没有权力增加支出或提交任何新的预算法案；除了总理，它也没有权力否决总统提名的高级官员。在维新体制下，总统甚至可以不经国民议会同意而自行任命总理。

② Yeon – ho Lee，*The state*，*Society and Big Business in Korea*，Routledge Advances in Asia – Pacific Business，1997，p. 86.

以及与李承晚政权有腐败政治关系的商人，为此，他们颁布了"非法敛财法"，逮捕了数以百计的商人。但是，他们追求经济发展的紧迫感使他们放弃了原来的想法，因为他们很快意识到，这些商界精英实际上是唯一的"创业资源"，可以依靠他们发展经济，清除他们将意味着出现广泛的经济问题。因此，朴正熙改变了策略并与这些商人达成妥协，也就是说，政府通过取消对非法积累的财富的没收换取他们在政府制订工业计划方面与政府通力合作。这样军政府就成功地将大商人吸收到了他们主导的联盟里。

在这种关系中，政府制定动态的五年经济发展计划和产业政策，并且一方面组织有限的资源去完成这些任务，另一方面被政府选中的相对较少的大型企业集团成为政府的代理人，遵守并与其合作努力完成目标。作为回报，政府向它们提供各种激励措施，如提供低息贷款、税收和融资的优惠待遇，同时分担它们的投资风险。这种危险的伙伴关系形成于 20 世纪六七十年代早期工业化阶段，直到 1997 年经济危机爆发前，这种关系一直没有发生很大的变化。

因此，军官、执政党政治家、高级政府官员和资本家阶层构成了一个稳定的军民精英统治联盟。在军事独裁政权下他们的利益有时是零散和相互冲突的，但在大多数情况下是一致的。他们成立了各种组织网络和非正式社会关系，以促进其持续占主导地位的上层阶级的利益，并随时阻止外界打破这种平衡。组织内部的网络有很多种形式，有些是高度集中和分级式的正式组织，其他则是各种派生的高度非正式性的机构。[1] 不同种类的半官方或非官方协商机构就是很好的例子。通常建立这些机构的目的是促进商界精英和国家精英之间的协调与合作并巩固他们的执政联盟。例如经济人联合会、大韩商工会议所、韩国贸易协会，都是处于政府各部委领导人指导下的半官方性质的机构，它们通常是把企业界、高校和政府的高级领导召集到一起去制定明确的产业政策和方案，并将其提交给总统。成立于 1961 年的全国经济人联合会（KFI）则是一个典型的非官方组织的例子。作为一个由 57 个大企业组成的大企业家联合会，KFI 在商业利益集团与执政联盟之间起着重要的桥梁作用。它不仅协调企业之间的利益，而且

---

[1]　Yun Tae Kim, "Korean Elites: Social Networks and Power", *Journal of Contemporary Asia*, 37: 1, 2007, p. 22.

还通过各种与政府的合作和其他政治活动介入经济政策的决策过程，如举办非正式会议与政府讨论各种问题。

与建立内部组织同等重要的是，精英之间的非正式社会纽带也加强了执政群体之间的关系。同乡、校友和联姻是发展非正式个人关系的三种主要形式。同乡关系长期以来一直是连接韩国精英的非常重要的因素。举例来说，朴正熙来自庆尚道，当他掌权以后就提拔了大量来自庆尚道的军事将领。[1] 韩国军校（陆军军官学校）中来自庆尚道的校友占据着安全部门的关键性职位，他们垄断了进入内部权力圈的通道。同样，在财阀的创始人、高级管理人员及政府部长中，也有将近一半来自庆尚道。[2] 至于校友关系，Ahn（2003）[3] 的研究显示，在第一和第二共和国，具有海外留学背景的精英在韩国政府领导层中占据了主导地位，分别为41%和39%，但在接下来的第三至第五共和国，来自首尔国立大学的毕业生开始在所有精英群体占主导地位，分别为23%、33%和40%。联姻也是一种在精英群之间创造社会关系的关键性机制，在商业团体里，排名前30的财阀中有23个家庭通过复杂的联姻关系联系在一起。1995年，在商界和政府官员之间，总体上每个财阀平均和3个部级政府高官具有联姻关系。[4]

相对于军事执政联盟的组织和实力，1960～1970年代的非精英民主力量，如学生、工人和知识分子，始终缺乏必要的组织凝聚力和有效的领导迫使军队返回军营。此外，军队和民主力量之间的不平衡还由于支持民主化运动的中产阶级的撤出而加大了：与民主化相比，这一时期的中产阶级对经济增长和政局稳定有更大的兴趣。因此，1979年维新系统的崩溃没有改变政权的军事独裁统治，而是将权力从一个专制政权转移到了另一个专制政权。尽管存在显著区别，本质上全斗焕政权还是保留了朴正熙政权的极权特征。

---

[1] Soong Hoom Kil and Chung – in Moon eds., *Understanding Korean Politics: An Introduction*, State University of New York Press, 2001, p. 165.

[2] Yun Tae Kim, "Korean Elites: Social Networks and Power", *Journal of Contemporary Asia*, 37:1, 2007, p. 30.

[3] Byong – Man Ahn, *Elite and Political Power in Korea*, Edward Elgar, 2003, p. 183.

[4] Yun Tae Kim, "Korean Elites: Social Networks and Power", *Journal of Contemporary Asia*, 37:1, 2007, p. 32.

（二）1987年以后向开放准入秩序的转型

虽然以上四个精英群体之间的平衡保持着韩国有限准入社会秩序的稳定，但绝不意味着这种秩序是静态的、不变的。一方面，利益集团始终是封闭的，并且集中于少数几个上层精英群体，但另一方面，经济快速增长在有利于他们的利益的同时也会推进社会重组，特别是军事精英以外重要社会力量的增长。1980年代末这些力量最终迫使军队撤出政治并将政治归还给市民社会。就像 Luckham 和 White（1996）写的那样，"韩国似乎是一个很好的例子，在那里一个发展成功的专制政府通过支持最终的敌对社会势力的发展而自掘坟墓"[1]。

1. 为什么民间团体想让军队撤出？

政治民主化通常伴随着工业化和现代化。[2] 1980年代以来，在韩国发生了一系列令人印象深刻的经济和社会变化。摆脱了1979年经济危机的阴影，韩国重返经济高速增长的轨道，但同时收入分配不平等也开始出现恶化趋势。为显示与朴正熙军事独裁的不同，全斗焕政府进行了一系列有限的政治和经济自由化改革。伴随这些变化，许多精英群体内部和外部的重大利益集团出现了，特别是具有更好组织性的中产阶级、工人阶级和资本家阶层群体。他们强烈渴望拆除30年来的军事独裁政权并建设一个民主的市民社会。他们不断进行和平或暴力的斗争，最终在1987年迫使军队撤出市民社会。

——快速的经济增长但不平等的分配制度

与其前任一样，全斗焕和他的军事助手利用经济快速增长作为政权合法化的一个重要途径。从这个角度看，他们确实实现了目标。1987年韩国的国民生产总值从1970年的81亿美元和1980年的603亿美元升至1180亿美元，而劳动生产率仍然很高，平均失业率只有约4%。[3] 不过，尽管经

---

① Robin Luckham and Gordon White eds. , *Democratization in the South： The Jagged Wave*, Manchester University Press, 1996, p. 197.

② John Lie, *Han Unbound： The Political Economy of Korea*, Stanford University Press, 1998, p. 131.

③ Norman A. Graham, " The Role of the Military in the Political and Economic Development of the Republic of Korea", In Charles H. Kennedy and David J. Louicher, eds. , *Civil Military Interaction in Asia and Africa*, E. J. Brill, 1991, p. 122.

济发展令人惊叹，但也出现了一些严重的经济和社会问题，其中收入不平等是最重要的。事实上，在收入分配方面，在快速工业化的同时韩国一直比其他发展中国家更加公平。然而，自 1970 年代末开始贫富差距不断扩大，尽管绝对贫困率从 1970 年的 23% 下降到 1980 年的 10%，但是韩国社会流行的看法是收入分配在这一时期恶化了。① 普通民众认为他们没有得到他们应得的"蛋糕的公平份额"，他们不是变得越来越富有，而是恰恰相反。有些人甚至将城市贫民的生活描述为"令人绝望的人间地狱和非人性化"。不平等也反映在教育上。考试取得高分数和进入著名大学的机会似乎只能依赖居住在城市、进入补习班并有能力聘请私人教师，而这些对于普通劳动者而言是遥不可及的。②

与此同时，贫穷的劳动者无法找到合适的途径来保护自己的权利。一方面，在全国范围内，他们有一个名义上的产业工会（KFTU），但是它受到政府的严密控制，因而无法组织集体行动。虽然单个企业的工会代表工人采取集体行动是合法的，但实际上其行动受到严格限制。另一方面，在实际意义上，直到 1987 年末，罢工都是非法的。因此，按照西方工业化国家的标准，总体上看韩国劳动者的权利和福利是非常差的，尤其是在小企业里。

在这种情况下，人们很容易将这一问题归罪于独裁政府。虽然他们的利益是被资本家尤其是财阀直接剥夺的，但他们非常清楚，如果没有独裁政府的支持，财阀是做不到这点的。因此，阶级不平等（或穷人和富人之间的不平等）成为 1980 年代韩国社会抗议的主题，同时贫穷的劳动力成为主导军方撤出的重要力量，出现这种情况就毫不奇怪了。

——经济和政治自由化改革的效果

自从宣誓就职，韩国总统全斗焕和他的政府进行了一系列政治和经济自由化的改革来使其权力合法化。举例来说，全斗焕试图故意摆脱已故总

---

① 事实上，根据世界银行的统计，韩国的基尼系数在 1965 年时为 0.34，但在 1970～1980 年代持续上升，1980 年达到最高的 0.39，尽管 1980 年代有所下降，1985 年时仍然达 0.36。转引自〔韩〕宋丙洛《韩国经济的崛起》，张胜纪、吴壮译，商务印书馆，1994，第 184 页。

② John Lie, *Han Unbound: The Political Economy of Korea*, Stanford University Press, 1998, p. 135.

统朴正熙的极权制度，放宽和修改了许多严格的规定。他借腐败问题清除了很多前政治领导人和政府高官，同时释放了一些朴正熙时期的政治犯；取消了长期实行的从晚上11点到早晨4点的宵禁，修改了被滥用的实行的反共产主义法律，减少了中央情报部的权力，取消了对政治对手的五年禁令，并在1985年春天举行了半竞争性的选举。此外，全斗焕还利用宪法将他的任期限制为单一一届为期七年。在经济领域，全斗焕政府也进行了自由化改革，从第五个经济发展计划（1982～1986年）开始，① 经济政策强调减少政府对私营部门的直接控制，并向以市场为基础的制度转变，政府的作用从"发展"转变为"监管"。

尽管取得了这些成就，全斗焕政府还是不能赢得广泛的社会认可，他的合法性仍然受到质疑。对于韩国人民来说，总统全斗焕仍然是"一张遥远的面孔"，他仍然是一个军人。与此同时，他的自由化改革为那些反对团体提供了更大的空间，1985年第12届国民议会选举就是一个典型例子。在这次选举中，虽然全斗焕和他的民主正义党仍获得多数席位，但他们只赢得了184个席位中的87个，而在选举前近一个月才匆忙成立的主张采取强硬路线的在野党新韩国党（NKDP），却赢得了50个席位，获得了29.2%的选票。这显然是全斗焕和他的民主正义党的一个重大失败，因为作为1988年总统大选"前哨战"，全斗焕和他的民主正义党原本希望能够因为他们的领导和取得的成就而获得广泛支持。对于全斗焕政府来说，从第12届国民议选举吸取的教训是不言自明的：尽管在经济发展方面取得了许多成就，但是选民仍然有着强烈意愿希望看到极权政府在1988年时终结，同时选出新政府并实现政权和平交接。②

——精英群体内外的各种利益团体的增加

这是经济和社会发展的自然结果。在1980年代，除了我们上面讨论的精英群体外，还出现了其他一些重要的社会群体，包括大众媒体、知识分

---

① 需要指出的是，随着产业政策的调整，全斗焕政府对原来的经济发展计划进行了更名，题目中加入了"社会"两字，因此，第五个发展计划的准确名称应该是"第五个经济与社会发展五年计划（1982～1986）"。

② Kim C. I. Eugene, "The South Korean Military and Its Political Role", in Ilpyong J. Kim and Young Whan Kihl, eds., *Political Change in South Korea*, Paragon House Publishers, 1988, p. 105.

子、教会团体、学生、劳工及农民。这些群体在组织和协调方面各有不同。他们中的一些团体以各种方式显示韩国社会中迫使军队退出政治舞台的最重要的社会力量——韩国中产阶级的崛起。

在 1960 和 1970 年代，中产阶级并没有积极支持民主运动，一是因为他们规模较小，同时非常分散；二是他们也受益于军事统治下的经济增长，相对于民主化而言他们更倾向于社会的稳定和经济的增长。不过，即便如此他们也从来没有全心全意地接受军事独裁政权。[1]

到 1980 年代中期，这个集团已经在规模和社会影响力上都成长起来了。例如，1960 年 66% 的韩国劳动者从事农业生产或在其他初级行业中工作，1980 年这个比例为 38%，而到 1990 年，这一比例已下降到 20%。虽然数据随每次调查的不同而有所不同，但是到 1987 年 66% ~ 70% 的韩国民众认为自己是中产阶级。[2] 此外，大多数中产阶级居住在城市，这就使得动员和组织集体行动变得更加容易。

作为一个大的利益集团，中产阶级试图在政治舞台上得到代表并获得他们的利益，但他们很快发现，如果没有军队的撤退和封闭性、非竞争性的政治制度的开放，他们的利益就无法实现。于是，中产阶级开始放弃事不关己高高挂起的策略，转而要求更多的自由。一旦中产阶层加入社会和政治自由化运动，就大大增强了民主联盟的力量，并使其开始与执政联盟势均力敌。在某种程度上，中产阶级的加入是民主化运动成功的关键。[3] 韩国国内外媒体甚至称赞 1987 年的革命为"中产阶级革命"。[4]

1980 年代在精英群体里，利益格局和不同团体的相对能力也发生了很大变化。其中，政府与企业关系性质的改变具有深远的意义。如上所述，在朴正熙时代，军事独裁政府与大企业建立起了一种以"政府领导、企业跟随"为特征的风险伙伴关系。然而自 1980 年代以来，由于大企业规模

---

① John Lie, *Han Unbound: The Political Economy of Korea*, Stanford University Press, 1998, p. 124.

② Hyung Gu Lynn, *Bipolar Orders: The Two Koreas Since 1989*, Fernwood Publishing, 2007.

③ Sung Deuk Hahm and L. Christopher Plein, *After Development: The Transformation of the Korean Presidency and Bureaucracy*, Georgetown University Press, 1997, p. 47.

④ Hyung Gu Lynn, *Bipolar Orders: The Two Koreas Since 1989*, Fernwood Publishing, 2007.

的快速扩大和全斗焕政府的自由化改革，这些企业开始寻求更多的自主权，它们的研究和开发活动变得越来越独立，而这些以前是严重依赖政府的。因此，当全斗焕政府试图继续控制企业决策并要求商界精英提供政治捐款的时候，这些商界精英开始公开抱怨，并且他们跟政府的关系向着更多冲突的方向变化。例如，在1980年代中期，由于担心失去对财阀的控制，全斗焕政府采取了几项措施，包括：对一个财阀集团能够获得的总信贷额度强加一个上限（包括银行贷款和担保贷款）；为了控制土地和房地产投机，严格限制土地所有权及其使用；要求所有银行账户使用真实姓名，以便追踪储户的真实身份及其交易。然而，所有这些措施都失败了，因为作为反对派的财阀越来越不依赖银行融资。①

2. 为什么军队愿意从政治活动中退出？

据 Sundhaussen（1984）分析，军队撤出市民社会通常有三个原因：一是军队面临外在压力，即越来越多的平民反对其继续统治；二是来自外国的压力，一般通过政治、经济、军事方式迫使军事政权退出政坛；三是军事集团的内部问题。军事政权领导人及其追随者决定放弃政权，或者是因为他们认为已经完成任务，延长在位时间可能会分化他们的势力，损害军队凝聚力和战斗力，或者是因为军事精英集团内部有一个解决办法，让大家都确信采取这种方法他们的利益都能得到保留。②

回顾全斗焕总统的韩国第五共和国，Sundhaussen（1984）的分析的确在许多方面符合现实。在前一部分我们分析了第一个原因。对于国外因素，我们必须指出，在韩国政府的经济和政治决策过程中，美国一直发挥着巨大影响。在1980年的光州事件中，美国政府保持沉默。然而在1987年夏天美国明确而坚定地警告全斗焕不要使用武力镇压大规模示威游行活动。首先是美国总统里根给全斗焕发了一封私人信件，接着是美国副国务

---

① 财阀摆脱对政府控制的银行贷款的一个办法是通过持股并控制非银行金融机构（NBFIs）如证券公司、投资信托公司、保险公司等的形式获得金融资源。比如1970～1990年，财阀从非银行金融机构获得的贷款占其融资总额的比重从9.5%上升到了24.1%，而从银行获得的贷款则从30.2%降至16.8%（参见刘洪钟《韩国赶超经济中的财阀制度研究》，光明日报出版社，2009，第143页）。

② Ulf Sundhaussen, "Military Withdrawal from Government Responsibility", *Armed Force and Society*, 10, 4, 1984, pp. 543 – 562.

卿 Edward Derwinski 在 6 月 19 日和美国助理国务卿 Gaston Sigur 在 6 月 25 日敦促韩国政府妥协，并禁止出动军队。① 美国政府的态度对全斗焕显然形成了巨大压力，特别是在 1988 年汉城夏季奥运会即将来临之际。

尽管上述所有原因都解释了为什么全斗焕及其军事伙伴一定要交出权力，但是真正做出这样的决定并不是一件容易的事。全斗焕非常清楚李承晚和朴正熙的悲惨下场，他也知道自己是如何攫取政权的，特别是他始终无法摆脱骇人听闻的"光州大屠杀"的阴影。这个关于权力的简单逻辑表明，全斗焕总统和他的政府不会轻易从政权中和平撤离，除非他们的人身和财产安全得到保障。

事实是，军事精英们内部的协议解决了全斗焕的问题。当 1987 年面临大规模示威游行的时候，全斗焕仍旧试图采取一贯的镇压措施如"校园稳定措施"，结果在统治精英集团内部出现了分裂，温和派站了出来。实际上，如果我们考虑朴正熙和全斗焕的差别的话，我们会发现 1980 年代韩国的统治精英已经不再像以前那样团结一致了，温和派的崛起是不可避免的。朴正熙能聚集巨大力量和操纵亲信去巩固和加强他的政权，但是全斗焕无法完全做到这一点，他不断操纵政党反映了他扩大自己的支持基础的需要；朴正熙拥有一个规模很小的可以信赖的伙伴群体，而全斗焕不得不利用一个不断扩大的被称为"一心会"的非正式网络；朴正熙往往是采取单方面行动而全斗焕的权威受到更大的限制。总之，1987 年的权力精英不再是铁板一块而是更容易受到系统危机的影响。②

温和派的态度，加上美国的压力，迫使全斗焕周围的强硬派开始与反对派的温和力量进行对话，并接受他们 1988 年大选前修改宪法的要求。然而，由于双方都不愿妥协，③ 谈判很快失败。这导致了政权内部的权力更迭，权力由温和派转移至强硬派。全斗焕终止了与反对派的对话并宣布他的继任者将根据现行的选举制度进行选举。1986 年 6 月 10 日，民主正义

---

① Terence Roehrig, *The Prosecution of Former Military Leaders in Newly Democratic Nations: The Case of Argentina, Greece, and South Korea*, McFarland & Company, Inc., Publishers, p. 154.

② John Lie, *Han Unbound: The Political Economy of Korea*, Stanford University Press, 1998, p. 149.

③ 全斗焕政府主张采取行政长官由立法机构选举的议会制度，而反对派则要求采取总统直选制。

党提名卢泰愚为总统候选人。全斗焕提名一名军人同时还是自己的私人好友作为其继任者的决定激怒了学生和反对派。成千上万的人走上街头，形成了强大的全国范围内的民主改革运动，而中产阶级的加入使这一运动达到了高潮。

此时军队面临两个选择：暴力镇压抗议活动或者答应反对者的要求。在强硬派的支持下，全斗焕采取激烈方式对抗规模越来越大的抗议活动，他背弃自己在1988年总统大选前起草新宪法的承诺并中止宪法讨论直到总统大选和1988年奥运会以后，同时还把反对派领袖金大中逮捕并软禁起来。这些行动意味着全斗焕及其幕僚打算采取强硬措施应对不断升级的抗议活动并将专制政权维持下去。而温和派由于害怕继续独裁统治会威胁到军队的利益，同意从政治活动中退出。[1] 于是，军事统治精英集团内部的强硬派和温和派的分歧逐渐扩大，最终由于温和派指挥官的不合作，强硬派对抗议活动的镇压失败了。

在1980年代经历了一段不太平坦的争取民主化的道路后，韩国最终在1987年6月29日迎来了其现代政治历史上的转折点。作为民主正义党总统候选人的卢泰愚，在事先没有与全斗焕总统协商的情况下突然提出一个八项"民主改造"计划。他们接受了反对党的所有要求，包括尽快修改宪法，建立自由媒体和总统直选制度，赦免和恢复金大中的权利，该年年底举行自由和公正的选举。两天后，全斗焕宣布，他接受卢泰愚的建议。卢泰愚和反对派领导人金泳三随后还商定了一个8人组成的工作组来起草一部新宪法。

新宪法是匆忙制订的，并首先在国民议会得到批准，接着在10月28日举行的全国投票中以93.3%的高支持率通过。新宪法反映了执政党和在野党双方实质性的让步。执政党接受了一份称军队需要在国家安全和国土防御上履行他们神圣的职责，他们应该遵守中立的政治立场的声明，[2] 反对派则放弃了对1980年光州事件的谴责。显然军事精英内部已经对此达成了妥协。一些记录显示，作为温和派领导人的卢泰愚已经与军队里的温和

---

① Michael G. Burton and Jai P. Ryu, "Korea's Elite Settlement and Democratic Consolidation", *Journal of Political and Military Sociology*, Summer 1997.

② Michael G. Burton and Jai P. Ryu, "Korea's Elite Settlement and Democratic Consolidation", *Journal of Political and Military Sociology*, Summer 1997.

派以及执政党的主要成员有过协商并达成共识，即此时退出政坛作为一种选择是符合自身利益的。① 与此同时，人们普遍认为卢泰愚还向全斗焕保证，他不会因为在光州事情中的屠杀和其他暴行而受到审判。所以这场交易也满足了强硬派最基本的利益要求。但是卢泰愚能赢得选举吗？他们需要一个多数席位。博弈的关键就在于，两大反对派领导人金大中和金泳三之间能否达成协议推选单独一个人参加选举，这就要求他们中的一个人退出。许多研究表明，"两金"之间存在着长期的竞争关系，如果不能达成一致，他们将会分散反对阵营的选票而使卢泰愚渔翁得利。事实证明，只有妥协才是正确的。在 1987 年 12 月 16 日全新的第六共和国第一次选举中，卢泰愚以 37% 的得票率击败了金泳三（28%）和金大中（27%）。

卢泰愚的胜利对韩国的民主化转型是至关重要的。在新的民主秩序下，卢泰愚作为军队利益和旧的社会精英的代表出现在国家关键性的位置上，从而保证了韩国社会能够在和平状态下实现从有限准入向开放准入的社会转型。

四　1987 年以后向开放准入秩序的社会转型

随着 1988 年卢泰愚就任总统，韩国社会进入了一个开放准入社会秩序的新时代。如上所述，这种转型是军事执政联盟和市民集团之间关系长期结构性变化的结果。那么如何使这种转型不可逆转是下一个重要的问题，因为随着民主化转型一定会出剧烈的权力和利益重组，特别是在旧的统治精英与新的政治和经济精英之间。对此，卢泰愚总统作为一名从执政党中走出来的温和派军官发挥了至关重要的作用。因为这种权力安排给了军队调整其处于政治边缘化状态的时间，给了旧的精英集团建立起对民主选举不会损害他们利益基础信心的时间，同时还给了所有非精英群体考虑怎样在新的民主政治框架下和平地追求自己的利益的时间。作为总统，卢泰愚采取了一系列步骤使新的或旧的利益集团达成妥协，一方面，通过将许多

---

① Aurel Croissant, "Riding the Tiger: Civilian Control and the Military in Democratizing Korea", *Armed Forces & Society*, Vol. 30, No. 3, Spring 2004, pp. 357 – 381.

退役军官安排在关键位置上并维持军费开支的不断上升，①保护自己的组织和利益不受民众的侵犯；另一方面，他渐进但稳步地推进民主化进程。他公开表示自己将会是最后一个来自军营的总统，他还重新界定了国防安全司令部的使命，其中包括防止军事政变。②

不过，尽管卢泰愚政府在韩国从有限准入向开放准入的社会转型过程中做出了巨大贡献，但这一转型直到1993年金泳三和1998年金大中就任总统才得以最终完成。金泳三政府彻底将军队置于文人的控制之下，金大中政府则切断了旧的精英阶层间的整个关系网，特别是商业精英与政治精英之间的联系。

（一）对军队的政治控制

尽管部队军官对其政治地位的下降心存不满，但卢泰愚还是通过对一些关键职位进行人员调整来加强对军队的控制而克服了这些困难。1990年，以前具有高度自主权的军队被置于武装部队总参谋长的控制之下，而总参谋长则对国防部长负责。卢泰愚还改变了高级官员的提升程序从而更加注重专业性的标准和减少政治操纵。逐渐地，部队军官开始明白对干涉政治是徒劳的，他们必须接受军队和文职部门关系的不可逆的转变。

金泳三1993年上台以后，发起了在军政关系上更具决定性的改革。作为经历了30年军事独裁统治之后第一个真正的文职总统，金泳三的就职标志着韩国政治现代史上民主胜利的一页。但是他仍然背负着诸多负担，因为他是靠着脱离反对阵营加盟执政党的方式赢得了竞选的，换句话说，他与自己曾经与其进行了艰苦卓绝的斗争的执政党形成了一个巨大的保守联盟。为了部分抵消这种负面形象并在一定程度上加快巩固民主进程，金泳三政府对政治、社会、经济进行了全面改革。在这些改革中，最重要的是将军队和安全机构置于文官的牢固控制之下，真正恢复文官政治。

恢复文官政治意味着必须将军队文化的残余从韩国政治中清除出去。为了做到这一点，金泳三总统在政府的重要岗位上任命了许多具有改革精

---

① 比如在卢泰愚政府的25个部长中，有7个是前部队军官；而且许多前军官继续在党和国家机构中任职。至于军事支出，经过30年后直到1991年才第一次下降。

② Michael G. Burton and Jai P. Ryu, "Korea's Elite Settlement and Democratic Consolidation", *Journal of Political and Military Sociology*, Summer 1997.

神的人，同时将许多全斗焕和卢泰愚阵营的成员清除出去。金泳三任命了一名级别相对较低的前少将为他的国防部长，同时启用一名国际关系方面的教授（金德龙）为国家安全部（前 KCIA）的主管。他重组了这个机构，禁止其干涉国内政治事务并缩减了它的规模。此外，金泳三还对臭名昭著的韩国国家安全司令部（NSC）——它是全斗焕时期重要的政治监视和恐吓机关——进行了重大改组，禁止 NSC 干涉政治事务，并将其主要作用限定在军事领域。[①]

金泳三从政府中清除旧的和腐败的精英的主要策略是发起"清洁上游运动"。其理由是非常清楚的：如果不首先清理上层统治精英，肮脏的政治就不会消失。1993 年 3 月 4 日，金泳三总统宣布他将不再收取哪怕是一分钱的政治资金。伴随这一声明，他禁止了在政治圈里私募和分发秘密资金的传统做法。他还迫使部长、议会议员和高级公务员们同自己一样每年向公众公布自己的账户。随着这些改革措施的深入，金泳三提出了具有重大意义的"实名制"改革，以消除将钱存在假户名下的流行做法，从而有利于消除政治腐败和逃税。这些改革措施导致了许多高级官员的辞职。[②]

金泳三另一项军事改革的重大成就是解散了主要由大邱和庆尚道东部的官员组成的一个军事派系"Honohae"。在朴正熙和全斗焕时期，"Honohae"作为一个内部的权力循环系统，其成员占据着军队指挥部最有权力的职位。金泳三总统将其成员从军队的关键性职位上调离，如陆军司令、国家安全委员会指挥官和其他一些战略指挥职位。"Honohae"的成员也从将要升迁的名单中消失了。

对军队否决权的剥夺在对 1979 政变领导人进行审判时达到了顶峰。基于政治利益交换，在上任初期，金泳三总统事实上对前任领导人保持了一种模糊和不作为的立场，他说"历史"将对他们做出审判。[③] 但是在 1995 年，当一名反对党议员揭露出前任领导人卢泰愚和全斗焕以及两位总统的

---

① Soong Hoom Kil and Chung – in Moon, eds., *Understanding Korean Politics: An Introduction*, State University of New York Press, 2001, p. 58.

② Michael G. Burton and Jai P. Ryu, "Korea's Elite Settlement and Democratic Consolidation", *Journal of Political and Military Sociology*, Summer 1997.

③ John Kie – chiang Oh, *Korean Politics: The Quest for Democratization and Economic Development*, Cornell University Press, 1997, p. 171.

几名亲信、退休官员和商人非法使用秘密资金的金融丑闻时，金泳三的立场发生了巨大转变。他采取了"纠正历史"的立场，对那些腐败和从事镇压活动的人提出公诉。1996 年，卢泰愚、全斗焕和 13 名将军被指控，并分别以叛乱、阴谋和腐败的罪名被判死刑或入狱。

通过这些方式金泳三政府成功地改变了军队和政治的关系并恢复了文官政治。他们的行动表明，政府有能力对军队采取行动。事实上，改革在没有来自军队的干涉的情况下顺利进行也证明了军队从政坛退出的越来越强烈的愿望和在过去作为独裁统治的一种工具的瓦解。金泳三政府的改革和 1987 年以来军队的政治节制显示，韩国已经建立了一种成熟和广为接受的宪政秩序。[①] 民主制度的稳定性和军队对社会的尊重都得到了提高，在这样一种社会秩序中，已经没有任何利益集团试图或者能够调动巨大资源去恢复旧的独裁统治或军队的政治干预权力。

（二）竞争性政治和经济市场的出现

军队从政坛的退出以及军事独裁政权的终结为创建竞争性的政治和市场经济打下了良好基础，而这恰恰是开放准入社会的核心。在政治领域，从独裁专制向民主制度的转型改变了激励、选择、偏好和个体官僚主义操纵的制度安排等许多方面，使任何利益集团都不可能通过对武力的垄断控制来获得特权租金，只能通过竞争的民主程序。在经济领域，旧的经济和政治精英联盟的解体打破了大财阀对市场的垄断，同时为非精英阶层提供了更多的市场进入机会。

我们可以从两个影响官僚行为的至关重要的因素的改变来理解韩国竞争性政治的出现。[②] 第一个因素是强大的总统地位的下降，与此相对应的是竞争性内阁政治的出现。有许多因素造成了总统权力的削弱。其中最主要的是创设限制总统任期的条款。如果我们知道在以前总统的任期是不确定的，理解这一点的重要性就很容易了。现在总统的任期是固定的，韩国政治更加依赖联盟的建立和其相互之间利益的博弈。这一新的现实

---

① Aurel Croissant, "Riding the Tiger: Civilian Control and the Military in Democratizing Korea", *Armed Forces & Society*, 30, 3, 2004, pp. 357–381.

② Sung Deuk Hahm, L. Christopher Plein, *After Development: The Transformation of the Korean Presidency and Bureaucracy*, Georgetown University Press, 1997, p. 52.

将直接影响总统领导权力的特征及他和官僚的关系。在朴正熙和全斗焕时期，官僚仅仅是总统的代言人并执行总统制定的政策。在这个强大的代理关系中，官僚们对于政策的连续性、自身工作的安全性和个人职位的提升有着稳定的预期，所以对官僚们而言他们忠于总统并和总统形成一个利益联盟就是很自然的，作为交换，他们被授予更加广泛的行政量裁权。

然而在新的政治舞台上情况彻底改变了。例如，如果一项以促进工业和经济发展的名义而出台的政策实际上只是为了总统的政治需要的话，官僚们就可能加以抵制，因为他们知道，如果仅仅迎合现任总统，不仅不能保证他们良好的职业前景，相反可能在以后新任总统上台后损害他们的前途。因此，总统和官僚的关系就发生了变化。

第二个因素是利用官僚机构作为接近政策决策层的潜在手段。由于缺乏有效的立法程序，在过去，行政部门被认为是参与决策的主要渠道。官僚们可以通过接近有组织的利益集团而保持和建立对政策事项的影响力。然而随着社会经济和政治的自由化，利益联盟变得更加复杂，不同的政府机构之间利益冲突也更加激烈，这就为不同的利益集团寻找代言人并通过立法程序来谋求利益提供了新机遇。而那些官僚体制高度发达国家的经验显示，通过政策安排来寻求私人利益的做法并不缺少切入点。

高度发展的竞争性市场经济的出现是由于经济—政治精英联盟的解体而形成的。如上所述，韩国资本家阶层是在国家分配投资许可证和对大企业的补贴等倾斜政策的保护下形成的，作为回报，他们为官僚们提供用以保持他们的政治地位的秘密资金。这种资本家和官僚阶层的亲密联盟塑造了独一无二的经济发展模式。强有力的国家官僚机构制定和执行促进经济发展和资本集中的政策，因此促成了垄断资本主义的发展。在这个过程中，政府与大财阀建立起了一种风险伙伴关系，并且这种关系随着韩国经济的发展而加强。在政府支持下，大部分财阀在 1960 年代出现，在 1970 年代得到加强，并在 1980 年代获得经济上的霸权地位。通过"章鱼腕"式的多样化经营策略，他们逐渐垄断了国内大部分的市场。例如，在 1990 年排名前三十位的大财阀垄断了制造业总销售额的 35%，同时他们还雇用了制造业里 16% 的劳动力。财阀通常都有大量的子公司。在 1994 年前五大财阀拥有的子公司达到 210 个，而前三十位则达到了 616 个。① 然而有大量证据显示，在审慎的政府指导下获得成功的财阀只是其中很少的一部分。财阀在追求利益时的盲目扩张已经远远超过了其经济意义上的理性。政府在金融领域的过分干涉进一步加深了政企关系的扭曲程度，同时使财阀在收购新公司的时候并不十分关注其现有的营利能力。财阀通过巨额贷款和跨领域信贷扩大投资规模，而一手创造这些巨无霸的制度在对其控制方面开始变得越来越无力。

在社会压力下，全斗焕政府提出了一些新的法律和政策（如垄断规制和公平贸易法）以限制财阀的扩张和对市场支配地位的滥用。然而由于"金钱政治"的关系，它们从来没有打破官员与资本家的联盟。随着民主化运动的成功，情况开始发生变化。以修改垄断调节和公平贸易法（1990、1992、1994 和 1996 年）为中心，卢泰愚和金泳三政府加强了对财阀的控制，逐渐摧毁了政府—商业联盟并将其变为一种对抗或是冲突的关系。例如为了限制财阀的扩张，卢泰愚政府制定法律禁止财阀集团内部不同子公司之间分配资本，设立总投资额上限，鼓励集中生产能力以使其产品在国际市场上更加具有竞争力。卢泰愚政府还对 60 个财阀的税收状况发起了特别调查，最终现代集团被罚款 1361 亿韩元（包括惩罚性税款）。②

为了管制财阀的行为，金泳三政府发起了一系列更加激进的改革。其中最强有力的机构改革是建立独立的政府组织——公平贸易委员会（FTC），这个组织的职能就是为企业之间的公平竞争创造市场条件。"公平贸易"条件包括减少政府过分的干预和禁止大企业和小企业之间的不平等交易。为了实现"公平交易"，金泳三政府尽力放宽对经济的管制政策，同时阻止经济实力向几个大的企业集团集中，进而使其他公司有机会进入市场和接近商业资源。以前该机构的功能是合并在经济财政部里的，但是金泳三总统将其分离出来，并将 FTC 的主席提升为部长级别。从此以后 FTC 作为内阁中一个正式成员开始发出自己独立的声音，同时在监管财阀过度扩张的过程中有了更大的权力。

尽管卢泰愚和金泳三政府取得了巨大进步，但是他们使韩国建立起一

---

① Meredith Woo-Cumings, "Korea: Democracy and Reforming the Corporate Sector", *Economic Reform Today*, Number 1, 1999.

② Byong-Man Ahn, *Elite and Political Power in Korea*, Edward Elgar, 2003, p. 306.

个更加公平的竞争性市场的努力也遇到了很大困难，财阀的反对和抓住人们"大而不倒"的观念而进行的游说是其主要原因。真正的转折点来自1997年的经济危机和金大中政府的上台。危机为金大中政府提供了一个一次性改革财阀制度的机会。由于这次危机，许多规模庞大的银行和财阀集团轰然倒塌，"大而不倒"的神话很快破灭，人们对财阀的批判声在此时达到了顶点。金大中个人支持民营企业和市场竞争的强烈的保守形象，再加上国际货币基金组织的参与，促使金大中政府采取了一系列激进的措施强迫银行重组和财阀改革。这些改革的核心是打破政府、银行和财阀之间的暗箱操作，阻止财阀滥用市场垄断能力，减少它们的重复投资，使财阀之间的合作更加透明。为了实施这些改革，金大中政府还成立了金融监管委员会（FSC），它是一个直接向总理负责的独立机构。通过几年的改革，尽管还不能说财阀对市场的不公平垄断已经消除，但情况的确在不断好转。根据韩国公平贸易委员会（KFTC）的统计，1999～2005年，通过加权平均计算的市场集中度从75.3%降至59.1%，如果以超过50%作为计算标准，市场集中度则从40%下降至23.3%；用以上两种方法计算的产业集中度则分别从49%降至43.6%，和从15.9%下降至12.2%。[1] 市场和产业集中度的下降说明开放和公平的市场准入政治已逐渐成为韩国市场交易的常态。

五　结论

韩国的开放准入社会秩序在许多方面还不像发达国家那样成熟。它的政党政治还没有完全从自上而下的结构变为自下而上的形式，金钱政治还在不同程度上存在着，同乡、校友和联姻仍然是影响政治和企业精英关系的重要社会因素。不过，尽管存在这些问题，韩国已经完成了从有限准入向开放准入的社会转型。伴随着军队的退出和对它的政治控制，旧的精英联盟和密切的政企关系消失了。现在，每一个社会团体都可以自由进入政治领域去寻找它们自己的利益。军事精英在政策制订过程中不再挑战文职

---

① Fair Trade Commission Republic of Korea, *Statistical Yearbook of 2010*, 2011, pp. 50 – 51, http://eng.ftc.go.kr.

政府的决定权，相反他们作为在安全和防御方面具有专业技能的特殊角色影响着社会。在政府权力转移过程中政治精英们明确承诺通过公平和自由的选举进行竞争。其他的社会阶层如知识分子、新闻记者和工会也一样用它们自己的方式促进民主制度的巩固和保护自身的利益。在经济领域，由于政治—经济联盟的打破，企业精英不能再像以前一样轻易地滥用市场力量。现在每一个经济单位，无论是精英阶层还是非精英阶层，都必须凭借它们的竞争优势而不是与政治精英的关系公平地获得市场权力。总之，竞争性的政治和经济已经在韩国出现，从 1987 年开始持续 20 多年的转型显示，韩国开放准入的社会秩序已经变得越来越清晰。

参考文献

刘洪钟：《韩国赶超经济中的财阀制度研究》，光明日报出版社，2009。

〔韩〕宋丙洛：《韩国经济的崛起》，张胜纪、吴壮译，商务印书馆，1994。

Ahn, Byong－Man, *Elite and Political Power in Korea*, Edward Elgar, 2003.

Burton, Michael G. and Jai P. Ryu, "Korea's elite settlement and democratic consolidation", *Journal of Political and Military Sociology*, Summer, 1997.

Croissant, Aurel, "Riding the Tiger：Civilian Control and the Military in Democratizing Korea", *Armed Forces & Society*, 30, 3, 2004.

Fair Trade Commission Republic of Korea, *Statistical Yearbook of 2010*, 2011, pp. 50 – 51, http：//eng. ftc. go. kr。

Graham, Norman A. , "The Role of The Military in the Political and Economic Development of the Republic of Koea", in Charles H. Kennedy and David J. Louicher, eds. , *Civil Military Interaction in Asia and Africa*, E. J. Brill, 1991.

Kil, Soong Hoom and Chung－in Moon, eds. , *Understanding Korean Politics：An Introduction*, State University of New York Press, 2001.

Hahm, Sung Deuk and L. Christopher Plein, *After Development：The Transformation of the Korean Presidency and Bureaucracy*, Georgetown University Press, 1997.

Huer, Jon, *Marching Orders：The Role of the Military in Korea's "Economic Miracle"：1961 – 1971*, 1989, Library of Congress Cataloging－in－Publication Data.

Lie, John, *Han Unbound：The Political Economy of Korea*, Stanford University Press, 1998.

Luckham, Robin and Gordon White, eds. , *Democratization in the South：The Jagged*

Wave, Manchester University Press, 1996.

Macdonald, Donald Stone, *The Koreans: Contemporary Politics and Society*, Westview Press, 1990.

North, Douglas C., John Joseph Walls and Barry R. Weingast, "A Conceptual Framework for Interpreting Recorded Human History", *Mercatu Center Working Paper* 75, George Mason University, 2007.

John Kie － chiang Oh, *Korean Politics: The Quest for Democratization and Economic Development*, Cornell University Press, 1999.

Roehrig, Terence, *The Prosecution of Former Military Leaders in Newly Democratic Nations: The Case of Argentina, Greece, and South Korea*, Mcfarland & Company, Inc., Publishers, 2002.

Steinberg, David I., *The Republic of Korea: Economic Transformation and Social Change*, Westview Press, 1989.

Ulf Sundhaussen, "Military Withdrawal from Government Responsibility", *Armed Force and Society*, 10, 4, 1984, pp. 543 －562.

Woo － Cumings, Meredith, "Korea: Democracy and Reforming the Corporate Sector", *Economic Reform Today*, Number 1, 1999.

Yang, Sung Chul, *The North and Korean Political Systems: A Comparative Analysis*, Westview Press, 1994.

布什政府的对朝战略："鹰式接触"的"月光政策"*

李家成

【内容提要】 布什上任之初，就一改克林顿政府的对朝全面接触战略，确立了对朝敌性定位，为"鹰式接触"战略奠定了基调。面对韩日对朝政策的"脱轨"和朝鲜半岛和解进程的加速，布什政府一手导演了第二次朝核危机的爆发，以重新掌控朝鲜半岛局势的演变。后来，朝核问题愈演愈烈，布什政府开始实施"鹰式接触"战略，试图通过六方会谈这种接触形式来证实朝鲜的"险恶用心"。在这种"朝鲜为恶"的先在假定的逻辑下，"鹰式接触"战略如"自我实现的预言"般最终促成了朝鲜的实质性拥核。这表明，"鹰式接触"战略已经基本失败。

【关 键 词】 布什政府 对朝战略 鹰式接触 月光政策 邪恶轴心

【作者简介】 李家成（1981~），男，辽宁大连人，辽宁大学国际关系学院国际政治系讲师、辽宁大学韩国研究中心研究人员、辽宁大学东亚研究中心研究人员、教育部人文社科重点研究基地"辽宁大学转型国家经济政治研究中心"研究人员。主要研究方向为朝鲜半岛问题、美国东亚战略。

奥巴马政府上台以来，在很大程度上继承了布什政府的对朝政策，在某

---

* 本文是 2012 年辽宁省社会科学规划基金青年项目"朝鲜对外政策研究"（项目编号：L12CGJ007）、2014 年度国家社会科学基金青年项目"中国海外军事基地建设的必要性与可行性研究"（立项批准号：14（GJ015）的阶段性成果之一。

些方面，较布什政府而言，甚至有过之而无不及，对朝更趋强硬。比如，奥巴马政府给六方会谈的重开设置重重障碍，以致朝核问题久拖不决、美朝关系陷入僵局、朝鲜半岛形势波诡云谲。鉴往方能知今，而回顾与梳理布什政府的对朝战略，对把握奥巴马政府对朝政策的特点与趋向，尤为必要。本文拟对布什政府对朝"鹰式接触"战略的来龙去脉、内容要点和形成动因进行剖析，以揭示这一战略的实质和效果，最后指出破解朝核问题和朝鲜半岛困局的先机在于美国能够完成对朝战略思维的大转换。

一　布什政府的对朝敌性定位

小布什上台前就对克林顿政府的对朝政策颇有微词，批评其对朝接触包容政策是对朝鲜"故意敲诈"的绥靖主义的表现，指责其对朝做出过多让步，掉进了朝鲜"勒索"的陷阱，将民主党政权那种通过给予较大好处来换取朝鲜弃核的做法视为"一厢情愿的单相思"[1]，称不仅未见成效，还会"奖励恶行"，"因为我们给予他们想要的一切"[2]；认为核框架协议的制定与出台过于草率，未能写进核查条款，没有对朝鲜研制、试射和出口导弹和化学武器做出限制，并将朝核问题变成美朝之间的问题，置美国于不利境地，是美国对朝战略的一大败笔；认为朝鲜自1994年框架协议签署以来，一直在要两面手法来骗取美援、捞取实惠，在与美国谈判过程中总是走边缘、要高价，毫无诚意可言，这导致美国的主要对朝政策目标——促使朝鲜弃核、缓解紧张局势、降低军事威胁、促进南北和解——无一获得明显推进。朝鲜继续在美国的眼皮底下发展核武库。[3] 因此，小布什认为克林顿政府的对朝政策过于软弱，需要彻底变革，应代之以"鹰式接触"的政策。

2001年1月，小布什上台不久即渲染"朝鲜威胁论"，以重估对朝政策为由，宣布中断与朝鲜的接触和对话，使一度升温的美朝关系骤然变

---

① Statement by Christopher Cox, Hearing of the House International Relations Committee, October 13, 1999.

② Statement by Dana Rohrbacher, Hearings of the House International Relations Committee, March 24, 1999 and October 13, 1999.

③ Michael O'Hanlon and Mike Mochizuki, "Economic Reform and Military Downsizing: A Key to Solving the North Korean Nuclear Crisis?", *The Brookings Review*, Vol. 21, No. 4, Fall 2003, p. 12.

冷。布什本人毫不掩饰对朝鲜领导人的敌视态度，"9·11"事件的发生更加剧了美国对朝的敌性认知。基于这一认知，布什政府对朝采取强硬政策，加大对朝遏制面，坚持要求朝鲜"全面、可核查、不可逆转地弃核"（Complete，Verifiable，Irreversible Dismantlement，CVID），展现出更为强烈的意识形态色彩和强权主义倾向。

2001年3月7日，韩国总统金大中访问华盛顿，布什就公开表达了对其接触朝鲜的"阳光政策"的怀疑，并质疑朝鲜对框架协议的履行情况，认为必须增加核查条款。[①] 5月1日，美国再次宣布朝鲜为七个"支持恐怖主义的国家"之一。在6月6日对朝政策审议结束后，布什确立了新的对朝政策目标，即加强对朝鲜履行核框架协议的监督，确保朝鲜核冻结活动的透明度，禁止朝鲜对远程导弹的开发、试验、生产、部署及出口，要求朝鲜削减其国防开支，裁减其常规武装力量，尤其是非军事区附近的军事力量，采取更少威胁性的常规军事态势。[②] 虽然美国表示朝鲜如果对此做出积极反应并采取适当行动，它将向朝鲜提供一系列好处，但是，在所有领域都有进展之前，美国并不急于向朝鲜提供"糖果"。[③] 因此，美国冻结轻水反应堆建设计划与延缓重油的供应，并将上述一系列对朝政策目标作为框架协议实施的新的必要条件，从而给美朝对话的恢复设置了难以逾越的高门槛，这在事实上等于关闭了与朝鲜对话的大门。由此可见，美国提议的与朝鲜"恢复对话"，并不是旨在通过提升双边关系来解决朝鲜问题，而是为了通过协商解除朝鲜的武装。后来的事态发展也证明美国根本无意坐下来再次讨价还价，而是以附加新条件的形式来破坏框架协议的履行，蓄意打破这一不利于己的协议的束缚。

虽然朝鲜对美国通过对话解决问题的诚意表示疑虑，但在"9·11"事件发生后的第二天，朝鲜外务省仍立即发表声明，对美国遭受恐怖袭击表示遗憾，并认为这是一个悲剧。"作为联合国成员国的朝鲜民主主义人民共和国，反对一切形式的恐怖活动，反对对恐怖活动给予任何支援，朝鲜的这一

① See "Remarks by President Bush and President Kim Dae – Jung of South Korea", March 7, 2001, http：//www. whitehouse. gov/news/releases/2001/03/20010307 – 6. html.

② See "Statement by the President", June 13, 2001, http：//www. whitehouse. gov/news/relea-ses/2001/06/20010611 – 4. html.

③ Michael Gordon, "U. S. Toughens Terms for North Korea Talks", *New York Times*, July 3, 2001.

立场没有变化。"① 除了发表声明谴责恐怖活动之外，朝鲜在 11 月宣布，决定签署两个联合国反恐协议——《禁止资助恐怖主义国际公约》（International Convention for the Suppression for the Financing of Terrorism）和《反对劫持人质国际公约》（International Convention Against the Taking of Hostage）。12 月，朝鲜又表示准备加入 12 个反恐公约中尚未加入的 5 个公约。朝鲜试图通过实际行动来证明自己的清白。朝鲜在过去 16 年里并未从事恐怖活动，朝鲜与"基地"组织没有任何联系，也没有任何证据表明它们之间有联系。② 但是，美国对朝鲜上述反恐言行视而不见，仍将朝鲜列为"支恐国家"，指责朝鲜不仅发展大规模杀伤性武器，而且对外进行扩散，认为这严重触犯了美国不使恐怖分子获得大规模杀伤性武器的首要战略利益。

2002 年 1 月 8 日，美国国防部向国会提交的《核态势评估报告》将朝鲜列为可以进行先发制人核打击的对象之一，并主张发展新的钻地核弹打击能力，以对朝鲜的地下设施进行有效打击。③ 1 月 29 日，布什在参众两院发表其就任后的首次国情咨文演讲时，以朝鲜发展核武器和出口导弹技术为由，将朝鲜与伊拉克、伊朗三国并称为威胁世界和平的"邪恶轴心"（Axis of Evil）国家，宣称"美国将不会允许世界上最危险的政权用世界上最具破坏力的武器来威胁自己"，因此，必须采取一切必要手段来阻止其研发大规模杀伤性武器。④ 美国国务院在随后发表的《全球恐怖主义形势报告》中继续将朝鲜列为"支恐国家"。之后，布什又表达了他个人对金正日的负面看法。⑤ 3 月 21～27 日，美韩举行了自朝鲜战争结束以来规模最大的针对朝鲜的军事演习。

9 月 20 日发表的美国《国家安全战略报告》将朝鲜的导弹扩散和核武

---

① 转引自陈峰君主编《亚太安全析论》，中国国际广播出版社，2004，第 278 页。

② Victor D. Cha and David C. Kang，"The Korea Crisis"，*Foreign Policy*，No. 136，May - Jun. 2003，p. 20.

③ Hans M. Kristensen，"Preemptive Posturing：What Happened to Deterrence"，*Bulletin of the Atomic Scientists*，September/October 2002，p. 59.

④ The White House，The President's State of the Union Address，http：//www. whitehouse. gov/news/releases/2002/01/20020129 - ll. html，January 29，2002.

⑤ 布什将金正日说成是"小矮子"，并称自己非常"憎恨"他。"Remarks by President Bush and President Kim Dae - Jung of South Korea"，March 7，2001，http：//www. whitehouse. gov/news/releases/2001/03/20010307 - 6. html. Also see Bob Woodward，*Bush At War*，Simon & Schuster，2002，pp. 339 - 340.

器计划视为对美国安全的主要威胁之一。报告指出，“在过去的十年里，朝鲜已经成为世界上最主要的弹道导弹供应国，并已试射性能越来越高的导弹，与此同时，还在发展本国的大规模杀伤性武器库。其他无赖政权也在寻求核生化武器。这些国家寻求制造并在全球范围内买卖这些武器，这已对所有国家构成了日益严重的威胁。在无赖国家和受它们庇护的恐怖主义分子能够对美国和我们的盟友威胁或使用大规模杀伤性武器前，我们必须做好准备以阻止它们”。报告甚至提出，“为了预防或阻止我们的敌人采取敌对行动，美国将在必要时先发制人”[①]。这无疑为对付包括朝鲜在内的“无赖国家”和“邪恶轴心”国家降低了发动先发制人军事打击的门槛。

由上可见，在布什眼里，朝鲜政权是“一个残暴的、在道德上应受到谴责的政权”。[②] 布什政府的这种对朝敌性定位以及对朝鲜领导人的公开嘲笑和恶意中伤，使得朝鲜对美国的不信任感加深、敌对情绪加剧，美朝之间的安全困境恶化、下行趋势加大。作为对美国一系列强硬政策和敌对言行的应有反应，深感美国威胁的朝鲜，不得不加强自身的防卫能力和安全措施，以超强硬对强硬，依靠边缘策略寻找出路。这就为第二次朝核危机的爆发埋下了危险的种子。

二 布什制造第二次朝核危机

2002 年 10 月 3 日，即美朝日内瓦核框架协议签订近 8 周年之际，美国负责亚太事务的助理国务卿詹姆斯·凯利（James A. Kelly）访朝。其间，美国突然指责朝鲜正在秘密发展武器级的高浓缩铀计划，朝鲜则怒对美国的指责，出人意料地坦诚“确有其事”，[③] 认为自己“有权”寻求核

---

① The White House, *The National Security Strategy of The United States of America*, September 20, 2002, pp. 14 – 15.

② Victor D. Cha and David C. Kang, "The Debate over North Korea", *Political Science Quarterly*, Vol. 119, No. 2, Summer 2004, p. 237.

③ 其实这项核宣示既出人意料又在情理之中。美国对框架协议差劲的履行情况、布什政府一再表达的侵略性语言及布什对朝鲜“邪恶轴心”的敌对定位，使得朝鲜认为核宣示非常必要。此外，朝鲜还想通过这次核宣示与布什政府进行双边谈判，达成一项新的改进了的协议乃至一个互不侵犯协定。Victor D. Cha and David C. Kang, "The Debate over North Korea", *Political Science Quarterly*, Vol. 119, No. 2, Summer 2004, p. 246.

能力来威慑美国先发制人的攻击。朝鲜主动曝光其秘密核计划，是想利用这一筹码讨价还价，换取援助和美国的不侵犯承诺。[1] 至于核能力的细节，朝鲜"既不予以确认也不加以否认"。[2] 美国认为，这一"明目张胆"的表态意味着朝鲜"承认"过去几年来一直在实施核武器研制计划，批评朝鲜"背信弃义"，严重违反了一系列长期存在的核不扩散协议（即《核不扩散条约》《美朝框架协议》《朝鲜半岛无核化宣言》），遂于11月14日决定联合日韩共同制裁朝鲜，暂停向朝鲜供应重油、运送粮食，并停止援建轻水反应堆，直至朝鲜回归现有的核不扩散协议。朝鲜则以美方违反核框架协议为由，[3] 宣布这一协议"无效"，随即解除核冻结、重启核设施，并驱逐国际原子能机构（International Atomic Energy Agency，IAEA）的观察员、拆除IAEA安装的监视器。

面对朝鲜重新激活核交易筹码的一连串举措，美国国防部部长唐纳德·拉姆斯菲尔德（Donald H. Rumsfeld）警告朝鲜不要试图利用美国全神贯注伊拉克之机闹事，如果必要的话，美国有能力也有意愿同时打赢两场战争。[4] 2003年1月7日，美日韩三方政策协调小组发表声明，要求朝鲜先行完全弃核，却拒绝同朝鲜签署互不侵犯条约。面对美日韩的联合施压，朝鲜毫不示弱，同月10日宣布，从翌日起退出《核不扩散条约》，将管理《核不扩散条约》的IAEA排除在外而使其不能发挥任何作用，并威胁恢复导弹试射。2月5日，朝鲜宣布启动50兆瓦核反应堆，并称如果美国增兵亚太，朝鲜将考虑采取先发制人的军事打击；如果美国对朝鲜核设施发动军事打击，将会引发一场全面战争。2月12日，IAEA决定将朝核问题提交给联合国安理会。3月，美韩举行联合军演。7月1日，朝鲜宣布单方面退出《朝鲜半岛无核化宣言》和《朝鲜停战协定》。在美朝全面对

---

[1] Victor D. Cha and David C. Kang, "The Debate over North Korea", *Political Science Quarterly*, Vol. 119, No. 2, Summer 2004, p. 248.

[2] Selig S. Harrison, "Did North Korea Cheat?", *Foreign Affairs*, Vol. 84, No. 1, Jan. – Feb. 2005, p. 101.

[3] 朝鲜宣布，是华盛顿而不是平壤，给予了框架协议最后一击。的确，供应重油据说是框架协议四项条款中唯一一条美国曾经予以尊重的，虽然时间很短且不持续。See Samuel S. Kim, "North Korea's Nuclear Strategy and the Interface between International and Domestic Politics", *Asian Perspective*, Vol. 34, No. 1, Spring 2010, p. 69.

[4] Anwar Iqbal, "Rumsfeld Warns N. Korea: U. S. Can Fight", *United Press International*, December 23, 2002.

抗愈演愈烈的态势下，朝核问题风波再起，第二次朝核危机由此形成。

美国此次挑起核危机，在很大程度上源于韩日的对朝和解政策。布什政府希望通过此举迫使它们改变政策，打断朝鲜半岛的局势缓和势头，重新将朝鲜半岛局势的发展纳入美国设定的战略轨道。2000年6月13日，朝鲜半岛南北首脑举行峰会并签署《南北共同宣言》后，双方共同采取具体行动，落实宣言基本精神，在政治、经贸及文化等多个领域形成了对话、合作与交流的高潮。政治对话方面，双方进行了部长级会谈、特使互访和国防部长会谈等多层次的高层会晤；经贸合作方面，南北贸易额不断扩大，韩国加大了对朝人道主义援助，双方决定连接南北铁路和公路、联合开发开城新工业区；文化交流方面，南北红十字会协商进行离散家属团聚活动，朝鲜参加2002年的釜山亚运会，尤为值得一提的是，朝韩运动员在2000年的悉尼奥运会上演了共同组成方队参加开幕式与闭幕式的动人场景。①

在朝鲜半岛缓和之风劲吹之时，日本不失时机地意欲借此暖风实现日朝关系正常化。2002年9月17日，即朝鲜遣返五名"被绑架人质"回日本的第二天，日本首相小泉纯一郎访问平壤，以讨论邦交正常化。这一日朝战后首次峰会，秘密商讨了9个月之久，日本却没有告知美国，只是在小泉成行的三周前，才把即将发生的访问作为一项"既成事实"告诉了美国。小泉没有征求美国对其访朝的允许，并拒绝取消这次访问，即便在美国助理国务卿阿米蒂奇透露华盛顿对朝鲜的秘密核计划疑虑重重之后。这次绕过美国的"越顶外交"，使得日朝关系取得巨大进展。朝鲜在这次峰会上承认了过去出于谍报训练目的绑架日本国民的行为，并为此道歉，从而使朝日关系正常化变得富有希望起来。当然，美国对日本这次"自作主张"的突破性访朝大为光火。

面对韩日对朝政策的"脱轨"行为和朝鲜半岛和解进程的全面加速，美国的忧虑进一步增长。由于南北峰会与朝日峰会不仅对以美国为中心的朝鲜半岛问题处理模式造成冲击，还威胁到美国在东亚驻军、同盟体系及部署战区导弹防御系统的合法性，美国不愿看到朝鲜半岛局势的发展脱离美国的掌控，自己日益丧失对朝鲜半岛事务的主导权，夺回朝鲜半岛局势

---

① Aidan Foster – Carter， "No Turning Back？"， *Comparative Connections*， July 2002， http：// www. csis. org/pacfor/cc/0203Qnk_ sk. html.

操控权的想法随之开始发酵并酝酿了一段时间。因此，布什政府才出此下策，将凯利访朝的行程提前，并指示其在访朝期间向朝鲜领导人摊牌，扔出"炸弹"，没有任何直接证据地指责朝鲜的浓缩铀计划，[①] 以制造危机，从而重新掌控朝鲜半岛事务的主导权。事实上，美国心知肚明，凯利的指责缺乏准确而足够的情报支持。布什政府将情报用于政治目的的倾向，由此可见一斑。美国别有用心地羞辱朝鲜，引发朝核危机，意在使框架协议成为一纸空文，从而逃避责任，并压服盟国与美步调一致。这自然大讨鹰派（共和党内新保守派）欢心。他们早就对克林顿时期的对朝政策看不惯了，尤其是框架协议，必欲除之而后快。

由上可见，布什政府在制造危机方面可谓行家里手。它通过激活处于"休眠"状态的朝核问题，一下子就改变了朝鲜半岛的缓和气氛，使得本已启动的和解进程再度搁浅，激化了美朝在核问题上的对立，导致美朝关系的大逆转。因此，布什政府对第二次朝核危机所造成的外交僵局，负有不可推卸的主要责任。不过，布什一手导演的这场朝核危机，虽然废止了其视为眼中钉肉中刺的框架协议，却使得朝鲜不再受其约束，不仅恢复了钚生产，还寻求浓缩铀处理设备，美国所面临的威胁增大了，安全感更少了。不止如此，第二次朝核危机还加剧了美朝之间本已严重的安全困境。对双方来说，他们对彼此最坏的猜疑通过最坏的方式（第二次朝核危机）得到了证实：朝鲜断定，美国无意实现对朝关系正常化或与其缔结和平条约；美国断定，朝鲜无意放弃它的核计划。[②] 此外，这次朝核危机的爆发时间正好处于伊拉克备战时期，在某种程度上牵制了美国对伊拉克问题的关注，干扰了其对伊拉克战争的备战，影响了美国的"倒萨"进程。而打伊是当时布什政府的最为优先的战略任务。因此，布什制造第二次朝核危机可以说得不偿失。

三 "鹰式接触"战略的逐渐成型

对于第二次朝核危机，布什政府认为，在朝鲜拒绝放弃核武开发计划

---

① See Samuel S. Kim, "North Korea's Nuclear Strategy and the Interface between International and Domestic Politics", p. 66.

② Victor D. Cha and David C. Kang, "The Debate over North Korea", p. 237.

之前，与其进行直接谈判，无异于屈从于朝鲜的"核讹诈"，是对朝鲜"不负责任"的背约行为的"奖励"。① 布什政府还始终强调，朝鲜核开发计划挑战国际防扩散机制、冲击东亚地区稳定、威胁周边国家安全，试图将消除朝核问题与确保地区安全挂起钩来，从而使之"多边化"。这是由于多边谈判既可以与其余各方联合对朝施压、分担政治风险和减轻经济负担，还可以凝聚并控制日、韩，借重并制衡中、俄，凸显美国在东亚安全方面的主导作用。有鉴于此，一个"以迫朝弃核为近期目标、以政权更迭为远景目标、以多边施压为先行手段、以联合制裁为后续方案"的对朝"鹰式接触"战略逐渐形成。

针对朝鲜所发动的一系列核外交攻势，布什政府对朝鲜没有像对伊拉克那样咄咄逼人、不依不饶，而是低调回应，表示朝鲜此举不是军事摊牌，而是外交摊牌。美国开始寻求对朝发动多边外交攻势，希望通过多边会谈机制稳住朝鲜，将朝核问题的螺旋升级势头抑制住。它还奢望以谈促变，从外部推动朝鲜内部体制的变更，以图朝鲜半岛统一后的国家亲美。

美国此举源于多种因素的综合考虑。首先，朝鲜战争的惨烈后果至今令美国人不堪回首。美朝再次兵戎相见，战争结果殊难预料。即便美国最后胜了，也将是惨胜。如果朝鲜果真拥核，那么战争后果就更为严重。并且，朝鲜半岛是大国利益交汇地带，一旦发生战事，极有可能蔓延扩大，将会更为严重地损害美国的利益。其次，美国忙于全球反恐并陷入伊战泥潭，难以分身，无暇东顾，加之中、俄、韩明确表示反对美国诉诸武力，美国难以获得打击朝鲜的国际支持，对朝过分施压可能会引起中、韩、俄的激烈反应。在此情况下，美国深感自己军力有限，无法单独应对两线作战，而朝鲜的军力又远比伊拉克强大，它受到打击后可能对美国的盟国日韩和美国东亚军事基地进行报复性攻击，因此，美国不免投鼠忌器，希望通过恢复谈判避免矛盾激化。最后，由于解决伊拉克问题优先于朝鲜问题，而朝核问题的复杂性大于伊拉克问题，为了反恐与"倒萨"大局，布什政府不想因朝核危机而分散了对伊拉克战事的关注，因此，它需要避免进一步刺激朝鲜，以防止朝鲜借机生事破坏美国的大计。

---

① Philip Shenon, "North Korea Says Nuclear Program Can Be Negotiated", *New York Times*, November 3, 2002.

2003 年 3 月 20 日，美国对"邪恶轴心国"之一的伊拉克发动了先发制人的进攻，并迅速推翻了萨达姆政权。这无疑加重了朝鲜对美国军事打击的危机感，更坚定了其"先获安保再行弃核"的决心，并确立起"以超强硬对强硬"的"战争边缘外交"策略。朝鲜代表在 2003 年的中美朝三方会谈期间，私下向美国代表表示，朝鲜已拥有核武器，并且不会销毁它们，朝鲜是否试验或出口核武器取决于美国的立场。① 对此，布什表示，美国早有预料，不会被朝鲜的恐吓战术和边缘政策所吓倒。美国仍然坚持"朝鲜先弃核，再给其糖果"的对话方针，继续固守"弃核是谈判的前提"的政策底线。因此，三边对话无果而终。

由于美国拒绝参与三边谈判，倾向于参加包括所有相关国家的会谈，因此，在中国的积极斡旋下，2003～2007 年，美日韩中俄朝先后举行了六轮六方会谈。在这期间，美国逐渐确立起"全面、可核查、不可逆转地弃核"的谈判底线并坚守之。并且，每当朝核问题即将取得重大进展或六方会谈即将达成重要共识之际，美国总是会通过提出更高的要求、制造一些新议题或给进一步的谈判设置前提条件来予以破坏。由于美国在前三轮六方会谈中出于以拖待变、伺机而动的考虑，态度消极而冷淡，仅仅做出了"谈判的姿态"，拒绝与朝鲜进行双边对话，以致会谈并无突破性进展，而后三轮六方会谈进程可以更加充分地体现出"鹰式接触"战略的真义，因而在此集中阐述后三轮会谈，对前三轮则略去不表。

在 2005 年举行的第四轮六方会谈发表的《9·19 共同声明》中，朝方承诺弃核、返约，并接受 IAEA 的监督；美方确认其在朝鲜半岛没有部署核武器，尊重朝鲜和平利用核能的权利，同意在适当时候讨论为朝鲜提供轻水反应堆的问题，承认朝鲜是主权国家，表示无意攻击或入侵朝鲜，也无意推翻朝鲜政权，愿意在六方会谈架构下与其进行双边会谈，最终实现关系正常化。然而，就在最终协议行将达成之际，美国又"不失时机"地制造了难题。美国财政部于 2005 年 9 月 15 日指责澳门汇业银行为朝鲜进行洗钱等非法金融活动，对其实施了金融制裁，冻结了朝鲜账户中的 2500 万美元。美国以此向所有其他国际银行发出警告：它们在与朝鲜做生意时

---

① Victor D. Cha and David C. Kang, "The Debate over North Korea", p. 236.

将承担风险。① 12 月底，美国又指责朝鲜当局印制假币，并制裁了涉嫌伪造美元的部分朝鲜企业。美国对朝实施的一系列金融制裁措施加剧了朝鲜的经济困难，削弱了朝鲜与国际金融体系之间的联系。

2006 年版的《美国国家安全战略报告》将朝鲜等 7 国列入"暴政国家"黑名单，这进一步刺激了朝鲜。报告认为，这些"暴政国家"不仅威胁着世界利益，而且一些"暴政国家"正在寻求大规模杀伤性武器，或支持恐怖主义，对美国的安全利益构成了直接威胁。美国不仅要推翻这些"暴政国家"，还要在这些国家建立有效的民主制度。② 美国给朝鲜新扣的这顶"暴政国家"帽子使朝鲜认识到美国并未改变对朝敌视政策。

针对美国的金融扼杀政策与军事威胁信号，朝鲜于 2006 年 7 月 5 日发射了"大浦洞 II"型导弹，并于 10 月 9 日宣布成功进行了第一次核试验，再次引发了核危机。这预示着朝鲜缓慢而时断时续地从最初的核计划、核活动经核试爆跨过核门槛而走向真正拥有核武器，成为事实上的核国家，从而标志着布什政府对朝"鹰式接触"战略的彻底失败。从某种意义上来说，正是"鹰式接触"战略最终促成了朝鲜的实质性拥核。对此，在美国的推动下，联合国安理会迅速通过了 1718 号对朝制裁决议，朝鲜于是在国际上陷入了孤立。在中国的积极斡旋和各方的共同努力下，朝鲜出于解除金融制裁的目的暂时回到了六方会谈的谈判桌前。

2007 年，第五轮六方会谈第三阶段会议通过了"2·13 共同文件"（即《落实共同声明起步行动》），朝方承诺关闭宁边核设施，并接受 IAEA 的核查，全面申报其所有核计划，将一切现有核设施去功能化；美方向朝方提供紧急能源援助、取消金融制裁，将启动不再将朝列为"支恐国家"的程序，并将推动终止对朝适用《敌国贸易法》的进程。随后，第六轮六方会谈第二阶段会议通过"10·3 共同文件"（即《落实共同声明第二阶段行动》），朝同意对一切现有核设施进行以废弃为目标的去功能化，于 12 月 31 日前对宁边三处核设施去功能化，对其全部核计划进行完整、准确的

---

① 关于具体的讨论和分析，参见 John McGlynn, "Banco Delta Asia, North Korea's Frozen Funds and U. S. Undermining of the Six – Party Talks: Obstacles to a Solution", *The Asia – Pacific Journal: Japan Focus*, June 9, 2007, http://japanfocus.org/articles/print_ article/2446。

② The White House, *The National Security Strategy of The United States of America*, March 16, 2006, pp. 3, 4.

申报，并重申不进行核扩散的承诺；美将根据朝方行动并行履行其对朝承诺，对朝提供经济、能源援助。此后，朝鲜于11月5日开始启动宁边三处核设施的去功能化，虽未能如期呈交核申报清单，但经过2008年4月8日美朝新加坡会谈，朝鲜于5月8日还是递交了核申报清单。6月27日，朝鲜高调炸毁了宁边冷却塔。

布什政府对朝鲜的去功能化进程表示满意，于10月11日决定将朝鲜从"支恐国家"名单中除名，以回应并鼓励朝鲜的弃核行动。但是，就在朝核问题迎来柳暗花明的转机之际，布什政府却得寸进尺，向朝鲜呈递了一个新的彻底核查计划，要求"进入被认为与核计划相关的任何地点、设施或场所，包括军事设施"①。就连一位前伊拉克武器检察员戴维·奥尔布赖特（David Albright）也觉得美国实在过分，认为这"对任何一个主权国家都是完全不能接受的"，它无异于"一份核查愿望清单"以及"侦察朝鲜任何一个军事基地的通行证"。② 不受限制地在任何时间自由进入任何地点的任何设施，即便是最开放、最民主的国家也会对此畏缩不前。这种压服朝鲜单方面让步的举措将六方会谈的前期成果付之东流了。在"鹰式接触"战略魔咒的牵引下，布什政府就这样成为六方会谈共同声明的实际破坏者。

四 "鹰式接触"战略的内容要点

综上所述，与克林顿政府时期通过接触、对话、谈判来提高透明度、增强信任、减轻恐惧的接触政策相比，布什政府的对朝"鹰式接触"战略将"接触"视为揭露朝鲜"真实目的""险恶用心"③ 的手段，以及测试朝鲜合作意图、真实能力的工具。并且，今天的接触还能为明天的惩罚打下基础。一旦形成"以非冲突方式解决问题的所有方式都已尝试"的地区共识，那么压服朝鲜的必要条件也就达成了。如果没有这种共识，对该政

---

① Glenn Kessler, "Far – Reaching U. S. Plan Impaired N. Korea Deal", *Washington Post*, October 26, 2008.

② Glenn Kessler, "Far – Reaching U. S. Plan Impaired N. Korea Deal", *Washington Post*, October 26, 2008.

③ "鹰式接触"战略认为，朝鲜不仅企图发展核生化武器，最终还想将美军赶出朝鲜半岛，推翻韩国政权，实现朝鲜半岛统一。See Victor D. Cha, "Korea's Place in the Axis", *Foreign Affairs*, Vol. 81, No. 3, 2002, p. 83.

权实施任何形式的强制或施压都不会奏效。① 具体说来，"鹰式接触"战略的内容要点有如下几个方面。

在战略定位方面，布什政府将朝鲜归为既不可能接受规则制约也无法通过"妥协"来改变的"坏政府"。② 这在很大程度上源于布什政府对朝鲜政权深深的怀疑和极度的不信任，先入为主地认为朝鲜现政权"品行不端"，是一个敌视美国的"专制政府"，美国对其"不抱幻想"。这突出反映在布什政府对朝战略定位上，它给朝鲜贴上了一系列敌对标签——"无赖国家"（rogue state）、"邪恶轴心"、"武装到牙齿的邪恶国家"、"拥有大规模杀伤性武器的失败国家"、"暴政前哨"（outpost of tyranny）及"衰败国家"（the decaying country）。并且，布什政府官员还经常在各种场合对朝鲜领导人进行毫无顾忌的人身攻击。这些不断妖魔化朝鲜的中伤言辞和挑衅性语言，形象而生动地说明了布什政府仍将朝鲜视为敌对国家，对朝鲜政权的敌视非但没有消除反而还加重了，朝鲜政权已经成为布什政府的眼中钉、肉中刺。可以说，正是布什政府的对朝敌性定位，使得曾经一度拨云见日的美朝关系再次乌云蔽日，注定了对朝"鹰式接触"战略的最终失败。

在战略思维方面，"妥协即绥靖、支付讹诈将鼓励恶行"的观念占据了布什政府对朝战略的主导地位。基于此，美国既不"奖励恶行"，也不"绥靖讹诈"，拒绝接受朝鲜的"补偿换冻结"建议，并拒绝在朝鲜启动实质性弃核进程之前对朝鲜提供援助、给予好处，认为朝核与扩散问题不能讨论、不能交易、不能让步。③ "鹰式接触"就是这样一种不合逻辑的外交，它愿意对话却拒绝谈判。

在战略目标方面，与克林顿政府时期所达成的只是冻结核计划的框架协议不同，美国坚持要求朝鲜"全面、可核查、不可逆转"地弃核，消除朝鲜核与导弹威胁，削减常规武装力量，在此基础上，谋求朝鲜半岛事务的主导权和南北关系的控制权，最终结束"暴政"推进"民主"。

---

① Victor D. Cha, "Hawk Engagement and Preventive Defense on the Korean Peninsula", *International Security*, Vol. 27, No. 1, Summer 2002, p. 71.

② George Perkovich, "Bush's Nuclear Revolution: A Regime Change in Nonproliferation", *Foreign Affairs*, Vol. 82, No. 2, Mar. – Apr. 2003, pp. 2 – 8.

③ Condoleezza Rice, "Campaign 2000: Promoting the National Interest", *Foreign Affairs*, January/February 2000, pp. 45 – 62.

在战略手段方面，先对朝抛出更小的胡萝卜加以引诱，后对其挥舞更粗的大棒加以恫吓。具体说来，这类似于"先礼后兵"，即首先争取通过多边会谈促使朝鲜放弃核计划，表明自己"善意"的谈判努力；当和平对话难以奏效时，多边会谈的失败便赋予高压手段以合法性，从而向美国民众和国际社会表明美国的强权高压是无奈之选。因此，美国对朝开展的是一种"伪外交"而非务实接触，今天的"胡萝卜"很可能就是明天的"大棒"。

在战略对话方面，布什政府始终拒绝与朝鲜进行双边对话，坚持将美朝双边问题纳入地区多边机制中解决，主要通过六方会谈、联合国、IAEA、朝鲜半岛能源开发组织展开与朝对话。它认为，与朝鲜进行单独谈判，容易陷入战略被动，不仅可能被视为对朝软弱和绥靖的表现，还会被视为在鼓励朝鲜的"恶行"，朝鲜可能会"变本加厉"地"敲诈"美国。鉴于朝鲜问题的特殊性和复杂性，美国强调朝核危机是东北亚各国面临的共同地区安全问题，必须通过区域解决的方式来共同应对。这是由于多边谈判既可以分散朝核问题的国际责任，又可以对朝进行国际联合施压，还可以避免单独直面朝鲜，从而减轻美国自身所面对的压力，削弱朝鲜讨价还价的能力，保持对朝鲜的强大外交攻势，形成迫使朝鲜弃核的"区域压力联盟"，并试图在此基础上建立起美国主导的地区安全机制。

在战略威慑方面，如果朝鲜不与美国合作或接触被证明失败，布什政府就"别无选择"，只能对朝采取外交孤立、中断援助、经济制裁、贸易禁运、拦截船只、军事威慑、武力打击等一系列高压手段。就军事遏制而言，就是通过建立导弹防御系统，进行有针对性的军事部署调整，更为注重远距离纵深打击能力，以对朝保持军事压力，约束朝鲜，压朝鲜按照美国的"开价"无条件弃核，最终除掉朝鲜这个"无赖国家"。

传统与鹰式接触战略的比较①

接触战略类型	传统接触（如韩国的"阳光政策"）	"鹰式接触"
目标国家意图的假设	朝鲜意图是可以改变的	朝鲜意图是修正主义的、不可改变的
来自目标国家的威胁源	朝鲜政权以及国家不安全感	朝鲜的强制性讨价还价行为

① Victor D. Cha，"Hawk Engagement and Preventive Defense on the Korean Peninsula"，p. 75.

接触战略类型	传统接触（如韩国的"阳光政策"）	"鹰式接触"
接触目标	减小朝鲜的不安全感	缺乏善意地接触朝鲜；寻求对惩罚的支持
接触的根本目标	朝韩和平共存	由韩国兼并朝鲜从而统一国家
对与目标国家的潜在冲突的态度	避免冒险	接受冒险
时间轴	较长/更为耐心	较短/更为急迫

由上可见，正是布什政府对朝鲜意图的深刻怀疑，造就了其对朝"鹰式接触"战略的方方面面。与韩国无条件接触的"阳光政策"不同，"鹰式接触"战略如寒冷阴森的月光般，与巨大的悲观主义、明显的怀疑主义、更多的不信任及一旦接触政策失败所要采取的后续步骤的实际考虑交织在一起。[①] 其逻辑是，如果接触失败，[②] 便可把球踢给朝鲜，将外交谈判失败的责任归于朝鲜，证明它不可接触，从而为建立起惩罚联盟奠定基础，以使其屈从于不扩散，并寻求遏制甚至颠覆朝鲜政权；如果接触成功，[③] 就可诱导朝鲜走上改革开放之路，为美扩大在朝影响打开方便之门，从而"加速"其政权的"瓦解"。可见，"鹰式接触"是一种有条件接触，拒斥那种奖励朝鲜"恶行"并产生道德危险的无条件接触。[④]

五　"鹰式接触"战略的形成动因

布什政府对朝"鹰式接触"战略的形成是多种因素综合作用的必然结果。具体来说，有以下几个方面。

（一）确保美国对朝鲜半岛事务的主导权。布什上台前后，朝鲜半岛局势的变化对美国在朝鲜半岛的优势地位形成前所未有的挑战。金大中执政后，积极推进与朝鲜接触与和解的"阳光政策"，南北双方不仅实现了

---

① Victor D. Cha and David C. Kang, "The Debate over North Korea", p. 249.
② 朝鲜执意拥核，并对外核扩散，继续武力挑衅，蔑视国际规则。
③ 朝鲜承诺弃核，停止导弹扩散，进行和平改革，遵守国际规则。
④ Victor D. Cha, "Hawk Engagement and Preventive Defense on the Korean Peninsula", p. 44.

首脑会晤，还签署了共同宣言，南北自主和解进程启动。在南北关系大缓和的情势下，韩国不少民众将美国看作南北和解的障碍，驻韩美军存在的必要性也受到质疑。并且，日朝关系发展迅猛，超出美国意料之外。面对朝鲜半岛局势的"失控"，美国通过制造紧张局势，破坏朝韩、朝日关系的发展，加强对朝鲜半岛事务的干预力，重新夺回朝鲜半岛局势的控制权，并在此基础上，扩大对朝鲜半岛事务的影响力，以维护其在朝鲜半岛的战略利益。

（二）"9·11"恐怖袭击所提供的历史契机。尽管朝鲜明确表态反恐，"9·11"恐怖袭击仍成为布什政府追求它所想要的对朝政策的"通行证"。"9·11"事件促使美国将恐怖主义和大规模杀伤性武器的扩散界定为美国所面临的最紧迫的首要威胁，因此，打击恐怖主义和制止核生化武器扩散是布什政府的两大至高无上的"宏伟目标"。在此情形下，被布什政府视为秘密发展核生化武器的支恐国家朝鲜，就首当其冲成为美国所要重点管制的目标国家。它急切地希望消除朝核和导弹开发与出口给美国及其东亚盟国的安全、地区稳定和国际不扩散体制所带来的潜在威胁和现实挑战，其所动用的手段就必然更趋强硬。

（三）党派之间政治攻讦的必然后果。由于克林顿与小布什分属民主党和共和党，朝鲜问题与美国国内的党派政治错综复杂地纠缠在一起，对朝政策成为两党之间的一个政治足球。① 布什上台之前就标榜自己的政策将"去克林顿化"。对于克林顿时期所达成的美朝框架协议，布什早就微词不少，上台后即予扼杀。美国对朝战略就这样日益迷失于华盛顿的国内政治中，成为美朝核交易的"杀手"而非"助手"，致使美朝关系一直处于不稳定的状态之中。可见，美国国内尚缺乏与朝鲜发展良好关系、对朝鲜提供安全保证和经济援助的连续不断的政治基础。并且，在美朝之间高度不信任的情况下，任何一个突发事件或不智之举都可能破坏业已取得的进展。

（四）布什政府中新保守派当道。在布什政府班子里，新保守派成员占据要职。他们认为，美国治下的单极世界已成现实，美国能够依托自身的超强国力，推行单边主义政策，实行进攻性的军事战略，践行咄咄逼人的强制外交。可见，他们带有明显的冷战思维，强调政治制度对立和意识

---

① Victor D. Cha and David C. Kang, "The Debate over North Korea", p. 230.

形态对抗，更为注重安全问题。在对朝政策取向上，他们敌视朝鲜现政权，质疑国际机制的效力，漠视朝鲜正当的安全诉求，力图通过施压迫使朝鲜弃核，并促使其现政权发生更迭。

（五）绝对安全观作祟。布什政府一直在寻求完美的核查机制，坚持"完全、可核查、不可逆地弃核"作为其谈判中的唯一"报价"。这是对绝对安全的一种原教旨主义的寻求的表达。从朝鲜的历史性忧虑的背景下观之，"全面、可核查、不可逆转地弃核"无异于别有用心国家的政权更替战略。① 美国对绝对安全的寻求无疑会导致更加强硬的反恐与反扩散政策，更少容忍朝鲜的"恶行"。而事实上，人类生活中从来就没有什么绝对安全，也从未达到过绝对安全。美国对绝对安全的寻求只会把朝鲜推到一个更加无可挽回的拥核方向。

（六）"预防性防御"逻辑在起作用。尽管布什政府确立了对朝敌性定位和强硬路线，但是鉴于反恐与倒萨的需要，它还是采取对朝接触的政策。这是由于接触能预防环境的凝固化，避免不利局势的出现。当朝鲜将当前的局势界定为不可接受的败局时，尽管军事平衡不利于朝鲜，即便胜利无望，朝鲜也会将强制性讨价还价和除全面战争之外的暴力行动估算为"完全理性的"行动路线，并愿意承担由此而带来的危险。② 在此意义上，接触是预防性防御的一种形式，即美国及其盟友采取行动来预防潜在危险和冲突情形的发生。③

可见，正是上述因素共同作用导致布什政府将"鹰式接触"作为对朝战略。

总而言之，在"鹰式接触"战略的指导下，在布什执政的 8 年中，美国不仅丧失了解决朝核问题的良机，④ 还使朝鲜大规模杀伤性武器的研发

---

① Samuel S. Kim, "North Korea's Nuclear Strategy and the Interface between International and Domestic Politics", p. 82.

② Victor D. Cha, "Hawk Engagement and Preventive Defense on the Korean Peninsula", pp. 44, 78.

③ Ashton B. Carter and William J. Perry, *Preventive Defense: A New Security Strategy for America*, Brookings Institution Press, 1999, p. 14.

④ 布什政府上任之初，克林顿政府为其留下了宝贵的外交遗产，美朝不仅在核问题上达成了框架协议，而且在导弹问题上形成了默契，还进行了两次高规格的准峰会。在此基础上，美朝之间累积了一定的互信。布什政府本可对这些遗产善加利用，乘势推进朝核问题的解决取得更大进展，然而它却断然中止并逆转了这一进程。

和生产能力有了长足的进步：从最初的核计划到实际的核能力；从起初的钚项目到新增的铀项目；从暂停导弹试射到恢复试射导弹。① 不仅如此，由于"鹰式接触"战略引起朝鲜强烈反弹，美朝关系时生紧张，导致美朝关系严重倒退，造成美朝对立继续深化，加重了朝鲜对美本已根深蒂固的防范心理，阻断了美朝之间真诚合作的可能通道，破坏了朝鲜半岛来之不易的和解气氛，给美朝关系的未来良性发展留下了阴影，可以说，它已经基本失败。美国应重新检讨其对朝政策并认识到，要求朝鲜无条件地弃核并以此作为开启谈判的先决条件，不具备现实可行性；通过片面施压来迫使朝鲜单方面屈服，是不切实际的幻想。美国必须避免透过冷战思维的眼镜来注视朝鲜的行动，并在尊重朝鲜的基础上，解决朝鲜的利益关切。唯有如此，才能最终解决朝核问题。

---

① 樊吉社：《美国对朝政策：两次朝核危机比较》，《美国研究》2009 年第 4 期，第 36 页。

韩国与新加坡民主化进程比较分析 *

谢晓光　公为明　宋梓宁

【内容提要】一个开放的经济体和一个日益开放的社会，要求一个同样开放的政治体制，这是民主化的基本动力。文章分析了东方儒家文化圈中韩国与新加坡民主化转型的经验，从结构入手，概括了两国民主化转型的基本共性和基本特点。从上述经验出发，得出民主化转型的一些启示，包括基本条件的具备、民主与精英的关系、专业主义、民主监督与民主改革等方面。

【关 键 词】韩国　新加坡　民主化进程　比较

【作者简介】谢晓光，辽宁大学国际关系学院教授，主要从事比较政治研究。公为明，辽宁大学国际关系学院 2011 级国际关系专业硕士研究生。宋梓宁，大连理工大学建筑工程学部 2012 级土木工程专业本科生。

按照西方政治学思想关于民主化的界定，政治体系的民主化一般遵循威权政体崩溃、民主政体创设、民主政体巩固三个序列阶段。20 世纪 70 年代，发端于南欧的第三波民主化浪潮以势不可当的趋势冲击着全球。近半个世纪以来，与二战后美国在日本推行的强制政治民主化相比，韩国与新加坡在国家内部自主进行了政治民主化的艰辛探索，取得了显著成绩，成为第三波民主化浪潮的杰出代表。两国政治民主化的主要成就是建立了现代政治民主体制，包括政治体制、政党制度、法律体系和民主的社会

---

* 辽宁大学亚洲研究中心 2014 年度资助项目"儒家文化圈国家的民主模式与路径比较——以新加坡韩国为例"（Y201403），辽宁大学东亚研究中心 2012 年度项目"韩国、新加坡经济增长的制度建构比较：兼析东亚式民主前景"（LNUEAS2012 - 08）。

化；两国均从落后的殖民地一跃成为发达的新兴经济体，创造了"亚洲奇迹"，形成了所谓的"亚洲模式"。

一 韩国与新加坡民主化进程的共性

在制度变迁的过程中，威权政体是介于极权政体和民主政体之间的较为温和的专政体制。[①] 韩国和新加坡的政治民主化基本遵循了从威权政体向民主政体转变的路径。但是，两国的政治民主化的道路并不是平坦的，现在看来，主要面临两方面的问题：一是在政治民主化道路选择上，形成了渐进式与激变式的争论；二是在走上民主转型之路后，如何解决如腐败、收入分配、就业与政党自身建设问题等，以完善和巩固民主化的成果。两国政治民主化的经验是很值得学习和借鉴的，通过回顾韩国和新加坡政治民主化的历史，可以发现两国的民主化有一些基本共性。首先，两国都是在二战后，在摆脱列强殖民统治的基础上建立的新国家。新加坡原先是英国的殖民地，韩国原来是日本的殖民地，后来又是美国的军事占领区。其次，两国在建国伊始都移植了西方的民主政治制度。新加坡虽然原是英国的殖民地，但没有承接英国式的君主立宪制，而是建立了议会共和制。韩国则完全按照美国政治模式在韩国复制了以三权分立为标志的民主共和制。再次，两国都受东方文化特别是儒家文化的强烈影响，都曾是中华文化圈的成员，因此两国的政治制度与政治民主化进程都有儒家传统文化的影子。最后，两国都经历了西方政治制度与本国文化、国情相碰撞并逐渐融合的过程，且都较好地把西方政治文化与本身的东方文化兼容在一起，政治发展大体上是按照"经济权利—社会权利—政治权利"的顺序进行的，逐渐推动了社会的全面进步，并迅速步入了新兴发达资本主义国家的行列。

亨廷顿认为，要达到政治现代化、实现政治民主化，必须首先满足两个前提。一是国家适应能力增强，不断地推动社会的经济改革。二是国家有能力将新生的社会力量纳入制度之内。政治改革或转型的根本原因在于经济的发展、民众的要求及外部环境的压力。[②] 因此，从国家内部角度看，

---

① 郭锐、吴可亮：《韩国政治转型研究：一种基于民主化序列的分析范式》，《社会主义研究》2005年第1期。

② 杨光斌：《政治学导论》（第三版），中国人民大学出版社，2007，第318～330页。

一个国家的民主化转型需要具备两项基本条件：一是经济发展；二是精英推动。韩国和新加坡的民主化也没有离开这两项国内的基本条件。韩国真正的民主化始于韩国创造"汉江奇迹"之后；新加坡的民主化也与新加坡崛起为"亚洲四小龙"之一的经济成就有关。朴正熙遇刺后，以金钟泌、金大中、金泳三为代表的"三金"成为韩国政党的核心。金钟泌被称为韩国政坛"常青树"，与金大中联手击败了金泳三，在韩国政坛活跃长达半个世纪。① 韩国的政治和经济精英在"八点民主化宣言"发表之后，真正成为韩国走向民主的主要推动力。而作为新加坡的执政党人民行动党更是囊括了新加坡的精英分子，精英在新加坡的民主转型中发挥了主导作用。从国际因素来看，两国的民主转型过程都与世界的民主化浪潮相呼应，开放的社会为国家的民主运动提供了大环境；虽然转型中遇到了阻力和困难，但最终还是积极参与世界的民主进程，顺应了"第三波民主化"的潮流。特别是在20世纪80年代两极对峙缓和之后，威权国家将原来用于军事安全的资源转用于国内发展，加快了民主化的脚步。

新加坡人民行动党原先信奉民主社会主义，后来信奉实用主义和民族主义。人民行动党的实用主义原则使新加坡在冷战时代能够有效地排除两种意识形态对立所带来的各种干扰，专心于本国的经济建设，② 这一点与韩国"汉江奇迹"的创造也是类似的。韩国和新加坡的民主化也都有主动与被动相结合的成分，即执政者顺从民意与民众的强力推动。时至今日，新加坡仍是威权体制，执政方式没有实质性改变，而韩国虽然转向了民主，但成熟的西方民主体制中存在的权力分立、相互制约的机制始终未能完全建立起来，青瓦台（总统府）依然大权在握，议会的作用受到限制。当下，两国也都面临经济衰退、世界再民主化浪潮、人才短缺等多重压力。

二 韩国与新加坡民主化进程的差异性

亨廷顿把民主化界定为"由非民主向民主的过渡"③。向民主政治的目

---

① 郑继永：《韩国政党体系》，社会科学文献出版社，2008，第192～194页。
② 孙景峰：《新加坡人民行动党执政形态研究》，人民出版社，2005，第105页。
③ 〔美〕亨廷顿：《第三波——20世纪后期民主化浪潮》，刘军宁译，上海三联出版社，1998，第12页。

标发展是韩国与新加坡民主化进程中的最大共性。然而，韩国和新加坡的经济发展、政党政治、精英结构、政治文化和影响两国的国际因素的不同，造成了两国民主政治进程中的差异。结构功能主义方法是分析政治现象的重要方法之一，因此，笔者采用结构功能主义分析方法来进行分析。在政治学结构功能分析方法中，两个最基本的概念是"结构"和"功能"。这里所说的结构，在政治学意义上是指群体有规则的政治行为方式，或是诸政治角色的某种有规则的组合。而功能则是政治结构的作用。结构功能主义方法为各种不同政治系统之间的横向比较和同一系统内部结构与功能的纵向比较提供了一种新的分析工具，有助于对复杂政治现象进行分析，有助于揭示两国民主化进程中的差异。通过该方法对民主化进程的分析而不是描述，有助于发现两国民主化进程中以前不被人注意的方面。①

（一）两国历史、国情不同，在第三波民主化浪潮中，国际环境和外部因素扮演了重要角色。地处朝鲜半岛的韩国历经二战和朝鲜战争，独立后组建的政权中军人势力强大，时常左右政权和国家发展。韩国文化同时经历西方价值观、传统儒家文化、日本殖民文化的冲击、积淀和影响，逐渐形成了以儒家伦理为主、西方基督教伦理为辅的新儒家伦理，演绎了集权主义、权力制衡思想、政治参与、市民意识等思潮。② 韩国国民对南北战争会再次爆发一直忧心忡忡，多数国民认为在国会选举中向总统表示支持可以使现任总统在剩余的执政期内保持政策的相对稳定，从而保持国内的稳定以应付一切外来威胁，这是民主的一种目的扭曲。而新加坡是在二战后通过民主运动取得独立的，国内民主意识、氛围要好于韩国，没有经历过韩国所经历的民族和国家分裂的痛苦。两国的民族构成和社会氛围不同，这对两国的政治文化和民主化道路都产生了基础性影响。新加坡是东南亚最典型的多民族、多种族与多元文化并存的国家，是一个融合了东西方特质的移民国家，社会文化相对温和、宽容。韩国民族以单一的朝鲜族为主体，长期遭受殖民侵略，加之自身的儒家文化特点，对自由民主的渴望更加强烈，行动更加激烈和坚定。

（二）两国民主化基本轨迹有显著不同。韩国的民主化进程经历了议

① 麻雪峰：《韩国和新加坡民主化进程比较研究》，中共中央党校博士学位论文，2012。
② 许吉：《朝鲜—韩国政治文化》，延边大学出版社，2006，第232~235页。

会民主制、威权体制和现代多元民主制三个阶段，实际上是一个"再民主化"的过程。"6·29宣言"标志着韩国民主政治的开端。第一位文人总统金泳三上台后，权威体制开始瓦解。在野党党首金大中第一次通过竞争的方式取得政权，韩国民主政治迈上新台阶。平民总统卢武铉的上台以及弹劾案的发生显示民主政治已得到巩固。总体来看，韩国民主转型具有自上而下的精英主导、改革派与反对派的妥协互动和"转移性"的民主化进程三个基本特点，亨廷顿概括为：权威统治的掌权者宣布放弃权威统治，然后与反对派就民主体制的建立进行谈判从而实现民主化。① 遗憾的是，韩国在走向政治民主化的过程中出现了民粹主义浪潮，导致了混乱和流血事件，如1980年5月的"光州事件"（很多人将其称为"光州暴动"）。新加坡的政治民主化的演进历程表现为"有限民主→精英民主→参与式多元化民主"②。李光耀常说：没有行动党就没有现代的新加坡。新加坡的民主化进程相对有秩序，从李光耀、王鼎昌到吴作栋、李显龙，权力交接都比较顺畅，显示了较多的政治理性，公民由政治冷漠到政治参与的转变也比较自然。年轻人和新移民喜欢和推崇政治多元化，通过网络进行的民主宣传也比较理智。

（三）两国执政者最初对民主化的态度不同。韩国的民主化进程遇到了来自执政者的重重阻力。韩国建国时虽然已有民主体制，但是国内精英分子对真正的民主还是比较抵制的。政权几度在军人之间易手，民主制度被架空。1987年6月29日，韩国总统卢泰愚发表"八点民主化宣言"。1987年12月16日举行的韩国第13届总统选举实现了韩国战后政治史上政权的首次和平交替与转移，这表明韩国的民主政治转型已经取得了实质性进展。在大选中，参选各党都不得不展现鲜明的民主取向，基本上都通过公平、合法和正当的途径宣传政治纲领。各种暴力和舞弊事件大幅减少，在没有受到"胁迫"的情况下投票率高达80%，这在韩国历史上是空前的。③ 新加坡执政者认为经济发展优先于民主，但是并不排斥民主，对民主是认同的，执政者和反对党的分歧主要是如何民主化。新加坡的社会和政治制度比韩国相对要稳固得多，新加坡人民行动党自1959年后就长期

① 杨鲁慧、杨光：《当代东亚政治》，山东大学出版社，2010，第113~114、133~134页。
② 麻雪峰：《韩国和新加坡民主化进程比较研究》，《党政干部学刊》2012年第2期。
③ 郭定平：《韩国政治转型研究》，中国社会科学出版社，2000，第121~122页。

执政，实行渐进式民主理念，促进了新加坡经济社会的长期发展，为民主转型奠定了坚实基础。

（四）两国执政者对民主政权和执政理念的认识有所不同。新加坡人民行动党适应社会发展和民意要求而主动进行政治变革。而执政者主动开放，进行政权竞争在韩国政治民主化道路上最初是不现实的。韩国当局最初对人民的民主诉求不理会甚至压制，最终酿成流血冲突。韩国民主化进程中曾多次出现军人独裁，实行总统选举后，黑金政治、权钱交易等现象屡见不鲜。新加坡的执政者如李光耀等则重视和认同精英统治。李光耀认为精英就是指那些既有非凡智力同时又有高尚品德的人，新加坡政府应由这样的人来组成。李光耀还强调人比制度重要，这是行动党的一个思想基础，即只有好人才能组成"好人政府"。1984 年，人民行动党的资料库中有 2000 名候选人的档案，包括本地学者、归国名人和专业人才。[①]

1991 年新加坡议会讨论批准了体现新加坡人民"共同价值观"的"白皮书"，成为新加坡人民共同遵守的具有法律约束力的文件。其具体内容是："国家至上，社会为先，家庭为根，社会为本，关怀扶持，同舟共济，求同存异，协商共识，种族和谐，宗教宽容。"[②] 人民行动党要让新加坡公民做"新加坡人"，李光耀对"新加坡人"的解释是：新加坡人是指出身、成长或居住在新加坡的人，他愿意维持现在这样一个多元种族的、宽宏大量的、乐于助人的、向前看的社会，并时刻准备为之献出生命。[③]后来，李显龙又提出四个核心价值观：社会优先于个人；以家庭为社会的基本细胞；通过共识而不是争执解决问题；强调种族与宗教的宽容和谐。

（五）韩国政治民主化的动力主要来自人民的推动，执政者不得不被动配合。现代公民应该具备健康的身体、充足的知识和健全的人格。中产阶级市民社会的形成是走向成熟现代民主化的必备条件。金泳三注意到，"6·29 宣言"之后，市民社会迅速成长。由于它的反抗，政权的权威正在削弱。没有市民社会自发的同意，任何权力的正统性都得不到认可，政治权力的基础再也没有无可怀疑不可侵犯的尊严了。[④] 韩国的大企业集团在

---

① 孙景峰：《新加坡人民行动党执政形态研究》，人民出版社，2005，第 126～128、129 页。
② 朱敏杰：《对新加坡"亚洲价值观"的思考》，《行政与法》2008 年第 1 期。
③ 孙景峰：《新加坡人民行动党执政形态研究》，人民出版社，2005，第 11 页。
④ 郭定平：《韩国政治转型的成就与问题》，《韩国研究论丛》1998 年第 1 期。

韩国民主化进程中发挥了关键作用。由于政府的长期扶植，再加上韩国金融自由化政策的推行，韩国大企业对政府的依赖减轻后，大企业主阶级要求分享政治权力，最具有代表性的是，1992 年 1 月 3 日，韩国现代集团名誉会长郑周永宣布退出企业管理，并联合正在筹备新韩党的金东吉宣布建立统一国民党，并角逐总统宝座。① 新加坡的政治民主运动主要是自上而下展开的，执政党和政府主动顺应人民的民主诉求，缓解了社会压力和内部矛盾。新加坡的民主化主要是由政府和政党推动的，企业和公民社团组织力量薄弱，无法发挥决定性作用。

三　韩国与新加坡民主化进程的经验分析

韩国和新加坡作为亚洲东方儒家文化实现政治民主化的代表，打破了西方政治制度和民主文化在东方水土不服的传言，成为现代政治制度东方化的范例。民主政治的发展趋势是民主形式的多元化，从韩国、新加坡两国民主化的经验与教训可以看出，民主转型国家应该有新的认识和思维。

（一）在政治转型时如果不具备实施民主政治的条件，政治民主化议程和行动就不能操之过急，而应该循序渐进。民主并非完美无瑕，一些发展中国家，尽管也实行西方式民主，但民主的品质极其低劣，民主往往与无秩序和暴力联系在一起，在 20 世纪，很少有国家在最初的努力之后就能建立稳固的民主制度。一国经济发展水平与民主体制有很大的关联性。一个更加工业化、现代化，国民受到良好教育的国家更容易建立民主体制。② 除了缺少社会经济发展的支持外，泛民主也是导致低劣民主的重要根源。民主本来只是政治领域的秩序，但这些国家把民主的原则扩散和应用到社会、经济、文化和教育等各个领域。这一方面很容易导致社会的无政府状态，另一方面也使得民主的品质成为问题。民主化的一个方面是公民社会的形成和规模化。公民社会可以提供这样一种介于并融通个人与国家两个政治主体的中间阶层和文化支持。这不仅能够自下而上地推动宪政结构的

---

① 张振华:《大企业主阶级与韩国民主化》,《当代韩国》2008 年春季号。
② Huntington, Samuel P., *The Third Wave: Democratization in the Late Twentieth Century*, University of Oklahoma Press, 1991。

优化，更有益于形成民主制度的政治文化支持体系。作为公民社会的重要表征，非政府组织必须在政府设定的法规和政策框架内发展，否则它的发展不可避免地会侵蚀政府的权力和权威。

（二）实现民主化也应该注意将民主与精英有机地结合起来。民主与精英的关系，在某种程度上表现为执政者与民众之间的互动。在长期的发展过程中，官民之间的良性互动如果不够活跃和开放，就会积累不少问题。在威权体制下，政治民主化转型的推动力在于民众对于改革的支持和执政者对于民众呼声的正面回应。因为新的执政者有取得突破的强烈愿望和谋划，执政初期的包袱比较小；社会团体的力量在壮大而且在不断成熟；新媒体特别是网络的出现，为官民的良性互动提供了新的平台。如果能够找到突破口，上下之间就比较容易形成良性互动，向民主转型的道路就有可能开创一个新局面。

（三）民主要在加强对执政党和政府的监督中发挥更大作用。在改革过程中，逐步形成的既得利益集团，要求改革不要继续往前走，维持现状就行，是最大的问题。① 在韩国民主进程中，"政经勾结""黑金政治"曾经是韩国政坛屡见不鲜的现象。韩国在改革中，减少了政治的干预，也就减少了政府寻租的可能性，原本愈演愈烈的腐败现象得到了遏制。②

（四）高度重视专业主义（professionalism）在实现民主化过程中的关键作用。专业主义是所有文明进步最重要的因素之一，专业主义崇尚专业化和规范化，在很多领域甚至比选举本身还要重要。作为专业主义重要体现的程序民主，在推进民主转型过程中非常重要，有时比实质民主更重要。做好程序民主，才会有真正的民主。专业主义最主要的着眼点就是规则、制度和法治，法治和分权才是民主建设的核心。民主政治也不等同于民主选举。基础性或深层化的民主形式则是法治民主和分权式民主。2000年前亚里士多德就说过：法治是一切政体的基础。③ 民主本身并不能限制权力，民主政府完全可以运用全权性权力。法治则着眼于对权力的监督约

---

① 孙立平：《中国改革的方向在公平正义》，http：//news. ifeng. com/mainland/detail_ 2012_11/02/18767213_ 0. shtml? _ from_ ralated。

② 严海兵：《经济发展在韩国民主转型中的作用》，《太平洋学报》2006 年第 4 期。

③ 杨光斌：《改革开放就是一种民主化过程》，http：//www. qstheory. cn/zz/shzyzzzd/201204/t20120410_ 150259. htm。

束。离开法治的民主有可能使权力失去约束而走向专制。

（五）人类社会可以无自由而有秩序，但不能无秩序而有自由。如果是倒逼改革，这样的转型就有点像苏联和东欧，会激进化，产生暴力。因为一旦过早"民主化"，加上民族主义，未来的道路不一定能够在掌控之中。[1] 新加坡的民主化就是在执政党的有序管控之下进行的。在改革之初，经济发展往往会自然导致社会状况的改善，但是随着时间的推移，用经济发展来解决一切麻烦变得越来越困难，甚至发展本身制造的问题比它解决的问题还多，开启全新领域的改革就成了刻不容缓的问题。当然，要兼顾维护社会稳定，努力管控分歧和矛盾，避免出现韩国民主运动中的悲剧和混乱。

---

① 郑永年：《中国处于社会改革机遇期》，http://news.xinhuanet.com/world/2012 - 12/10/c_124070648.htm。

中美战略调整与朝鲜半岛局势发展

于迎丽

【内容提要】 中国政府正在实施新的周边战略，中国的外交重点也得以更加向周边国家和地区倾斜。与此同时，美国因素在朝鲜半岛的影响呈现下降的趋势，朝鲜半岛事务的主导权正逐渐向中国倾斜。在这双重力量的作用下，朝鲜半岛局势的发展前景以及朝核问题的进程都会呈现新的面貌。朝鲜半岛议题将从安全领域逐渐向经济领域过渡，中国也将继续对朝鲜施加政治影响力和提供经济帮助。与此同时，中国与相关大国围绕朝核问题的协商与协调将不断增加。在这种背景下，朝鲜的"极端行为"将减少，朝鲜半岛局势有望进一步缓和，讨论朝鲜半岛和平统一才具备可能性和可行性。

【关 键 词】 中国周边战略 美国因素 朝鲜半岛局势 朝核问题

【作者简介】 于迎丽，上海国际问题研究院中国外交室主任、助理研究员，主要从事东亚安全、中国外交和大国关系等方面的研究。

中国新领导人的首次出访选择了周边国家，这表明中国正在实施更加重视周边的新战略，相对于以往更加重视与大国交往的外交战略而言，这是一个比较大的调整。中共十六大报告中首次按照发达国家、周边、第三世界、多边的顺序提出了中国的外交布局，这个排序以及表述一直沿用至今。但实际上，近年来随着亚太地区的整体崛起以及美国实行战略重心向亚太转移的战略，中国在实际的外交布局中已经在不断提高周边外交所占的比重，在外交资源的分配上也不断向周边国家倾斜。与此同时，具体到朝鲜半岛地区，美国因素的影响呈现一种下降的趋势，尤其是在朝核问题上呈收缩态势。这种此消彼长的格局变化将不可避免地对朝鲜半岛局势发展、未来朝核问题的解决、六方会谈的进展乃至朝鲜半岛地区的统一产生重要影响。

一 中国周边战略的调整

中国是世界上邻国最多的国家，也是世界上周边安全形势最复杂的国家之一。改革开放之初，由于中国参与国际社会和地区合作的经验不够丰富，中国与周边国家的关系时有起伏。自中共十六大以来，中国开始重视周边、经营周边，并提出了"与邻为善、以邻为伴""睦邻、安邻和富邻"的外交思想和政策指导方针。

应该说，中国的"睦邻、安邻和富邻"政策在外交实践中收到了明显的成效，中国与周边国家长时间保持了友好关系，在经济上形成了一起腾飞的局面，整体上被称为"亚洲崛起"。中国参与了周边几乎所有的区域和次区域组织，并在其中一些组织中发挥了主导性作用，比如"10＋1"、"10＋3"、东亚峰会、区域全面经济伙伴关系（RCEP）、东盟地区论坛、上合组织、六方会谈、大湄公河次区域经济合作等。根据中国商务部的统计，中国与亚洲国家和地区的贸易总额 2011 年达到 19030.3 亿美元，同比增长 21.5%，占中国外贸总额的 52.3%。在中国的十大贸易伙伴中，亚洲国家和地区占了 5 个。在基础设施的互联互通方面，泛亚铁路项目、与中亚国家之间的"新丝绸之路"公路运输通道、能源管道建设等都已经全面展开，中缅油气管道已于 2013 年 5 月 30 日全线贯通。通过这些多领域和多渠道的合作，中国基本上实现了共同安全和共同发展的周边目标。这些成绩表明，周边国家对于中国而言不仅是需要不断推动和构建的重要基地，更是中国成为地区大国乃至世界大国的重要战略依托。

但是，近年来随着中国实力的增加，周边国家对中国的疑虑和猜忌也在增加，中国"睦邻、安邻和富邻"的周边政策遇到了前所未有的挑战。一些与中国有领土主权矛盾的国家不断制造事端，甚至邀请美国介入争端，以增加与中国对抗的分量。针对这种新的动向，中国重新明确了周边外交的重大原则和方向，进一步重视周边战略调整，目的是使周边地区成为中国战略机遇期的重要依托而不是障碍。

第一，进一步确认周边对于中国取得大国地位的重要意义，增加对经营周边的资源投入，中国将不仅重视与周边国家的经济互动，更将持续增加政治互信，开展涵盖各领域的立体外交。中国的周边国家大部分是发展中国家，对于现有的国际政治经济体系来说，只有发展中国家才会真心支持同为发展中国家的中国取得大国地位。在首次出访中，习近平主席选择了俄罗斯和非洲国家作为目的地，李克强总理则首先访问了印度和巴基斯坦，突出了中国对周边的重视和战略安排。习近平主席出席上合组织峰会并出访中亚四国更是彰显了中国对周边国家的重视和外交战略布局。对于中国而言，周边国家或者是资源能源的供应者，或者是运输通道的掌控者，或者是国际场合的支持者，中国要取得大国地位，首先是要争取这些国家真心接受中国的大国地位。中共十八大报告中已经明确提出我国的发展目标是 2020 年全面建成小康社会，要实现这个目标，就必须更加重视周边，维护周边地区稳定，防止境外热点问题内溢影响我国经济建设和深化改革的进程。

第二，中国周边外交虽然有从"维稳外交"向"维权外交"过渡的趋向，但是中国从来没有完全放弃"维稳"原则，而是试图在这两者间寻求一个新的平衡点。"维稳"是在中共十六大提出 20 年战略机遇期判断后对中国周边外交特点的高度概括。维稳原则不是周边外交的全部，但是基本上反映了中国对和平安定的周边环境的诉求，主要用于与周边国家之间的主权争端。但随着中国实力的不断增强，中国的维稳外交遇到了一些挑战。国内舆论认为中国外交太软弱，而与中国有争议的国家则担心中国将来会使用武力解决领土纠纷，因此急于激化矛盾，试图在中国羽翼未丰时将双边问题国际化，争取于己有利的局面。在这种情况下，中国不得不摈弃"大事化小""息事宁人"的维稳思维，在坚持睦邻友好原则的同时也"配以意志坚定的维权活动，在周边塑造既可靠又不可随意挑衅的对华新认知"。中国新的周边政策必须兼顾维稳与维权，让维权成为维稳的前提和基础，而维稳则是维权的途径和保障。

第三，正确看待美国"重返亚太"的战略意图，以中国的身份定位和利益认知为坐标来塑造未来的中美关系和亚太格局。关于美国"重返亚太"的讨论很多，甚至用"pivot"还是"rebalance"来称呼这个新战略也有不同意见。大多数学者最初认为，美国"重返亚太"意在遏制中国的崛起，美国正在重新构筑对中国的包围圈；现在越来越多的人则认为美国重返亚太的主要目的是"重振美国经济，寻求亚太发展机会，保持领导权"。美国新安全研究中心的肖恩·布里姆利和埃利·拉特纳也明确提出，"该战略的意图不是遏制中国，而是推动各国遵守国际规范和行为准则。……华盛顿极力构建一种以规范和制度为支撑的地区秩序"。对于美国来说，相较于遏制中国，分享迅速发展的亚太地区所带来的红利才是更加重要的战略目标。因此，"重返亚太"战略的目的与其说是遏制中国，不如说是要把中国装进美国主导的制度笼子更为合适。

二　美国因素的变化

随着中国加大对周边的投入，朝鲜半岛上另一个重要因素——美国的作用显得更加复杂了。美国一直是朝鲜半岛局势中的重要变量和主要当事国，并一直在用安全议题左右着朝鲜半岛局势。自1994年美国首次对朝鲜的核计划发难后，朝核问题就几乎成为影响朝美关系以及朝鲜半岛局势的唯一议题。舆论对核问题的关注淡化了朝核问题背后的朝鲜问题，使人们忽视了朝美之间的战争状态的延续才是影响朝鲜半岛局势的最根本性因素。

1953年，停战协定签署，朝鲜战争中止，此后，以和平协定取代停战协定就成为朝鲜长期的诉求。1974年，美越签署了和平协定后，朝鲜最高人民会议也致信美国国会，呼吁美朝把停战协定转变为和平协定，但是美国并没对此做出回应。1994年，第一次朝核危机时期，朝鲜再次提出朝美举行会谈讨论签订和平协定的要求，美国仍然拒绝。第二次朝核危机后，朝鲜多次要求美国放弃对朝敌对政策，六方会谈也应朝鲜的要求设立了美朝关系正常化工作小组。在朝鲜的强烈要求下，美国也多次表示无意入侵朝鲜，但这种口头保证根本不能消除朝鲜的安全担忧，尤其是美国的对朝政策也摇摆多变，而且美韩每年还要举行以朝鲜为假想敌的联合军事演习。因此，美国多次指责中国"纵容"朝鲜的时候，似乎忘记了自己才是朝核问题的始作俑者。

不过，随着国际权力重心从西方发达国家逐渐向东方发展中国家转移，美国应对朝核问题的手段和资源也日益枯竭，美国因素在朝鲜半岛局势发展中的影响呈现下降趋势。

第一，美国在朝鲜半岛地区的基本态势已经从攻势转化为守势。在克林顿和小布什政府时期，虽然他们的政策方向和政策风格不一致，而且小布什还大幅度修改了克林顿的对朝政策，但是在这二人执政的十几年时间内，美国均可以称得上主导了朝鲜半岛地区的局势和议程。

1993年，美国首先指责朝鲜秘密发展核武器，从而引发了第一次朝核危机。后来，美国前总统卡特出面访问朝鲜，缓解了紧张局势，并最终达成日内瓦框架协议。框架协议签订后，克林顿政府对朝鲜实行了"软着陆"政策，在遏制的基础上增加了对话。1999年9月，佩里提交《佩里报告书》，建议对朝采取"一揽子接触政策"，取消对朝经济制裁，与朝鲜建立外交关系以换取朝鲜停止核与导弹发展计划。佩里的建议得到部分采纳，克林顿政府继续保持对朝鲜的接触政策。小布什政府上台后全面推翻了克林顿的对朝政策，在ABC（Anything But Clinton）原则指导下，朝鲜成为美国口中的"邪恶轴心"，美朝关系全面恶化。小布什政府第二任期内采取了积极接触朝鲜的政策，成果也很明显，六方会谈所取得的重要进展和成果基本集中在小布什政府的第二任期。通过这些进程可以看出，美国对朝政策的调整基本上直接左右了朝鲜半岛局势的动向，美国始终牢牢把握着朝鲜半岛事务的主动权。

而在奥巴马任内，这种局面出现了微妙的变化。美国对朝鲜选择了"战略忍耐"政策，但并未达成目标，美国基本处于被动应对的状态。美国还试图让韩国正面应对朝鲜，但实际也收效甚微，因为朝鲜很清楚只有与美国直接会谈才可能获得实质性成果，才可能达到签署和平协定的目的。

第二，美国能采用的政策手段已经非常有限，既受制于国内压力不能向朝鲜提供具有足够诱惑力的"胡萝卜"，也不能无视国际舆论来挥动"大棒"迫使朝鲜屈服，因此只能采取消极的旁观政策，期待盟国填补美国权力衰落留下的空白。

第一次朝核危机爆发时，美国拥有充足的资源来应对这一危机。冷战刚结束，美国拥有一极独霸的地位，海湾战争的胜利又让美国信心十足，针对朝鲜美国国防部甚至制定了"朝鲜半岛战争方案"和"5027作战方案"，设定了几种对朝鲜作战方案。后来双方通过日内瓦渠道签订了框架协议，美国大手笔以每年50万吨免费重油换取朝鲜冻结宁边核反应堆，并且成立朝鲜半岛能源开发组织负责为朝鲜建设两座轻水反应堆。这个协议虽然没有执行到位，但让朝鲜半岛局势保持了将近十年的平静。到小布什时期，美国虽然主要精力放在中东的反恐战争上，但借助六方会谈这个平台，对朝鲜进行的接触政策也收到了一定的成效，美国从支恐国家名单中删除了朝鲜，朝鲜则开展宁边核设施的去功能化，并在世界媒体面前炸毁了冷却塔。

奥巴马第一任期内提出了"巧实力"的主张，表示要通过更多的合作和发挥盟友的作用来解决特定问题。实际上，"巧实力"是对"硬实力"衰落、"软实力"失灵的掩饰，美国已经认识到，"朝核问题的解决将是缓慢、渐进和痛苦的过程"，但美国已经无力扭转这一进程。目前美国唯一还有威慑力的手段就是经济制裁，但是经济制裁必须放在联合国制裁框架下，其实际效果也取决于其他参与制裁的各方能否严格执行制裁措施。

第三，解决朝鲜半岛问题的平台从双边转到了多边，这表明了美国影响力的下降，也反映了东北亚地区力量格局多极化的趋势。

第二次朝核危机爆发后，参与解决问题的各方由美朝两家增加到中、美、俄、日、韩、朝六方，其中中国发挥了会谈倡导国和东道主国的作用。六方会谈迄今已经进行了6轮，会谈成果虽被暂时搁置，但六方会谈已经成为东北亚地区安全机制的一个雏形。由于朝鲜仍然进行了第二次、第三次核试验，很多学者批评六方会谈已死，甚至有美国学者认为六方会谈从设计上就是失败的。但是尽管有如此多的批评的声音，美国政府仍不得不认可六方会谈仍是解决朝核以及相关问题的重要平台，无力提出一个得到各方认可的新框架。

显而易见的是，在当前的国际形势下，单靠美国一国之力已经不能顺利应对朝核问题和左右朝鲜半岛局势发展。朴槿惠总统访问中国时，双方一致同意充实中韩战略合作伙伴关系，增加双方在朝核问题上的沟通，这是中韩利益的诉求，也是对当前东北亚力量态势变化的顺应和反映。

三　朝鲜半岛局势的发展趋势

在美国失去对朝鲜半岛事务的主导权以及中国加大对周边地区投入的情况下，朝鲜半岛地区的议题将逐渐摆脱"越谈安全越不安全"的怪圈，逐渐向经济议题过渡，应通过帮助朝鲜进行经济发展来缓和其与周边的关系，缓解其安全担忧，并最终使其开始与美韩建立信任进程。

在中国更加重视周边的背景下，中国的对朝鲜政策将会产生三个方面的效应。第一，中国将加大对朝鲜的政治影响和经济干预，中朝关系将更加紧密而不是相反。朝鲜是中国周边唯一与中国有双边条约保障安全义务的国家，中朝之间的经济往来呈现不断上升的趋势。2011年中朝贸易额为56.39亿美元，同比增长62.4%。其中，中国出口31.65亿美元，增长39%；进口24.75亿美元，增长107.2%。中国还是朝鲜的主要能源供应国。中国每年向朝输送至少50万吨石油，占朝鲜进口石油总量的80%。中国对朝鲜的投资也呈持续上涨的趋势，2006年，中国对朝投资总额为1.35亿美元，2008年增加近一倍，约为2.6亿美元。中国还用明确的外交语言确定了中朝关系的重要性。2013年6月19日，中国外交部副部长张业遂与朝鲜外务省第一副相金桂冠在北京举行会谈被首次冠以"战略对话"，再次体现了中国对中朝关系的重视。第二，朝鲜半岛局势将进一步缓和。在中朝加强了战略关系的基础上，人们一般认为，朝鲜将会更多顾及中国的关切。中国目前在朝鲜半岛的最大利益就是朝鲜半岛稳定与无核化，因此，在可见的未来，朝鲜会将注意力逐渐转移到经济领域，减少与外界冲突的频率和烈度。第三，中国与相关大国围绕朝核问题的协商与协调将不断增加。事实已经证明，没有哪一个大国可以单独解决朝核问题，无论是美国还是中国。因此，围绕朝核问题开展的协商只会增加而不会减少，这一点已经得到了证明。

四　结语

重视周边是中国政府坚定的选择。在可见的未来，中国的外交重点将进一步向周边国家和地区倾斜。这对朝鲜半岛的前景以及朝核问题的进程都将产生重大影响。随着美国因素在朝鲜半岛进程中的影响不断下降，中国与美国围绕朝核问题的协商与协调将不断增加。在逐渐增加的中国因素的主导下，朝鲜半岛议题将从安全领域逐渐向经济领域过渡。在上述条件都成为现实的情况下，讨论朝鲜半岛和平统一才具有可能性和可行性。对于中国来说，朝鲜半岛的统一应该具有和平性、对称性、自发性、渐进性等特征。

韩美同盟与地区局势

龚克瑜

【内容提要】 韩国总统李明博上台后，韩美同盟迅速回暖，2010年的天安舰和延坪岛事件更促使韩美同盟加强并逐步提升到新的高度。李明博时期韩美同盟出现了更强化、更宽泛、更全面、更具战略性的四大变化，逐步发展成为一个多元、全方位的同盟。虽然韩国和美国都强调两国的同盟关系对朝鲜半岛、东北亚地区及亚洲的和平与繁荣做出了贡献，但是周边国家，特别是朝鲜感受的却是韩美同盟带来了威胁和挑战。韩美同盟的加强无法解决朝鲜半岛的安全困境难题。

【关 键 词】 韩美同盟　朝鲜半岛　李明博
【作者简介】 龚克瑜，上海国际问题研究院亚太研究中心副主任，副研究员，博士，主要从事东北亚地区特别是朝鲜半岛国际关系问题的研究。

2013 年 5 月，韩国新总统朴槿惠出访美国，与美国总统奥巴马签署《纪念韩美结盟 60 周年联合宣言》，巩固两国友好合作并明确了今后的发展方向。与前几任韩国总统一样，朴总统的首次海外访问依然选择了美国。在韩国国内，朴总统成功的访美之行也被视为"继承了李明博政府恢复韩美关系的外交资产"①。

李明博总统任内的朝鲜半岛局势并不平静，朝核问题久拖不决，朝鲜

---

① 《韩美首脑会谈须向金正恩发出强力信息》，〔韩〕《东亚日报》2013 年 5 月 4 日。

进行了两次核试验，金正日过世及朝鲜政权更迭，南北关系更是因为天安舰和延坪岛事件急转直下，与此同时，韩美关系却成为李明博外交的一大亮点，不仅修补了金大中、卢武铉时期的韩美矛盾与隔阂，还将双边同盟关系提升到了一个新高度。

本文通过从李明博时期韩美同盟出现的四大变化入手，分析韩美同盟如何提升为更强化、更宽泛、更全面、更具战略性的同盟关系，及韩美同盟的强化对周边国家和地区事务的影响。

一 对同盟的认识

关于"同盟"的定义，《现代汉语词典》解释为"两个或两个以上国家为共同行动而订立盟约所结成的集团"①，《朗曼词典》中把同盟界定为"国际关系中不同国家进行联合行动的联盟"②。

在国际政治中，同盟一直是国际政治学界探讨的热点问题之一。③ 学者虽然从不同角度具体阐述了这个概念，但大多认同其应具备以下几个基本特征。

其一，至少有两个主权国家组成，而不是其他各种形式的行为体。

其二，主要考虑的因素是国家安全利益，通常针对其他某一或某些特定国家，这种来自外部的共同威胁可能是客观存在的威胁，也可能是一种假想威胁，这使得同盟有别于那些普遍性的集体安全组织，如国联和联合国等。④

其三，核心内容是成员国在安全和军事领域内的合作与承诺，它通常使成员国在特定情况下负有使用或考虑使用武力的义务。这使得同盟有别于那些纯粹的国家间的经济组织，如欧佩克；也有别于那些国家间的政治组织，如英联邦等。

其四，同盟的成员国相信合作能够增加军事力量；在面对威胁的时候

---

① 《现代汉语词典》，商务印书馆，2003，第1152页。
② Longman, *Longman Dictionary of the English Language*, Pearson ESL; Longman Group Limited, 1984, p. 39.
③ 阎学通：《东亚和平与安全》，时事出版社，2005，第317页。
④ 孙德刚：《国际安全之联盟理论探析》，《欧洲研究》2004年第4期，第41页。

将采取共同行动而不是采取单独行动。

换言之，同盟可被归纳为两个或两个以上的国家出于维护共同安全利益的需要，以正式的（条约的）或非正式的（默契的）形式所结成的一种相对稳定的安全关系，同盟的主要任务是对付同盟以外的国家或国家集团的威胁。

"安全因素是同盟战略产生的最初和最主要的动机"①，的确，外部因素和外部威胁是同盟形成的最大驱动因素。韩美同盟作为美国在亚太同盟体系中有关法律最多、体制最为健全、作战指挥系统最完备的军事同盟，② 就是因为存在着明确的军事和安全威胁。朝鲜战争的爆发促使美国改变"西太平洋环形防线"的范围，朝鲜半岛成为拱卫美日同盟的前哨。③

国内有人认为，韩美同盟正由冷战时的"双重遏制"（遏制朝鲜、遏制共产主义）向冷战后的"双重规制"（规制朝鲜、规制朝鲜半岛周边大国）转变。④ 也有人认为冷战时期韩美同盟的功能定位具有三重性，即威慑朝鲜、控制韩国、遏制中苏，即韩美对朝鲜保持着强大的军事威慑，保护韩国免受来自朝鲜的"威胁"；控制韩国武装力量，防止韩国激化局势，避免美国被拖入第二次朝鲜战争；间接矛头则指向苏联和中国，尽可能地阻止共产主义在东亚的"扩张"。⑤

韩美同盟的存在不仅是为了防范朝鲜的进攻，也是为了防范韩国的冒进，这种"双重遏制"⑥ 保证了美国将韩美同盟当作遏制共产主义威胁的工具，也将其作为遏制韩国武力统一朝鲜半岛的雄心的有效手段。

历经50多年的发展，韩美军事同盟关系在结构和功能上已经经历了数次调整，发生了很大变化。从冷战前期美国掌握韩美同盟主导权，全面影响和控制韩国军政，韩国对美国呈现高度依赖性的"美主韩从"期，经历

---

① 高金钿、顾德欣等：《国际战略学概论》，国防大学出版社，1995，第141页。
② 王帆：《美国的亚太联盟》，世界知识出版社，2007，第11页。
③ 夏立平：《论美韩同盟的修复与扩展》，《美国问题研究》2008年第1期，第72页。
④ 王传剑：《双重规制：冷战后美国的朝鲜半岛政策》，世界知识出版社，2003，第20～25页。
⑤ 何春超：《国际关系史（1945～1980）》，法律出版社，1986，第10页。
⑥ Victor, D. Cha, "American and South Korea: The Ambivalent Alliance?", *Current History*, Vol. 102, Iss. 665, 2004, p. 280.

冷战后期美国逐步减少在韩驻军，韩国主体意识逐步增强，美国的主导性有所下降的"双边互助"期，再进入冷战结束后，韩国逐步深化"自主国防"，韩美同盟以合作为主体的"对等伙伴"期。①

随着地缘政治的变化和韩国政府追求"独立外交"和"自主国防"的呼声日增，韩美两国逐渐在对朝政策、军事合作、驻韩美军、移交作战指挥权和双边贸易等诸多问题上出现了各种各样的矛盾与分歧，特别在卢武铉政府时期，韩国强调"对等的同盟关系"，两国关系因"不和谐"出现了深刻裂痕，韩美同盟被比作"面临离婚的夫妻"，② 有人甚至认为朝美同盟关系将在未来 10 年内分崩离析。③

二 韩美同盟的四大变化

2008 年，李明博政府上台，大力推行"有原则的实用外交"，将对美外交看作韩国外交的核心，将修复韩美关系、巩固韩美同盟作为其外交的首要课题。④

李明博政府向美国"一边倒"的亲美政策，得到了"重返亚太"的美国奥巴马政府的支持，而对朝鲜核和导弹问题看法的一致更拉进了两国的关系。五年来，通过多次韩美首脑会晤和两国政治、外交、军事等多个层面的交流合作，韩美同盟非但没有像人们所预想的那样逐步弱化甚至消失，反而出现了不断巩固和强化的趋势。

（一）更强化的韩美同盟

韩美同盟的强化主要体现在以下几个方面。

其一，两国高层战略性接触的强化。

2010 年 7 月 21 日，美国国务卿希拉里·克林顿、国防部部长罗伯

① 宋莹莹：《美韩同盟从"美主韩从"到"对等伙伴"》，《人民日报》2011 年 1 月 22 日国际版。
② 《韩美同盟 60 周年：从援助发展为互补关系》，韩国联合新闻社 2012 年 12 月 30 日电。
③ 周辉：《超越传统：美韩倾力打造新型战略同盟关系》，《现代军事》2010 年第 5 期，第 16 页。
④ 李拯宇、干玉兰：《韩国当选总统李明博阐述外交政策走向》，新华社首尔 2008 年 1 月 17 日电。

特·盖茨与韩国外交通商部部长柳明桓、国防部部长金泰荣共同出席了两国历史上首次外长和防长的"2＋2"会谈。① 韩国是继日本和澳大利亚之后第三个与美国举行这种会议的同盟国。2012 年 6 月 14 日，"2＋2"会谈再度进行，两国就加强同盟关系和合作解决朝鲜问题交换意见。②

"2＋2"会谈议题十分广泛，双方不仅高度评价了 60 多年来的两国关系，还提出了全面增进两国战略同盟关系的多项重要具体措施。对此，韩国国内舆论高度评价，认为"韩国取代日本，召开了原为美日同盟特有的'2＋2'会议。这表示韩美同盟已经达到了美日同盟的水平，或是已经超越了美日同盟"③，"美国在东北亚地区的主要安保轴心将从'美日同盟'移到'韩美同盟'"④。

其二，两国联合军事演习的强化。

韩美假设朝鲜半岛发生战争等情况，为提高联合部队的作战能力而举行的一系列联合军事演习，每年都会举行多次，而每次其所引发的朝鲜的激烈反应以及朝鲜半岛局势紧张历来为国际社会广泛关注。

天安舰和延坪岛事件后，韩美双方在朝鲜半岛及其附近海域多次举行联合军事演习，不仅包括既有的韩美双方例行军事演习"关键决心""乙支自由卫士"，还举行了多场针对性极强的功能性联合军事演习，其规模之大、频度之高、作战武器装备及参与武装人员等均已超出历史水平。⑤

天安舰事件后，针对朝鲜可能的潜艇攻击，韩美在韩国周边海域进行反潜演习以提高韩美军队对朝鲜水下攻击的防御和海上射击的能力。⑥金正日去世后，韩美又根据时局变化，不断更新对朝作战计划"作战计

① 姬新龙：《希拉里称美将对朝实施新制裁，以阻止核扩散》，新华社首尔 2010 年 7 月 21 日电。
② 《韩美"2＋2 会议"14 日召开，对朝鲜发出警告》，韩国联合通讯社 2012 年 6 月 14 日电。
③ Im Minhyeok，"2＋2 Meeting：ROK－US Alliance's New Level"，Chuson Ilbo，July 22，2010.
④ 宋伟钢：《韩专家：韩美同盟超越美日同盟成东北亚安保轴心》，《环球时报》2010 年 7 月 22 日，第 2 版。
⑤ 孙广勇、莽九晨：《亚洲成世界军演密度最大地区》，《环球时报》2012 年 3 月 22 日，第 1 版。
⑥ 郑铺洙：《天安号两周年之际，韩美实施反潜军演》，〔韩〕《中央日报》2012 年 2 月 16 日。

划 5029"①，假设朝鲜出现领导人去世、军事政变、内战、难民潮、核生化武器和导弹外流等突发事件，通过演习来增强韩美部队的迅速反应及处置大规模杀伤性武器等的能力。

在频繁的军事演习中，美军派出"乔治·华盛顿"号航母、宙斯盾驱逐舰等，韩国也派出韩国最大吨位的军舰"独岛"号及其他驱逐舰、巡逻舰、护航舰、战斗支援舰等，集中展示强大精锐的军事力量，引起周边国家的高度关切和朝鲜的高度警觉。

其三，美国对韩国承诺的强化。

2008 年 4 月，李明博总统和布什总统达成韩美建设"21 世纪战略性同盟关系"的协议，② 一年后的 2009 年 6 月，李明博总统与奥巴马总统发表了以"韩美同盟未来展望"为题的联合声明。③

根据联合声明，面对来自朝鲜核武器等大规模杀伤性武器的"威胁"，美国将为韩国提供延伸威慑，即美国保证，若韩国遭到朝鲜的核攻击，将动用核保护伞与常规打击能力、导弹防御体系（MD）等一切手段，给予反击。必要时会将驻扎在世界各地的美军战斗力增派至朝鲜半岛。这是美国首次以书面形式明确给予韩国"核保护伞"，给了韩国一颗"定心丸"。

其四，美国对韩国全方位安保的强化。

美国等在 2003 年发起"防扩散安全倡议"（Proliferation Security Initiative，PSI），当时的韩国政府由于顾及朝鲜的强烈反应，一直没有参与。但是，2009 年 5 月 26 日，也就是朝鲜第二次核试验后的第二天，韩国立即宣布正式全面加入"防扩散安全倡议"，使韩国得以在美国的帮助下，"以更大力度参与防止大规模杀伤性武器扩散"，在自己的领海和领空对"存在运输大规模杀伤性武器嫌疑的船只和航空器"进行检查。④

---

① 美军有许多已公开的应对朝鲜局势变化的作战计划，有的计划细节已随国际形势变化而更改或废弃。"作战计划 5029" 就是其中之一，1999 年制订，是假设朝鲜内乱时美韩介入的方案。

② Kim Sung - han, "From Blood Alliance to Strategic Alliance: Korea's Evolving Strategic Thought toward the United States", *The Korean Journal of Defense Analysis*, Vol. 22, No. 3, 2010, p. 276.

③ The White House, "Joint Vision for the Alliance of the United States of America and the Republic of Korea", June 16, 2009.

④ 《韩国宣布正式加入防扩散安全倡议》，新华社首尔 2009 年 5 月 26 日电。

2010 年 6 月，韩美首脑同意将战事作战指挥权移交的时间由 2012 年 4 月推迟至 2015 年 12 月 1 日。① 这样，由于朝鲜半岛安全形势的变化和韩国方面的再三请求，2007 年卢武铉总统执政期间与美国达成的移交战时作战指挥权被推迟了三年。

2010 年 10 月，韩国国防部宣布决定强化"韩国防空与导弹防御"（Korea Air and Missile Defense，KAMD）体系与美国地区导弹防御体系的合作。②

2011 年 10 月，美国国防部部长帕内塔明确表示，"虽然美国将削减国防预算，但不会裁减驻韩美军"，"美国在条件允许的情况下，将力所能及地向韩国派遣美军，执行防御任务"。③

综上，"2 + 2"会谈、联合军事演习、核保护伞、延伸威慑、PSI……无一不体现出韩美同盟的强化。

（二）更宽泛的韩美同盟

韩国认为，韩美同盟面临着三大挑战，即在朝鲜半岛层面，如何应对因朝鲜领导人接班体制而引发的不确定性；④ 在东亚地区层面，如何应对中国的崛起，建立既有安全性又有包容性的东亚体制；在全球层面，如何应对美欧的衰弱和新兴国家的崛起，建立全球治理及合作体制，共同应对气候变化、核扩散及恐怖主义袭击等问题。⑤

早在 2008 年 4 月 16 日，韩国总统李明博访美时就提出，"21 世纪面临新的国际环境，韩国和美国应制定新的战略总体规划，为朝鲜半岛及亚洲的和平与繁荣做出贡献"，并提议将韩美同盟定义为"价值同盟、互信同盟、构筑和平同盟"。⑥ 根据李明博的设想，韩美同盟的目的应该不仅仅局限于保障朝鲜半岛的安全，而要扩大到为维持国际社会的和平与

---

① 徐启生：《美韩达成推迟移交战时军控权协议》，《光明日报》2010 年 6 月 28 日，第 8 版。
② Gim, Minseok, "South Korea to Build an Independent MD", Joongang Ilbo, Oct. 25, 2010.
③ 美国防长帕内塔称决不会裁减驻韩美军，中评社香港 2011 年 10 月 27 日电。
④ Choi, Jinwook, and Meredith, Shaw, "The Rise of Kim Jong Eun and the Return of the Party", *International Journal of Korean Unification Studies*, Vol. 19, No. 2, 2010, pp. 176 – 179.
⑤ Lee, Hye – Jeong, "Status Quo of the South Korea – United States Alliance: Centered on the Strategic Alliance Project", *Contemporary Korea*, No. 3, 2010, p. 6.
⑥ 《李明博提出 21 世纪韩美同盟三原则》，韩国联合通讯社 2008 年 4 月 18 日电。

秩序做贡献。

韩美两国在基本价值观和市场经济方面有着共同的认识，加上美国从全局考虑，也需要将韩美同盟引入更为广阔的视野，将同盟关系逐步提升为一种全球性的合作伙伴关系，因此，美国多名高官不断鼓励韩国发挥更大的作用，称"韩国要进行适当的投入和积极参与国际军事行动"，这"符合韩国的核心利益""符合韩国不断提升的国际地位"。①

2009年6月，韩美两国元首共同签署的《韩美同盟未来展望》明确两国将在朝鲜半岛、亚太地区和全球三个层面构筑"全面战略同盟"。②

两国设想，同盟不仅能够缓解朝鲜半岛的紧张局势，实现东北亚和平，而且还能提高东亚各国的安保信心及军事透明度，为建立多方安保合作机制打下基础；同盟共享自由民主主义和市场经济价值，也能够在更多的领域发挥更大的作用；同盟有着共同的东亚乃至全世界的战略利益，能够为建立世界和平做出贡献。③

两国设想，可能展开对话、合作与协调的议题将涵盖诸多领域，如为建立开放的民主制度及增进人权而努力；加强反恐合作、防止大规模杀伤性武器和运载工具的扩散，遵守并履行国家安全合作协议；防治（禽流感等）跨国界的传染病；进行多边维和活动、应对危机及灾害管理等。④

这样，不仅韩美之间原本的军事合作得到了巩固，两国今后还将在更多的、更宽泛的领域积极开拓合作。

（三）更全面的韩美同盟

2011年10月12日，韩美自由贸易协定（FTA）履行法案相继在美国参众两院通过。⑤ 这距离2007年6月30日韩国的卢武铉政府和美国的乔

---

① 于青：《美国防部长盖茨出访日韩——试图探清虚实、强化同盟关系》，《人民日报》2009年10月22日，第13版。

② The White House，"Joint Vision for the Alliance of the United States of America and the Republic of Korea"，June 16，2009.

③ Ministry of National Defense，Republic of Korea，"2010 Defense White Paper"，2011，p. 78.

④ Ministry of National Defense，Republic of Korea，"2010 Defense White Paper"，2011，p. 80.

⑤ 《奥巴马批准韩美自由贸易协定》，韩国国际广播电台KBS，2011年10月22日。

治·布什政府签署协议已过去了4年零3个月。①

韩美自由贸易协定虽然历经多年的反复，直到2012年3月才正式生效，但是其所具有的象征意义和未来的经济发展潜力不容小觑。

韩美同盟从建立之日起就具有显著的双边军事同盟的特点。但随着国际安全形势和格局的变化，这种以军事为主的同盟关系已经不能满足双方更广泛全面的战略需求，两国之间还一度出现摩擦和分歧。

韩美自由贸易协定为两国同盟的进一步发展找到了一条很好的出路，正如美国总统奥巴马指出的，"韩美FTA并非单纯的经济同盟，它将进一步巩固韩美间的同盟关系"②。

韩美自由贸易协定是美国与亚洲主要国家签订的第一个自由贸易协定，也是继1993年签订《北美自由贸易协定》后，美国签署的第二大的自由贸易协定。韩美自贸协定对韩国来说是《韩欧自由贸易协定》后的第二大自由贸易协定。据估算，韩美自由贸易协定将使韩美两国近3.62亿消费者受益，5年内取消95%的双边贸易关税。③

通过韩美自由贸易协定，两国可以将多年来纷争不断的韩美经济关系纳入机制化的双边解决轨道，从而减轻其负面影响，为双边军事、政治关系的发展提供动力。④

通过韩美自由贸易协定，两国可以使韩美同盟从军事安全同盟"一条腿"走路变成军事同盟与经济同盟"两条腿"走路，⑤ 韩美将在军事、经济乃至政治上牢牢地捆绑在一起，成为利益共同体。

通过韩美自由贸易协定，两国可以将同盟关系从以地理区域为取向的同盟转向以问题为取向的同盟，从以威胁驱动的同盟转向利益驱动的同盟，并赋予同盟新的活力。⑥

---

① Ser, Myo - ja, "U. S. Speedily Ratifies FTA with Korea", Joongang Ilbo, Oct. 14, 2011.

② 张小明：《美国与东亚关系导论》，北京大学出版社，2011，第183页。

③ Liberto, Jennifer, "Congress Passes Trade Deals", CNN, Oct. 12, 2011.

④ CSIS, *Strengthening the U. S. - ROK Alliance: A Blueprint for the 21st Century*, the Center for Strategic and International Studies, the Edmund A. Walsh School of Foreign Service, Georgetown University and the Seoul Forum for International Affairs in the Republic of Korea, Sep. 30, 2003.

⑤ 崔荣伟：《体系、社会和国家：理解美韩自由贸易协定》，《当代亚太》2010年第2期，第82页。

⑥ 汪伟民：《联盟理论与美国的联盟战略：以美日、美韩联盟研究为例》，世界知识出版社，2007，第226～229页。

通过韩美自由贸易协定，韩国也可以在韩美同盟框架内更多地发挥在政治、经济、地区安全和国际事务中的作用，满足韩国国内"自主外交派""国家主义派""多边安全派"的政治与心理需求。[①]

随着韩美自由贸易协定的付诸实施，韩美同盟逐渐改变了过去单一的军事支柱同盟性质。这种军事、经济两方面的融合给同盟带来重大的结构性变化，使韩美同盟出现新的突破和超越，成为名副其实的集政治、经济、安全和文化等为一体的"全方位"同盟。

（四）更具战略性的韩美同盟

冷战的终结使东北亚安全形势发生了结构性变化，但是，朝韩与周边四大国的"交叉承认"却没有完成，朝鲜半岛"停战机制"转化为和平机制也没有进展，地区局势持续紧张。

过去几年，由于日韩关系紧张，"（美日韩）三方对朝政策协调和监督小组"（Trilateral Consultative and Oversight Group，TCOG）几乎停止运作。但是，在李明博上台后，在美国的大力撮合下，美日韩"铁三角联盟"得以明显加强。

美国积极推动三边合作，美国参谋长联席会议主席马伦曾明确表示，"希望进行韩国、日本和美国的联合演习"，"韩日两国应该克服过去的历史，构建安保合作"。[②]

2010年7月25～28日，在韩美联合举行的"不屈的意志"军事演习中，4名日本海上自卫队队官受邀观摩，[③] 这是日本军官首次作为观察员参加韩美联合军事演习。2010年10月13～14日，韩国在釜山附近海域主导多国参与的"防扩散联合演习"，日本派遣驱逐舰和反潜巡逻机参演，创造了日本在朝鲜半岛附近海域进行军事演习的先例。2010年12月3～10日，日美在日本周边海域和空域展开规模大于以往历次的日美联合军事演

---

① 王刚、詹德斌：《韩国对美国心态矛盾——主张自主却忧虑威胁》，《环球时报》2012年10月25日。

② 中新网2010年12月8日转载美国《华尔街日报》文章《美日韩打造防卫统一战线》。

③ 姬新龙：《韩美在日本海开始联合军演》，《新华每日电讯》2010年7月26日，第5版。

习，韩国军队也首次派遣观察员观摩。①

2011 年 1 月 10 日，韩国国防部部长金宽镇与日本防卫相北泽俊美举行会谈，双方一致同意强化彼此间的安全和防务合作，并决定今后每年轮流主办国防部部长级和副部长级会谈。双方还商定开始谈判签署《物资劳务相互提供协定》（ACSA）和《军事情报保护协定》（GSOMIA）。如果韩日军事合作协定得以签署，将是日韩之间首次达成军事协定。②

上述几个"首次"意味着美日韩三边军事关系正在逐步加强。虽然在韩国国内的强烈反对下，韩日《军事情报保护协定》最终没有签署，但是在美日韩三边关系中，最为薄弱的一对双边关系，即韩日军事关系得到了一定程度的加强。

在美国的不断努力下，其东亚的盟国，韩国、日本、澳大利亚等纷纷加强了相互之间的横向军事联系，过去盟国与美国之间的双边"辐轴"结构逐步发展为多边的、相互交织的、以美国为主的军事同盟体系。

由此可见，在韩美两国领导人的精心打造之下，韩美同盟已经升级为一个更强化、更宽泛、更全面、更具战略性的多元全方位同盟。

三　韩美同盟与地区局势

奥巴马曾经说过："韩国是美国最亲近的盟国之一，也是最伟大的朋友之一。"③ 韩美两国首脑也一致认为，"韩美同盟对于韩国来说是'安保第一支柱'，对于美国来说是'确保太平洋地区稳定的基石'"④，两国将共同巩固"促进和平及繁荣的太平洋联盟"。

---

① 于青、莽九晨：《美韩、美日同日开练考验东北亚局势》，《人民日报》2009 年 2 月 28 日，第 21 版。

② 陈言：《日韩美抑制中国新策略：继续搅局东亚》，《国防时报》2011 年 1 月 26 日，第 11 版。

③ Government of US，"President Obama Vows Strengthened U. S. – South Korea Ties"，U. S. Embassy Seoul，April 2，2009.

④ 韩国认为，"linchpin"和"cornerstone"是有区别的，linchpin 指汽车或马车、牛车上用于固定车轮的车轴，外交上多用来比喻拥有共同政策目标的必要伙伴；cornerstone 指用来支撑房屋等建筑物的基石，外交上多用来比喻伙伴关系。在 2013 年 5 月 9 日签署的《纪念韩美结盟 60 周年联合宣言》的官方文件中用"linchpin"，说明韩美同盟的重要性提高了。

在韩美的共同努力下，韩美同盟逐渐宽泛化和全面化，这种突破传统模式、超越陈旧概念的"新型"同盟关系，看似改变了过去单一性质的军事同盟——既不针对具体某个国家，也不再强调以地理位置、地缘政治为基础，但是，在东北亚地区，特别是朝鲜半岛，韩美同盟与朝鲜仍然深陷"安全困境"。①

"安全困境"，又叫"安全两难"，在国际政治的现实主义理论②中，它是指一个国家为了保障自身安全而采取的措施，反而会降低其他国家的安全感，从而导致该国自身更加不安全的现象。一个国家即使是出于防御目的增强军备，也会被其他国家视为需要做出反应的威胁，这样一种相互作用的过程是国家难以摆脱的一种困境。

按照韩美的看法，韩美同盟的维系和加强很大程度上是因为朝鲜——朝鲜加强国防建设，发展包括核和导弹在内的进攻性武器，并不断进行"挑衅"，"威胁"韩国人民的生命和财产安全。

然而，对于朝鲜来说，其强调"主体思想""先军政治"的大政方针，同样是因为身处恶劣的周边环境，特别是韩美同盟加强后不断对朝鲜的威胁，朝鲜为维护国家安全和政权稳定不得不提高军事实力。

冷战结束后，一方面，朝鲜因经济困难国力不足，无法维系与韩国在常规武器上的军备竞赛；另一方面，朝鲜认为自身的安全难以得到足够的保障，就将目光转向了更有威慑力的核武器及远程弹道导弹。

在朝鲜看来，美国将朝鲜视为"邪恶轴心"、核打击对象国等，没有放弃对朝鲜的"政权更迭"企图，韩国也一直试图实现以韩国为主导的吞并式的统一。伊拉克和利比亚的事例更让朝鲜领导人认识到拥核自保的重要性，将拥核写入宪法，坚定地发展核武器。

朝鲜的这些行动又反作用于韩美同盟，促使韩美更加靠拢，通过联合军事演习等高压措施来保持和维系对朝鲜的武力威慑。

这样，韩美同盟和朝鲜就陷入了一种恶性循环，双方改善自身安全处境的行为会促使对手进一步增强实力，所以无法消除自身的不安全感。③

---

① 龚克瑜：《美日韩强化联盟，有多少后患》，《解放日报》2008 年 6 月 16 日。
② Kenneth N. Waltz, *Theory of International Politics*, Waveland Press, 2010, pp. 132 – 135.
③ 沈定昌：《李明博时期的美韩同盟》，《第 12 届中国韩国学国际学术大会论文集》，2011，第 45 ~ 50 页。

在李明博政府时期，2010 年重创朝鲜半岛南北关系的天安舰和延坪岛事件发生后，韩国深深地感受到来自朝鲜的"现实威胁"和自身国防能力不足的弊病，在拉拢美国、强化韩美同盟的同时，也不断加强自身的国防力量，并在多个领域实现突破。

其一，拥有"先斩后奏"的权利。2010 年 12 月 7 日，韩国国防部表示，如果遭到敌人的攻击，各级部队指挥官可以行使自卫权，根据"先采取措施后报告"的原则，对敌人的攻击源进行精确打击。[①] 这是美国第一次赋予韩国先斩后奏、先打后报的权利。

其二，全面修改"交战守则"。根据美国领导的联合国军司令部在 1953 年制定的交战守则，"在遭到攻击时要以对等的武器体系进行 2 倍的应对"的限制，也就是严格规定了反击的数量和质量，即受到炮击时要以炮击进行反击，还击的炮弹不能够超过对方的 2 倍。但是现在，韩国军方已经不用再遵守这条交战守则了。

其三，扩大导弹射程。根据韩美导弹协议的规定，弹道导弹射程限制在 300 千米以下，弹头重量限制在 500 千克以下。但是，韩国提出，在朝鲜已经拥有远程导弹并进行多次核试验的情况下，韩国也必须延长自身导弹的射程。2012 年 10 月 7 日，美国同意将韩国弹道导弹射程从 300 千米延长至 800 千米，[②] 射程 550 千米的导弹弹头重量增加到 1000 千克，300 千米导弹弹头重量增加到 2000 千克。[③]

值得关注的是战时指挥权的移交问题。长期以来，美方迟迟不肯交出军事行动指挥权，一方面是为了提高韩美联合防御作战的效能，另一方面是为了对韩军的军事行动进行有效监控，以免韩国政府的任何军事盲动导致朝鲜半岛局势一发不可收拾。经韩美多轮交涉后，美国方面称，2015 年后不再延长移交战时指挥权，届时将给予韩国军队绝对的自治权。[④]

根据韩美协议，战时指挥权移交后，在朝鲜半岛危机以及战争时期，

---

① 姬新龙：《韩国军方允许各级指挥官应对挑衅可"先打后报"》，新华社首尔 2010 年 12 月 8 日电。

② 如果韩国 800 千米射程的弹道导弹部署在仁川等中西部地区，中国的北京、天津、山东、江苏等都将在其射程范围之内。

③ 《韩美同意将韩导弹射程延至 800 公里》，韩国联合通讯社首尔 2012 年 10 月 7 日电。

④ 徐启生：《美韩达成推迟移交战时军控权协议》，《光明日报》2010 年 6 月 28 日，第 8 版。

韩美联合司令部的作战指挥权将归韩国军方，韩美在战时的沟通机制将发生重大变化。①

这样，韩美同盟中的重要一环——美国对韩国的遏制和管控能力将大为降低，直接的后果就是朝鲜半岛局势不确定性和不稳定性增加。

2011年6月17日，韩国爆出乌龙事件，凌晨4时左右，驻守在京畿道江华郡的两名韩国海军陆战队士兵，误将正在准备降落的韩国客机当作正在"入侵"的朝鲜战斗机，并用K-2步枪对空开火10分钟。所幸飞机不在步枪子弹的有效射程内，客机未受任何影响。② 这个事件的发生更加增添了周边国家对朝鲜半岛局势动荡的不安。

由于朝鲜退出停战协定，从法理上来说，朝鲜半岛南北双方仍处在"准交战状态"，朝韩双方的互不相让和互不信赖很可能导致矛盾的爆发和冲突的升级，使任何擦枪走火都有可能造成无法挽回的后果。再加上周边大国在朝鲜半岛的战略利益和核问题上所持立场不同，韩美同盟的强化将会加剧大国间的矛盾和纷争，引发军备竞赛，进而破坏地区原有的脆弱的战略安全均势，给未来的地区安全和稳定增添更多的不确定因素。

事实上，韩美同盟所维系的地区安全和稳定，只是暂时的和表面的，并非是一种有助于地区和平的战略框架，只不过是目前状况下的权宜之计，无法从根本上防止问题出现或者解决问题。

周边国家期待的是一种真正意义上的地区多边安全机制，通过多边安全对话，增进相互了解与信任，推进合作安全理念，建立合理公正的关系准则，来真正实现地区的和平与稳定。

---

① Bruce Klingner, "Challenges to Transforming the Korean Armistice into a Peace Treaty", *The Journal of East Asian Affairs*, Vol. 25, No. 1, 2011, pp. 80 – 82.

② 《韩国军方就误射客机道歉 称不惩罚哨兵》，《环球日报》2011年6月20日。

民族主义与东亚的"分裂"

赵立新

【内容提要】受近代以来包括冷战期间遗留的历史"遗产"的影响，冷战结束后中韩日三国的民族主义思潮在"尚未完成的历史使命"的召唤下始终兴盛不衰。围绕历史认知问题和近年来愈演愈烈的领土主权之争，东亚民族主义的高涨正在摧毁民族和解的希望，把地缘政治、安全、经济上相互依赖的东亚国家引向文化和认同的"分裂"。东亚"分裂"的最坏结果不一定就意味着战争，但是"分裂"的过程本身无论从哪个角度看，都将是一个历史性的、悲剧性的错误。对峙的民族主义会越来越失去市场，民族主义的冲突永远不应该是东亚国家的优先选择。

【关 键 词】东亚 民族主义 文化 认同 分裂

【作者简介】赵立新（1968～ ），男，中国吉林人，延边大学政治与公共管理学院国际政治专业教授。

一 绪 论

在"充满快乐和荣誉"① 的伦敦奥运会上，东亚国家②的体育力量得到了最充分的展示，中国、韩国和日本的金牌总数分列第 2、5、11 位。这

---

① （北京时间）2012 年 8 月 13 日，伦敦奥运闭幕式在"伦敦碗"进行，国际奥委会主席罗格评价伦敦奥运会是一届充满快乐和荣誉的运动会。

② 在本文中，东亚国家专指中国、韩国和日本。鉴于朝鲜与国际社会沟通和互动的实际情况，特别是与中韩日关系的特殊性，故本文的研究不涉及朝鲜。——本文作者注

是一个历史性的、令人感慨和振奋的时刻——东亚的成功不仅仅是"经济总量的增长"，东亚民族的进取精神也正在让世界刮目相看。在全球经济增速趋缓，诸多全球、地区问题亟待解决之际，人们期待东亚国家能够承担起更多的责任，不仅为世界经济复苏做出应有的贡献，还应该以地区稳定来保障世界和平。然而让人失望的是，伦敦奥运会的帷幕落下不久，随着中日之间钓鱼岛主权之争，日韩之间独岛（日本称竹岛，下同）主权之争，加之固有的历史问题，东亚国家新一轮民族主义情绪再度高涨。内耗已经不由自主地开始，对全球问题的贡献难免要打折扣。由于此次日本政府的表现很不寻常，东亚的未来已经开始真正让人担忧起来。

笔者认为，当前状况的出现既有外部力量因素的作用和挑拨，但更主要的还是近代以来包括冷战历史的"遗产"始终在作祟，其中惯于强调共同历史记忆和民族活动年表并深深扎根于空间、领土意识的东亚民族主义，在"尚未完成的历史使命"的召唤下，正在一次次地摧毁东亚地区民族和解的希望，把地缘政治、安全、经济上相互依赖的东亚国家引向文化和认同的"分裂"。

二　无法实现的民族和解

和解，在一般的意义上即为"平息纷争、言归于好"。对于东亚国家，这两个字有着特殊的意义和不同的期待。如何能够做到既顾及本国人民的情感，又尊重别国人民的情感？如何能够做到既以现实和未来为重，又能妥善处理历史宿怨？这不仅是日本，也是中韩共同面对的难题。

没有人怀疑中韩日三国追求经济合作和地区安全的诚意，然而政治上的互信和文化精神的分裂总是揭示出现实的另一面——敏感、戒备和对抗始终是中韩日国家间关系的主线，"安全困境"难以摆脱，忧患意识不断强化，"制度的真空"无法填补，谋求深层次区域合作的政治基础单薄而脆弱，至于建立某种"共同体"的提法，从20世纪初到今天，一直也没有摆脱"乌托邦"的色彩。东亚曾经是世界文明的发祥地之一，今天东亚国家也不同程度地实现了经济的腾飞。但是在当今世界体系中，与经济成就相比，东亚国家的政治作用未能很好地整合，尤其是在地区和国际事务中"话语权"十分微弱，"共同的声音"就更少了。从联合国到世贸组织，从地区冲突到全球问题，西方国家仍然主导着国际关系，国际机制的"欧美属性"一如既往。"西方正在、并将继续试图通过将自己的利益确定为'世界和解共同利益'来保持其主导地位和维护自己的利益。"① 地理大发现以来，曾经发生过的"东方从属于西方"的一幕在某种意义上仍然在上演，而这对东方国家、东方文明、东方民族意味着什么？不仅如此，在可以预见的将来，东亚国家间沟通和和解的障碍依然难以消除，各国在强调各自特殊性的道路上正渐行渐远，民族主义的勃兴与地区主义的萌芽像一对孪生怪体，使东亚国家陷入了"抉择的烦恼"。东亚和解不仅成为跨世纪的难题，同时也暗示着"从属"历史的延续。

历史从来不给附庸以地位，真正意义上的东亚复兴不应该仅仅是"经济增长"。在反思东亚国家难以和解的内外原因时，不同的立场、不同的学科、不同的视角可能会有不同的答案，但有一点是研究者的共识：历史问题（包括历史记忆和历史认知）给东亚国家带来了困扰，而且一个多世纪以来一直是东亚国家一个沉重的、既无法回避又无法卸掉的"包袱"。众所周知，在过去的一个多世纪里，东亚的战争灾难皆由日本引发，然而日本对侵略历史问题的认知和行动，难以消除东亚各国的顾虑，难以取得东亚各国的谅解。"在冷战的大部分时间里，日本都站在与亚洲背道而驰的立场上。"② 虽然 1965 年与韩国建交、1972 年与中国实现了邦交"正常化"，但直到 1995 年日本议会才通过一项决议，对亚洲国家由于日本的侵略战争和殖民统治所遭受的痛苦表达了歉意。此后，从"村山谈话"开始，其继任者们才开始表述类似立场。在实际行动层面，与德国这个"榜样"相比，多数日本政要对历史问题态度暧昧，对战争遗留问题的处理消极拖沓，执意参拜靖国神社，纵容右翼势力篡改历史教科书，试图修改《和平宪法》……2001 年 4 月至 2006 年 9 月，日本首相小泉纯一郎在 5 年任期内 6 次参拜靖国神社，虽遭到中、韩等国的强烈批评和坚决反对，但《每日新闻》《日本经济新闻》的调查显示，民众支持比率却高达 47% 和

---

① 〔美〕塞缪尔·亨廷顿：《文明的冲突与世界秩序的重建》，周琪等译，新华出版社，1998，第 200 页。

② 〔澳〕加文·麦考马克：《附庸国：美国怀抱中的日本》，丁占杰、许春山译，社会科学文献出版社，2008，第 11 页。

49%，① 其国民认同基础可见一斑。民族主义的对峙给东亚和解增加了新的障碍，围绕历史问题的"神经消耗战"又开辟了新的战场。姑且不论中韩日三国能否在政治和历史层面（比如共同编写历史教科书）达成妥协，仅就中韩两国的民族感情、民族尊严而言，东亚和解不啻是一场关乎真理与正义的斗争，它所涉及的是人类社会不可交易的崇高的精神原则。

在绝大多数中国人和韩国人看来，东亚和解的前提首先就应该是日本对历史的真正反省，这还有什么疑问吗？有人认为，"东亚三国之间的历史认识问题……并不是一种外交上的'利益诉求'，更不是所谓一张外交上的'牌'，而是一种'道德诉求'，与其说是基于现代国际关系的法理，不如将其理解为植根于儒家文化的'道德诉求'。所以其特征之一是表现出某种'执着性'"②。这样的观点模棱两可，中国和韩国要求日本反省历史的"执着性"与日本不遗余力否认历史的"执着性"相比似乎更逊一筹，置人类道义和国际法庭的判决于不顾还谈什么国际关系的法理呢？日本早稻田大学名誉教授依田憙家的观点则反映了日本学者的立场：

> 日方研究人员明确表示，1931 年至 1945 年日中间的战争是日本发动的侵略者战争，在南京以及其他地方日军进行了大量的屠杀，在日本史学界早已成了定论。没有就被屠杀市民的数量得出结论，也是可以理解的。"参拜靖国神社问题"是日中两国政府建立起信赖关系的根本性问题，这一问题必须与宗教问题以及国家的宗教感情分割开来讨论，小泉首相的参拜应该作为整个亚洲的问题进行批判。中国和韩国并不反对日本纪念死者，问题在于靖国神社将东京审判被处以死刑的 5 个甲级战犯进行了合祀。一部分人提出了"中国威胁论"，这正是"脱亚论"经过改头换面在当今时代的复出。关于教科书问题，日本方面已经有了很大进步，在日本言论、表达的自由是个原则性问题。关于台湾问题，日本政府态度明确，日本国民中有不少人对台湾颇有同情心理，对已经实现了较高民主化的台湾，具有相当程度的亲近感。第二次世界大战后 60 年的历史，是一段空前的和平、安定、友好的历史，两国有必要更多地加以宣扬。日本国民应该更加深入

---

① 据 2006 年 8 月 16 日中国中央电视台新闻专题文稿《小泉今天再次参拜靖国神社》。
② 胡令远：《东亚实现真正和解的文化思考》，《日本研究》2008 年第 4 期，第 17 页。

地了解日本在近代史上对中、朝、韩等邻国侵略所带来的种种痛苦。日本最终无条件投降，日本人民也是军国主义的受害者。"投降"这一事实的意义远远超过了"道歉"，中国人应给予更多地体念。战胜国的意识也往往有陷入大国主义的危险。相互的受害者意识难以解决，过度膨胀的话将导致严重的对立。现在中国最大的课题是恢复亚洲的文化大国地位，才能被世界认可，亚洲的稳定和发展才将得以保障……①

类似的观点试图"超越"对"历史问题及其性质"的争论，是一种主张"相互理解"的愿望诉求。然而问题在于，这样的立场和观点在东亚国家能被各国政府、社会和普通民众普遍接受吗？抛开学界和民间的呼声，日本政府在战后为实现与亚洲国家的和解，确实不止一次地表达过道歉和反省，也表达过与军国主义彻底决裂的立场。若非如此，也无法实现与中、韩等国的邦交正常化。在某种意义上，与"亚洲国家的和解"和"否定过去"是同一过程的两个方面。但是也必须看到，在日本国内的确存在着一股强劲的暗流，认为"新宪法所倡导的民主主义、和平主义包含着破坏日本优良传统的一面，对全盘否定战前日本发展的氛围感到不能容忍"②。这股暗流就是不断涌积的民族主义。日本学者若宫启文通过其描述的"翌年法则"③，清晰地揭示了和解与民族主义的微妙关系，并认为这种情况即便是偶然的，但如此重复地出现，也足以证明有一只"看不见的手"在暗中操纵着平衡（见表1）。④ 中、韩等国即使能够察觉日本有向战前回归的动向，但出于前一年"友好的铺垫"加之无法干涉内政等原因，也只能是提高警惕，认定日本是缺乏诚意且"原地踏步"罢了。对日本民族主义而言，这显然是一种心理的平衡和补偿。

---

① 参见〔日〕依田憙家《关于目前中日之间的相互理解问题》，《史学理论研究》2011 年第 1 期，第 15 ~ 21 页。
② 〔日〕若宫启文：《和解与民族主义》，吴寄南译，上海译文出版社，2008，第 47 页。
③ 所谓"翌年法则"是日本学者若宫启文在观察战后大事年表时，偶然发现的一种可以称之为"法则"的有趣现象，即战后以来，日本每次向亚洲国家道歉或表示和解，那么第二年国内都会有"回归传统"的重要大事出台。详见〔日〕若宫启文《和解与民族主义》，吴寄南译，上海译文出版社，2008，第 48 ~ 59 页。
④ 引自〔日〕若宫启文《和解与民族主义》，吴寄南译，上海译文出版社，2008，第 49 页。

表1　翌年法则

年　份	道歉或表示和解	"回归传统"的重要事件
1965	椎明外相访问韩国，发表对殖民统治表示"遗憾""反省"的声明，日韩缔结基本条约	
1966		确定"建国纪念日"
1978	福田首相任内缔结《日中和平友好条约》，邓小平访日并会见日本天皇	
1979		制定"年号法"
1984	韩国总统全斗焕访日，昭和天皇对过去表示"遗憾"	
1985		中曾根首相在"8·15"参拜靖国神社
1995	村山首相发表"8·15"谈话，表示道歉	
1996		桥本首相参拜靖国神社
1998	韩国总统金大中、中国国家主席江泽民访日，并分别发表"联合宣言"	
1999		制定《国旗国歌法》
2001		小泉首相在8·13参拜靖国神社，以后每年都参拜
2001	小泉首相访问朝鲜，发表"平壤宣言"，绑架问题浮出水面	

　　外部的力量也在阻碍东亚和解的进程，"华盛顿有些人相信，恐慌的日本才是同盟的日本……中日和解对华盛顿来说可能是噩梦，但对于中日双方来说却将带来难以计算的利益"①。愈来愈充分的证据表明，中韩日之间的历史问题不会像它们各自所期待的那样解决。这其中的缘由既有民族主义的对立和不相容，在很大程度上也是由历史学本身的"非中立性"决定的。

---

① 〔美〕理查德·塞缪尔斯：《日本大战略与东亚的未来》，刘铁娃译，上海人民出版社，2010，第271页。

三 "文化精神分裂症"

民族主义带来的另一个影响是使东亚国家不同程度地患上了"文化精神分裂症"。其表现之一是在近代化过程中对民族传统文化的质疑和否定，表现之二是民族国家构建和相互交往过程中刻意强调文化的独立性、特殊性，表现之三是用经济的成功来证明文化的优越。就其"病因"而言，既有外部的压力，也有来自东亚社会内部的关系紧张。就其性质而言，则是缺乏对民族文化的反省、反思和自我批判。

如前所述，近代以来东亚民族文化的抉择与发展是东亚民族主义冲突的深层根源，在主观上影响了东亚国家的历史命运。19世纪中期以后，以儒学或儒释道为核心的中国传统文化面对西方的严峻挑战和社会急剧变化的现实，已无法顺应时代拯救民族危亡。1894年中国在甲午战争中失败后，"中学为体，西学为用"的洋务运动彻底破产，经历戊戌变法、晚清"新政"直至辛亥革命，儒学彻底丧失了作为官方意识形态的地位。新中国成立后，儒家思想在社会政治生活领域几乎被完全排斥。在中国儒学陷入危机并走向全面衰落的同时，日本民族显示了其善于学习和善于应变的长处，在将"变异的儒学"改造为国家道德准则的同时，推动了"脱亚入欧"的文明开化浪潮。而这一过程充满了对中国文化"停滞性"的批判和对西方"器物文明"的倾心向往。对朝鲜来说，正统地位的儒家思想逐渐丧失权威，宣讲儒学的成均馆、书院陆续解体，科举制度被废除。日本侵占朝鲜之后，儒家思想竟成为巩固殖民统治、以"王道"之名奴化朝鲜人民的工具。民族生存和儒家伦理的危机在根本上动摇和改变了近代朝鲜民族的"中华观念"。东亚近代化的过程伴随着民族主义的兴起，为独立、主权、领土和国家利益而进行的"热战""冷战"贯穿于20世纪的大部分时间。曾经存在的"共同""共通""共有"的文化认知空间已大大萎缩，意识形态又给民族文化染上了难以调和的"色彩"。如果非要找出这些"色彩"的共同属性，那就是皆来源于西方——或自由主义，或马克思主义。

"在20世纪的最后20年中，发生了两件具有世界历史意义的事件：苏联作为世界两大军事霸主之一的解体，以及东亚地区作为世界经济力量中心之一的崛起。"① 苏联的解体已不再引起人们的兴趣，它只是又一次印证了帝国兴衰的规律。东亚的崛起——如果考虑到该地区历史上曾经的繁荣和地位，也可以称之为"东亚的复兴"——改变了亚洲与西方的均势，具体讲是与美国之间的均势。经济的成功给东亚国家带来了自信和自我伸张，同时也明示了这一过程与"西方模式"的根本不同。"财富像权力一样也被看作是优点的证明及道德和文化优越性的显示。当东亚人在经济上获得更大成功时，他们便毫不犹豫地强调自己文化的独特性，鼓吹他们的价值观和生活方式优越于西方和其他社会。亚洲社会越来越无视美国的要求和利益，越来越有能力抵制美国或其他西方国家的压力。"②

也许是历史的轮回，东亚经济的成功使有关"东亚价值"的讨论成为一种现象。"1991 年新加坡政府白皮书提出五大原则来解释东亚价值：国家先于社会；社会先于个人；国之本在于家；国家、社会要尊重个人；和谐比冲突更能维持社会秩序。"③ 美国学者塞缪尔·亨廷顿也注意到亚洲越来越倾向于肯定自我，"东亚将在世界事务中变得越来越强有力，东亚经济的成功是亚洲文化的产物，亚洲文化优越于西方。东亚人意识到亚洲社会的差异但认为存在着重要的共性。亚洲的模式和价值观是非西方社会效仿的模式，西方也应采用它自我更新"④。有人认为，东亚价值应该包括"好学勤劳的生活信条、群体本位的价值取向、血缘关系的价值认同、自强不息的奋斗精神、和合的多元价值观"⑤。从儒学文化圈的范畴谈东亚价值，其包括"一是儒家重视整体的观念和群体意识；二是儒家文化自强不息的精神；三是儒家伦理对于调解工业社会中各种人际关系的积极作用；四是儒家重视教育"⑥。还有一些类似的概念和提法，诸如"东亚模式""亚洲价值观""儒家资本主义"等。有关东亚价值的讨论远远超过了文化

---

① 〔美〕乔万尼·阿里吉、滨下武志、马克·塞尔登：《东亚的复兴：以 500 年、150 年和 50 年为视角》，马援译，社会科学文献出版社，2006，第 1 页。

② 〔美〕塞缪尔·亨廷顿：《文明的冲突与世界秩序的重建》，周琪等译，新华出版社，1998，第 104 ~ 105 页。

③ 李文：《东亚的现代化与民族文化》，《当代亚太》2006 年第 12 期，第 49 页。

④ 参见〔美〕塞缪尔·亨廷顿《文明的冲突与世界秩序的重建》，周琪等译，新华出版社，1998，第 324 页。

⑤ 〔越〕阮氏秋芳：《东亚价值与东亚共同体建立的构想》，《东南亚纵横》2010 年第 2 期，第 82 页。

⑥ 杨翰卿：《儒学与现代东亚价值观》，《中州学刊》2002 年第 1 期，第 111 页。

的范畴，当然更超越了国界。"'亚洲价值观'像一片云层笼罩在国际价值观大辩论的上空。在关于人权的辩论中，它被置于西方价值观的对立面。在关于发展问题的讨论中，它的促进增长与发展的价值地位得到了积极的肯定。在制度政治学中，它被论证为一种特殊的、与西方设想不一致的民主观，这种远东的价值观特别被宣扬为能对抵制现代的社会病态起保障作用。"①

热闹的讨论给人深刻的印象，经济的成功被用来证明文化的优越，似乎东亚正迫切期待着"一个以文化为媒介的整合"。那么，真的存在这样一个公认的、与经济成就相联系的"东亚价值"吗？它是如何指导东亚国家"现代化"进程的？

"价值是一个主观的、可选择性的概念。一种事物是否具有价值或其价值体现在何处，不仅取决于它对什么人有意义，而且取决于是谁在作判断。"②"东亚价值"的提出，其表象是强调地区文化的所谓"同质性"和"优越性"，而其隐含的则是对西方文化长期居于主导地位的不满和抗争。东亚地区独特的经济成功首先"应该归结为世界性－地区性层面共同作用的结果，而不应看作仅仅是单一国家层面的封闭式发展的结果"③。当然不能说与文化特质毫无关联，但主要的是国家发展战略的得当，同时借助于全球性贸易体系和市场制度扩散所搭建的平台。美国的霸权也在一定程度上促进了东亚经济的复兴，"二战以来美国在东亚的霸权可以看成是中国主导的朝贡贸易体系转变成了美国主导的朝贡贸易体系……核心国家（美国）的国内市场规模庞大，臣属国（日本、韩国、菲律宾等）通过与核心国家的政治军事联系获得了该体系的认同，并由此打入了该国的国内市场"④。东亚经济的成功，无论是发展模式还是各自路径，都不足以支撑与众不同的"东亚价值"的假定。同时，东亚的复兴，不应该仅仅是经济的增长，因为经济的增长并不意味着实现了现代化。对东亚国家而言，现代

① 〔德〕迪特·森格哈斯：《文明内部的冲突与世界秩序》，张文武译，新华出版社，2004，第152页。
② 何新：《论中国历史与国民意识——何新史学论著选集》，时事出版社，2002，第188页。
③ 〔美〕乔万尼·阿里吉、滨下武志、马克·塞尔登：《东亚的复兴：以500年、150年和50年为视角》，马援译，社会科学文献出版社，2006，第2页。
④ 〔美〕乔万尼·阿里吉、滨下武志、马克·塞尔登：《东亚的复兴：以500年、150年和50年为视角》，马援译，社会科学文献出版社，2006，第384页。

化应该是实现社会文化形态的全面更新。

原本是民族"个性"的东西，执意去强调"类同"，原本是被纳入西方体系中，执意说成是民族的"创造"。东亚复兴的真正原因被"民族主义的自尊心和自豪感"掩盖了，近代化和现代化的过程——东亚经济复兴的过程恰恰是东亚文化精神"分裂"的过程，民族主义充当了这一过程的"分化剂"。所谓"东亚价值"不过是现代化进程中汇聚而成的某种"亚洲期望"。"'亚洲价值观'高压严苛的治国模式只是特定历史时期的产物，它将随着东亚社会的转型而受到挑战，它强调对社会生活的全面控制，本质上鼓励人民的'虚假需求'而放弃社会的批判意识，从而不同程度地导致了庸俗的生活态度，在强调西方对东方理解偏差的同时，可能误导东方对西方的认识，特别是把西方视为邪恶的、具有挑衅性的和价值观方面是腐朽的，以攻击对方的缺陷来掩盖自己的缺陷"①。

目前来看，在文化、价值观层面，东亚是"分裂"的。其一，日本强调其文化独立性和西方国家身份，缺乏东亚归属感，且受地缘政治因素和历史问题影响，其地区身份总是令东亚国家联想到外部强权；其二，韩国对可能出现的"以中国为核心的某种秩序"怀有自觉的或下意识的抵触心理，因而"最渴望保留并维护他们独特的个性，渴望用他们自己的伟大传统支撑这种意识，并与屈从和耻辱的过去区别开来"②；其三，"和谐世界"的构想，是中国国际战略的新理念、新目标，所体现的是不同于"霸权稳定论"的思想基础和具有儒家文化色彩的价值观，能否为东亚邻国接受、为世界更多的国家接受，将是中国面临的前所未有的挑战。东亚国家的民族文化已表现出更多的异质性，真正的"东亚价值"是什么？谁有资格来代表亚洲？东亚国家共同的"精神家园"在哪里？从思想文化的角度看，在整个21世纪"东亚的知识分子能否形成一个群体批判的自我意识，他们之间的交流能否形成一种共识，这是问题的关键"③。倘若是出于对未来的考虑，理性的反思比相互之间毫无保留的批判更容易建立起交流的平台。

---

① 庄礼伟：《"亚洲价值观"的语义与渊源考证》，载吴志攀等《东亚的价值》，北京大学出版社，2010，第310页。
② 〔美〕罗兹·墨菲：《亚洲史》（第四版），黄磷译，海南出版社，2004，第691页。
③ 郭齐勇、郑文龙：《杜维明文集：第一卷》，武汉出版社，2002，第433页。

四　东亚认同的背离

建构主义国际关系理论认为，"文化不仅影响国家行为的各种动机，而且还影响国家的基本特征，即所谓国家的认同"①。认同是利益的基础。欧盟的发展历程揭示，由于无法选择的地缘关系及连带产生的安全上的相互依赖，由于历史、文化传承过程中的相互交流和渗透，某一地区的国家会自然地内生出思想意识、观念、安全与利益的整体感和认同感，继而地区成员趋向于制定共同的制度框架，从而达到"维持和平""获得更大收益""促进社会进步""实现新的自我印象"的目的，主要形式即为经济一体化和政治一体化。从地区安全、经济利益、全球问题的层面看，东亚认同基础上的合作机制的建立是十分必要的。但是由于民族和解没有真正实现，东亚文化精神处于分裂状态，加之"对本民族文化特质和文化传统的珍视和坚守形成一股强大的力量，影响着人们对超越民族的政治机制的选择"②，因而东亚认同的"胎动"尚显微弱。

按理来说，中韩日三国无论是历史、文化还是地缘关系，都有利于内生出地区认同，但由于近代以来发展道路的迥异特别是受到外部力量的影响，区域意识并没有在文化的基础上得以整合，从而导致共有理念缺失、内聚力不足、相互信赖程度低，将区域合作向更高层次推进也就无从谈起。具体分析，有以下两个方面的因素。

其一，中韩日三国的"区域意识"与自身定位都存在偏差。日本自明治维新开始，推行"脱亚入欧"的国策。从人种的观念出发，日本无法否认和回避其"亚洲身份"，但近代日本学者一再强调是被迫接受西方的"Asia"概念的。从文明的观念出发，日本人认为他们已经加入了"西方"并可以做亚洲文明的代表。二战之后，美国对日本社会的改造和日本经济的成功大大强化了日本的西方认同。"日本远在一个世纪以前即已跃入西方技术文明的行列。一百多年来，日本的经历几乎完全集中在西方思想和西方事务方面，他们大多数人对亚洲是冷淡的。他们有一种看不起亚洲人

---

① 倪世雄等：《当代西方国际关系理论》，复旦大学出版社，2007，第228页。
② 洪霞：《欧洲的灵魂：欧洲认同与民族国家的重新整合》，中国大百科全书出版社，2010，第30页。

的倾向。"① 日本人谈论"东亚"概念的时候较为慎重，认可"东亚"的地理意义，但不愿意面对"东亚"的历史和文化意义（或许是因为东亚战争？），甚至很不理解韩国人的矛盾思维——"依然不断地出现试图将'东亚'置于儒教文化之上加以重构的韩国传统派的发言，并奇妙地呼应着来自中国的学者们其中华主义或儒教文化中心主义的发言。不过，明显的这些发言显露了落后于时代的那代人的危机感。正像设置在成均馆里的韩国儒道联盟本部悬挂的横幅标语所显示的危机感一样'反对家族法改正案，死守民族道德'"②。日本人并没有真正把日本看成是东亚国家，这与他们念念不忘的"东亚共同体"相比，真是一个奇怪的反差。

中国的近代之路与对世界认识的摇摆基本吻合。新中国成立后，国际关系领域的经验教训使中国走上了政治上"独立自主"，经济上强调"自力更生"的发展道路，意识形态方面与日韩对立，传统文化遭到破坏。20世纪70年代开始直至改革开放，中国开始认识到自身的缺陷与不足，主动参与到世界体系中。30多年的发展，中国获得了"生产力解放"和"人民思想解放"的丰硕成果，但近代的屈辱、苦难、长期社会动乱的惯性影响和"内忧外患"的现实处境，始终将中国政府和民众的注意力牢牢地牵制在国内事务上，"尽管与日本、韩国的经济往来在不断加深，但中国现阶段的目标是尽快抓住机遇实现民族振兴，关于与日本、韩国结成一个命运共同体的意识还远远没有深入人心"③。韩国近代经历了日本的殖民统治和战后美国的扶持，在文化上体现为一种"复合"基础上的"西化"倾向，西方的"自由""平等""民主""人权"深入人心。面对东北亚区域大国争霸、抗衡的现实，韩国在统一问题无望解决的情况下，无法在东亚认同问题上表现出更多的主动。

其二，民族国家意识大大强于东亚认同。中韩日在经济上的相互依赖，并没有在"东亚认同"范畴内产生"降低主权国家重要性，建立超国家的制度保障"的客观效果。相反，东亚民族主义屡将三国间的矛盾和纠

① 〔美〕劳伦斯·奥尔森：《日本在战后亚洲》，伍成山译，上海人民出版社，1974，第95页。
② 〔日〕子安宣邦：《东亚论：日本现代思想批判》，赵京华译，吉林人民出版社，2004，第45页。
③ 黄大慧：《构建和谐东亚：中日韩关系与东亚未来》，社会科学文献出版社，2010，第189页。

纷突出和放大。现实主义国际关系理论认为，"在国际关系中，国家的行为是理性化的。目标和手段的逻辑连接性表现为国家会有意识地、竭尽可能地去实现它获取国家利益的预定目标"①。就此而言，中韩日之间在国家利益层面的冲突，如安全领域、贸易纠纷、资源争夺等，可以被认为是"理性的冲突"，应由政府沟通协调解决。实际情况却是中韩日之间的多数国家利益冲突由"政府层面"扩展到了"全民族层面"，国家之间的利益冲突上升为民族主义的"非理性冲突"，其性质也成了民族思想意识和民族价值观的较量。民族主义在一定程度上主导了国家间关系，导致地区合作观念的认可性下降，民族主义对立排斥了东亚认同。韩国学者揭示了一个有趣的问题（见表2），在亚洲人认同的选项中，中国人为6.13%，难道中国人不认为自己是亚洲人吗？

表2 "亚洲人"认同（2003年）

单位:%

	韩 国	中 国	日 本
亚洲人认同	71.00	6.13	41.84
其他超国家认同	1.13	20.63	46.58
无超国家认同	27.88	73.25	11.58

资料来源：〔韩〕金庄洙：《东北亚地区的民族国家认同、地区认同与对外认知》，载王缉思主编《中国国际战略评论》（2011），世界知识出版社，2011，第181页。

这里有需要澄清的问题。看一下韩国知名学者白永瑞教授的分析，便不难理解其中的缘由。"据我所知，中国的知识分子缺少'亚洲的展望'，尤其是缺乏把中国放在东亚的范围里来思考问题的视角。也就是说，中国要直接面对世界的观念很强烈，可是对周围邻邦的关心却很少。……我曾求助于我的中国朋友，但最后还是没能找到一个能为我介绍中国人如何看待东亚的学者，他们说，这是因为中国对亚洲不太关心。"② 白教授之所以这样说，是因为中国人"对于亚洲的讨论总是处于问题的边缘"③。正如白

① 倪世雄等：《当代西方国际关系理论》，复旦大学出版社，2007，第69页。
② 〔韩〕白永瑞：《思想东亚：韩半岛视角的历史与实践》，台湾社会研究杂志社，2009，第95页。
③ 〔韩〕白永瑞：《思想东亚：韩半岛视角的历史与实践》，台湾社会研究杂志社，2009，第97页。

教授所阐述的那样，由于中国传统的"天下主义"的崩溃，对传统文化的几度批判，对西方控制的摆脱和追赶，遭受日本的侵略，独特的社会主义道路，在不自觉中拉大了中国与亚洲国家（如朝鲜、日本）的距离，从而具有了新的独立的（也可以说是孤立的）身份。所以，"从第三者看来，中国人的历史经验里几乎缺乏对亚洲的横向性思考，因此今天'中国威胁论'（即使是欧美国家所炮制的概念）的亡灵仍然围绕在中国周边"①。

从20世纪90年代开始，伴随着东亚经济的成功，东亚认同开始崭露头角，但受制于东亚民族主义的影响，东亚认同既没有得到国家战略层面的推广，更没有成为一种普遍的、流行的观念。"东亚"仍然是地理和人种的指代，同时在世界范围内也是民族和国家分裂的"样本"，东亚认同的构建和理念的普及面临着诸多困难。就外部因素来看，"美国对一个有凝聚力的亚洲贸易集团不感兴趣，分而治之才是真正重要的"②。尽管美国在多数情况下扮演的是分割、分裂东亚的角色，但一些东亚国家仍从自身的国家利益需要出发，在战略选择上偏离东亚，靠拢美国。日本、韩国的国家安全保障主要由美国来提供，这必然导致其在政治上与东亚认同的内在要求相悖。在这方面，日本走得最远并由此引发东亚民族主义的对峙和冲突，而民族主义的兴起加深了东亚各国间的相互反感和蔑视。从内部来看，有太多难以把握的东西在阻碍东亚民族的彼此接近，既有文化传统、语言、宗教的不同，又有历史认知、利益纠纷（领土、领海）、战略对抗及浅薄、愚昧的偏见。就目前来看，这些不同和偏见根深蒂固，不仅看不到任何扭转的趋向，甚至还在通过教育代代相传。

五　结语

东亚"分裂"的最坏的结果不一定就意味着战争，但是"分裂"的过程本身无论从哪个角度看，都将是一个历史性的、悲剧性的错误。

冷战结束20多年来，中韩日民族主义的目标并没有取得明显进展，东

---

① 〔韩〕白永瑞：《思想东亚：韩半岛视角的历史与实践》，台湾社会研究杂志社，2009，第108页。

② 〔美〕莱斯特·瑟罗：《资本主义的未来：当今各种经济力量如何塑造未来世界》，周晓钟译，中国社会科学出版社，1998，第121页。

亚区域合作的制度、机制建设也不尽如人意。除了经济高速发展，东亚的重大问题没有一个已经得到解决，也没有明确的解决办法。"大国均势"维持了地区秩序的总体稳定，但几乎没有任何可以共享的安全保证。东亚民族主义尚未完成自己的历史使命。当今的中国、韩国和日本似乎都有充分的理由需要民族主义凝聚国民力量、追求国家利益，然而问题在于，在一个联系日益紧密的世界里，东亚国家的民族主义目标已经无法通过传统的暴力和扩张手段去实现，更不能置地区安全、全球问题的解决和全人类的整体利益于不顾。对东亚国家来说，"有效的民族主义应当是在全球化和民族主义之间达到一个平衡，民族主义的重建也要考量到全球责任问题。东亚国家需要的是一种具有很强包容性和普世主义性质的国家精神。如果未来的民族主义不能容纳和适用于全球化时代的人类价值，那么它注定只会成为一种微弱和无效的抗争"①。

领土纠纷的裁决究竟是取决于地理标准、历史传统、国际法、政治权力，还是毗邻对立的两国的实力较量？在没有答案或者没有获得答案的途径之前，搁置争议难道不是一个智慧的选择吗？我们生活在一个相互依赖的时代，经济全球化的进程正在加快，东亚各国也深深融入其中。可以谨慎地预言，对峙的民族主义将越来越失去市场，民族主义的冲突永远不应该是东亚国家的优先选择。

---

① 郑永年：《民族主义与全球化的平衡》，《世界报》2008 年 4 月 30 日。

美国重返亚太后韩美关系的变化及
对中韩关系的影响[*]

谭红梅

【内容提要】 随着中国的崛起，美国不断调整其全球战略，逐步提升对东亚地区事务的关注程度，以进一步维系和加强其在东亚地区的影响力与全面控制力，遏制中国。随着美国全球战略重心东移步伐的加快，韩美同盟将呈现怎样的发展变化并对中韩关系产生怎样的影响，我们又将如何应对，这的确是值得关注的问题。

【关 键 词】 美国　重返亚太　韩美关系　中韩关系

【作者简介】 谭红梅，吉林省社会科学院朝鲜韩国研究所副所长，副研究员，博士。

随着中国经济的快速持续发展和综合国力的迅速上升，亚太地区的局势发生了许多引人注目的变化，该地区各国，特别是大国之间的关系越来越紧张，一些原先就已经存在的热点问题急剧升温，区域外大国的介入越来越直接和深入，亚太地区的态势出现新变化，该地区的国际关系格局出现了一些新变化。① 特别是奥巴马执政伊始就提出重返东亚、重返亚太，近期更是公开称其战略重心东移亚太。随着美国全球战略重心东移步伐的加快，韩美同盟将呈现怎样的发展变化并对中韩关系产生怎样的影响，我们又将如何应对，这的确是值得关注的问题。

＊　本文为 2013 年吉林省普通高等学校人文社会科学重点研究基地重大项目"后金正日时代的朝鲜局势及半岛态势研究"（项目批准号：201315）的成果之一。

① 杨保筠：《美国重返亚太战略背景下的中美日关系》，《新视野》2012 年第 3 期，第 115 页。

一 美国重返亚太战略的背景

随着亚太地区逐渐成为 21 世纪全球战略与经济重心，随着美国在伊拉克的战争走向终结、在阿富汗开始逐步撤军，亚太地区成为美国外交战略的重心。[①] 2009 年至今，奥巴马政府高喊"重返亚太"强势介入亚太地区事务，主要目的就是在政治、经济、外交等方面"盯住亚太地区"，打造"美国的太平洋世纪"。亚太地区，无论在历史上还是在今天，都是美国利益的重心所在，其此番"重返亚太"的深刻背景，值得关注和探究。

第一，追求国家利益促使美国将其全球战略重心东移亚太。亚太地区之所以受到奥巴马的关注，就在于美国日益感觉到在亚太地区拥有极为重要的国家利益，这正是其调整亚太战略的最关键因素。21 世纪头 10 年，世界经济和政治重心"东移"趋势明显，亚洲逐渐成为国际关系的"权力场"（powerhouse）[②]。相对于亚太地区如此显著的重要性而言，美国过去 10 年对该地区的关注明显不够，由于单边主义、缺席亚太多边机构等，美国在亚太的影响力下降。[③] 亚太地区重要性的日益凸显，对美国决策者的心理产生了很大触动，促使其不得不调整其全球战略。同时，美国从中东抽身也为其向亚太地区转移提供了可能。从一定意义上说，亚太地区的未来直接关系到美国全球战略的成败。因为在美国看来，忽略亚洲尤其是东亚已经太久了，重返该地区已是时不我待。前美国国务卿希拉里·克林顿曾明确提出，美国要重返亚洲，并宣称："美国的未来与亚太紧密相连，而亚太的未来依靠美国。美国在经济和战略上在继续领导亚洲方面具有重要的利益。"调整亚太战略、强化美国在亚太的主导地位，是为了确保美国的国家利益，最终达到其维护世界霸主地位的核心目标。[④] 从某种意义

---

① 《"对冲战略"应对中国崛起　评析美国重返亚太战略》，《人民日报》2012 年 1 月 6 日。
② 王敏：《权力变迁冲击下的东亚安全新态势》，《新华文摘》2013 年第 1 期，第 30 页。
③ 张慧玉：《美国重返亚太战略的发展及其影响》，《太平洋学报》2012 年第 2 期，第 36 页。
④ 翟航宇：《美国"重返亚太"战略及其对中国的影响》，浙江大学硕士学位论文，2012。

上来说，美国的未来系于亚洲，美国利益深植于各种亚太事务，美国不愿也不能置身于亚太发展之外。换言之，美国全球战略重心东移亚太的目的就是要强化其对该地区的领导权和控制权。正如希拉里所言："美国的领导独一无二，前无古人，不可替代。"①

第二，中国的加速崛起与国际地位的不断提升引发美国不安。就本质而言，东北亚形势剧变无非是中国的迅速崛起改变了世界的力量对比，进而使得东北亚各国关系面临重新洗牌。美国深感中国在亚太地区的影响力持续上升，而自身在这一地区的影响力则是逐渐下降，这引发了美国很可能被中国取代的担忧。美国传统基金会专家彼得·布鲁克斯就曾指出："在未来若干年内，中国的崛起毋庸置疑将对亚洲安全环境的内涵和结构产生重大影响。中国的崛起对美国在亚洲的利益也会造成根本性影响。"②希拉里·克林顿也在其《美国的太平洋世纪》一文中指出，"有史以来，对美国最具挑战性和影响最大的双边关系之一就是与中国的关系"。美国国家情报委员会对全球发展趋势的一项最新评估认为，亚洲的崛起正在撼动美国占支配地位的国际关系体系。总之，在美国看来，崛起的中国必将会撼动美国已确立的独霸地位，为此美国不只是要拉拢和利用该地区其他国家来制约中国的快速发展，而且在其亚太外交战略中处处将中国作为主要战略防范对手来对待，使遏制中国成为其亚太战略转变的主要推动力。③

第三，借助强劲崛起的亚太地区复苏美国经济。随着中国崛起，亚太地区现已成为世界三大经济支柱之一。作为全球经济发展最有活力的板块，这里拥有世界上最多的消费人口和劳动力大军。随着各种自贸区和经济一体化倡议的推进，亚太地区将成为未来最具增长潜力且是世界上最大的开放市场。与之相对，2008 年全球金融海啸之后，美国的国力受到影响，失业率居高不下，财政赤字巨大，经济持续低迷复苏缓慢。伴随亚太地区经济强劲崛起而来的机遇，对美国极具诱惑力。希拉里毫不讳言："美国不仅是亚洲的一个常驻军事和外交大国，而且也将作为一个常驻经

---

① 《希拉里再次诠释美亚太战略称美领导不可替代》，《人民日报》2012 年 4 月 23 日。
② James J. Przystup, "Asia – Pacific Region: National Interests and Strategic Imperatives", paper from Institute for National Strategic Studies, National Defense University, April, 2009.
③ 杨保筠：《美国重返亚太战略背景下的中美日关系》，《新视野》2012 年第 3 期，第 117 页。

济大国长留亚洲。"① 美国重返亚太的经济和战略诉求就是希望进一步推进与最富活力的亚太地区的合作，跻身其中以利用亚洲的增长和活力，推动美国经济加快复苏，巩固美国在亚太经贸中的领导地位，以期实现美国大国雄风的重振。

总之，美国绝不能容许一个没有自己参与的东亚新秩序，其重返亚太战略的根本目的是维持和增强美国在亚太的主导权，确保美国治下的大国均衡，并扩展其在该地区的政治、战略和经济利益。

二　美国"重返亚太"后美韩同盟变化

美国重返亚太要防止、遏制亚太地区出现挑战美国全球领导地位的力量，其重要的工具便是双边同盟。2009 年，美国提出与韩国建立"更全面的战略同盟"；2010 年，美国在亚太地区的双边同盟关系的重要性，在《国家安全战略》报告中不断得到强调；2012 年美国公布的国防战略指针宣布，"我们有必要对亚太地区进行再平衡。对未来地区的稳定与发展至关重要的是，我们在亚洲地区的盟友与核心伙伴的关系。我们将一如既往地重视为亚太地区的安全提供了根基的现有同盟"②。无须讳言，美军战略重心东移在未来的若干年内将持续推进。在这一过程中，加强与韩国的同盟关系尤为重要。巩固和扩展美韩同盟关系，将成为美国对韩政策的基本要求。③

韩美双边同盟缔结于 1950 年朝鲜战争时期，面临生存危机的韩国为了保障安全，将自己的作战指挥权交予美国。这决定了安全保护是美韩同盟关系形成之初的主导因素。与超越军事领域强调战略威慑的美日同盟不同，韩美同盟至今仍主要体现为防范朝鲜的军事安保关系。近年，随着美国重返亚太，朝鲜半岛局势恶化，朝鲜核问题久拖未决，一度被弱化的美韩同盟关系得以维系并强化。

---

① 傅梦孜：《美国重返亚太的经济诉求》，《中国国防报》2012 年 1 月 17 日，第 4 版。
② "Sustaining U. S. Global Leadership：Priorities for 21st Century Defense"，January 5，2012，http：//www. defense. gov/news/Defense_ Strategic_ Guidance. pdf.
③ 坎贝尔：《韩美商定建立亚太问题高层磋商机制》，韩国联合通讯社 2011 年 10 月 7 日报道；韩联网 2011 年 10 月 7 日报道。

很显然，美国插手并主导朝鲜半岛事务，主要通过美韩同盟。有观点认为，美国将朝核问题作为战略资源利用，借此加强美韩同盟，进而实现地区再平衡。那么，美国究竟是基于利用朝鲜半岛危机加强美韩同盟进行地区再平衡，还是由于朝鲜半岛有危机而加强美韩同盟？美国所谓"重返亚太"，归根结底，是要继续掌握其在东亚的主导权，并尽可能地遏制中国。韩国在东北亚的特殊地位则决定了其必然会成为美国拉拢的重要对象之一。然而，目前东北亚局势虽然紧张但总体形势将趋缓，这无疑将继续减弱美韩同盟的外部推动力。因此，不能排除美国为了在东北亚新安全秩序的形成中发挥主导作用，而在这一地区加大干涉力度，通过幕后唆使与"挑事"极力使地区各国彼此牵制消耗的可能，美韩同盟的继续存在并强化也随之顺理成章。有了韩国这一"平衡器"和"桥头堡"，美国就可以在维持东北亚地区力量平衡和区域稳定的前提下，进一步谋求它在那里的领导权。①

2010年，朝鲜半岛发生了天安舰事件和延坪岛事件，为美国"重返东亚"创造了机遇。奥巴马借机全方位提升美韩军事同盟关系。美韩两国历史上的首次"2+2"会议于同年7月举行，同盟合作进一步深化和扩大；战时军事指挥权推迟转交；应对朝鲜进攻的"5029"军事作战方案也随之升级；美国还与韩国频繁开展各种海上军演。美国利用联合军演成功拉拢了已出现离心倾向的韩国与日本，还利用扩大军演规模来显示与合作国之间稳固的同盟关系，并展示自己"重返亚太"的决心。在美国的努力下，美日韩三国外长会议得以召开，美日韩三方协调和磋商也进一步增强。美日韩三国对朝鲜进行战争威胁，对中国举行六方会谈的提议消极回应，并要求中国向朝鲜施压。可以说，美国不仅强化了美日、美韩同盟和美日韩三边关系，还使美韩同盟大有直追美日同盟之势。在此背景下，美韩自由贸易区协定也得以完成修订，未来美韩的军事同盟关系和经济合作将进一步增强。经过2010年的数次危机，韩国更加倾向美日。同时，对于中国军事发展、美军航母驶进黄海及对朝政策等一些问题，韩国因与中国立场相抵，而在一定程度上更倾向于美国和日本。就某种意义而言，在美国重返

---

① 〔韩〕苏俊燮：《韩美同盟的非对称性论析》，《上海交通大学学报》2004年第4期，第39页。

亚太的背景下，美韩同盟得到强化，但这不仅未能给朝鲜半岛及地区带来和平，反而使之陷入更为危险的境地。

2012 年奥巴马成功连任后，美国推行"亚太再平衡"战略，意味着重返亚太战略进入新的阶段。而此时，不时陷入紧张的朝鲜半岛局势，为美国重塑美韩同盟提供了战略机遇。美国积极推动美日韩三边军事合作，同意韩国延长弹道导弹射程，还要在日本部署第二套导弹预警雷达以应对"朝鲜弹道导弹威胁"，激起了朝鲜半岛周边国家的忧虑和朝鲜的谴责。此外，韩国还积极谋求获得铀浓缩和后处理权利，为朝鲜半岛军控形势增添了新的隐忧。①

2013 年，时值美韩两国结盟 60 周年，韩国总统朴槿惠上任后首访美国，与美国总统奥巴马发表了《纪念韩美结盟 60 周年联合宣言》。两国首脑在宣言中表示坚定支持美韩同盟，加强在朝鲜问题上的合作和美韩联合防卫力量，提出两国关系今后数十年新发展的方向，并就美韩之间持续发展全面战略同盟达成了一致。可见，对于韩美同盟的态度，朴槿惠依然是坚定的。这也意味着在重大问题，当然也包括朝鲜半岛问题上，韩国依然是要先与美国谈。与此同时，不同以往韩国总统上任后继访美之后访日的惯例，朴槿惠访华先于访日，并且带了一个庞大的经济代表团，足见其对中国的重视。朴槿惠将此次访华冠名以"心信之旅"。在访华期间，朴槿惠表示希望推动中韩关系向前发展，同时在东北亚和平稳定方面携手并进，取得更多积极成果。尽管朴槿惠将中韩关系置于很重要的位置，但对此应有清醒的认识，即韩国并不会因中韩关系影响韩美关系，也就是说不会背离美国的一些基本利益。综合来看，朴槿惠很可能想在中韩关系与美韩关系之间寻求一种战略性平衡。

综上，美国重返亚太，强化美韩同盟，并未缓解地区局势的紧张，相反会使地区局势更为紧张。可以预见，美国依靠美韩、美日同盟主导亚太事务的企图绝不会因此发生任何改变。而且，美国以此为契机，将美韩同盟由合作范围仅限于朝鲜半岛的"双边同盟"，向合作范围涵盖整个东北亚的"地区同盟"转变的步伐还可能进一步加快，利用驻韩美军干涉地区

---

① 《中国军方智库评估：朝鲜半岛局势依然复杂严峻》，中国新闻网，2013 年 5 月 28 日，http：//www. chinanews. com/mil/2013/05－28/4864232. shtml。

事务的可能性也进一步增大。也就是说，美国仍将主导朝鲜半岛危机处理的进程，然而韩国也将积极参与这一过程并在基本追随美国政策的同时使自己的政治需求得到不同程度的满足。可以预计，单一的军事同盟将无法满足美韩双方的安全需求，一个安全内容更加丰富、合作手段更趋灵活多样的同盟框架将会出现在东北亚地区，并成为影响东北亚格局的重要因素。①

三　对中韩关系的影响

自高喊"重返亚太"强势介入地区事务以来，美国明显加大了对中国遏制的力度。中国大陆学者王缉思表示，2009 年美国重返亚太之后，中美之间的矛盾变得更加复杂，中国周边的安全环境有恶化的趋势，东海、南海、中印、中缅、朝鲜半岛、中亚等方向的安全态势都有了不同程度的变化，而这种种变化的背后似乎都有着美国重返亚太政策的影子。② 与此同时，韩国作为遏制中国的战略棋子的战略价值在美国眼里呈显著上升趋势。布热津斯基所著的《大棋局》一书，即将韩国囊括进对美国利益至关重要的五个地缘政治支轴国家之中。美国通过不断强化美韩同盟、美韩关系来平衡中韩关系。美韩两国各取所需：美国可以通过维持并加强美韩同盟，强化对亚太安全事务主导权；韩国可以通过维持和加强美韩同盟来在北方强大军事压力以及周围大国环绕的情况下保持自信心和安全感。在此背景下，美国重返亚太不仅对中国的外交和国防形成了一定的牵制，也使中韩关系面临新的考验。

在朝鲜半岛事务和朝核问题上，美国不断强化军事应对方案，增强自身主导作用，弱化中韩战略合作伙伴关系。显然，美韩同盟特别要对中国形成一种潜在的压力。"从现实主义的角度看，把朝鲜半岛的局势冻结在冷战后的这种状态中可能最符合美国的现实利益。因为这样一种所谓'威胁'的存在，可以加强美国在东亚驻军的理由，同时，可以巩固日、韩对美国的依赖，而美国作为非东亚国家，在这一地区保有军事存在和军事同

---

① 郭锐、凌胜利：《结构权力视角下的美韩同盟变迁》，《社会主义研究》2010 年第 1 期，第 111 页。

② 赵力昌：《美国重返亚太对台海局势的影响》，《两岸关系》2012 年 7 月，第 15 页。

盟是其发挥亚太主导权的一大支柱。"① 如前所述，时至今日，美韩同盟不仅未如人们想象的那样解体，反而以朝核问题为借口更为强化。截至目前，虽然平等成分在美韩同盟中有所增加，但韩国因其国力相对弱小而在这一同盟中仍不得不处于从属地位。具有高度不确定性的朝核问题很容易诱发地区冲突，中韩关系往往因此面临很大冲击。当韩国不得不站于美国一侧时，敌对在中韩两国之间便成为一种现实的可能，即中韩关系的建构无法完全摒除美国的影子。

美韩军事同盟的强化愈发凸显中韩两国在军事安保合作方面的短板。尽管确立了战略合作伙伴关系的中韩两国已经在经济、文化、环保等诸多领域的交流与合作方面取得了很多成果，但在军事和安保方面进展不大，存在明显的短板。而美韩军事同盟关系越紧密，这种"短板"就会愈加"鲜明"。原因在于，美韩军事同盟的强化，会在政治、安全和外交问题上对中国在地区产生明显不良影响。2008 年以来，朝鲜半岛北南关系不断恶化，从 2010 年天安号事件到目前的朝鲜半岛形势危机，美国均借机扮演"维护正义"的角色，给予韩国以异乎寻常的支持并与日本一道全力支持配合韩国的军事外交行动。美韩日在动辄摆出三国协调的架势应对朝鲜的同时，将责难的矛头指向中国，认为中国"庇护"朝鲜。朝鲜半岛一有事端，美韩日就如此责难中国，这已经形成一种反应模式。凡此种种，无疑使得中韩之间心存芥蒂。

美韩同盟联合军演使中韩两国国民间的互信被削弱，滋长了猜忌与敌意。美韩同盟的调整不仅需要美国方面大力推动，也需要韩国方面的积极协作，否则，将难达所愿。2010 年美韩海军在中国黄海海域附近举行，这是自 1976 年以来韩美军队进行的最大规模的军演。尽管此次军演极大地威胁中国领海安全，严重侵害中国核心利益，中国对此表明了反对的立场，但韩国执意为之。韩国政府人士说，"韩国在领海与盟国美国联合军演，是谁都无法干涉的主权问题，不会因中国抗议而取消计划，也不能那样做"。中国与韩国之间的安全对立隐约可见。中国民众对韩国的做法表示难以理解和接受。其实，韩国试图通过大规模联合军演来显示韩美关系的空前亲密，并发挥威慑作用，却在事实上破坏了中韩两国的互信，增加了

---

① 倪峰：《美国的朝核困境及其困境》，《中国审计》2003 年第 16 期，第 92 ~ 94 页。

彼此的摩擦。韩美同盟强化、韩美关系过于亲近令中国民众感到不安。一项调查显示，中国民众对韩国的印象正在"逐渐恶化"。与之相对，韩国一些不冷静的民众在天安号事件后开始迁怒于中国，甚至用损害中韩友谊威胁中国。韩国的一些媒体对华消极认知上升并不断质疑中韩两国的"战略合作伙伴关系"。

综上，尽管中韩两国在朝鲜半岛和平稳定维持上与无核化的坚持上目标相同，但仍将与美国的合作视为韩国整体安全战略中最主要的部分，事情也往往因为韩美军事同盟的存在而趋于复杂化。目前朝鲜半岛险象环生的形势仍在持续，一旦出现涉及朝鲜的危机情况时，中韩关系仍将受到严重考验和冲击。

四　中国对策

美国重返亚洲不可避免地将对中国的周边环境产生影响，中国长期力推的"和谐亚洲"秩序正在发生深刻变化。可以看到，美国重返亚洲后的布局，无不是剑指中国。美国重返亚太与韩美同盟不断强化，不仅对中国的外交和国防形成了一定牵制，也使中韩关系受到冲击和考验。展望未来，亚太形势更趋复杂，中国对此应予以足够的警惕，并未雨绸缪。

（1）深化"亚洲精神"。当前亚太地区的主要任务是经济发展和社会进步，中国理当发挥综合实力的优势，以在合作和双边问题上争取到更多的议题设置权和舆论塑造权，在全球特别是亚太地区的体系改革上争取到更多的话语权。同时，中国应准确把握周边国家的心态，并更有策略地处理好与亚洲国家的关系，善于借力和周旋。对于对美国重返亚太表示欢迎甚至高调欢呼的周边国家，应表示一定的理解与宽容；对在美国的挑动下与中国发生摩擦的周边国家，更应保持一定的理性和克制；对发生争议的国家应在明确自己的主张时积极修补关系，消减它们的猜疑和敌意并进一步发展多边的贸易伙伴关系，创造共赢局面，从而深化"亚洲精神"。

（2）不断增强综合国力建设，提高应对各种复杂局势的能力。国家间的竞争归根到底是综合实力的较量。也就是说，关键是中国自己的应对，要把自己发展好，中国只有通过不断地增强国家实力才能在国际竞争中赢得主动权和话语权。中国要特别加强军事现代化建设，同时加大对海洋、

"高边疆"等相对不熟悉领域的投入。中美间的竞争不仅是意识形态领域的冲突，更多的是国家利益在各领域的碰撞，只有通过发展实力，通过国家综合国力的提升才能有效地应对任何挑战和威胁，才能在应对美国重返亚洲的过程中处于有利位置。同时，我们应清醒地认识和有力地应对美国的遏制行为，把美国对华战略的破坏性减少到最低限度，以利于我们和平发展的大局。中国现在已经到了将经济实力转化为政治实力、外交实力和军事实力的较为紧要的关头，因而应加快我国经济模式转变，尽量降低对外依赖程度。面对当前日趋复杂的形势，中国要有自信，要克服崇美、恐美心理，要将眼光放得更长远，与美国合作要有选择、有条件，并在国际关系和外交谈判领域重视软实力的提升，以更好地在变动、复杂的环境中维护和扩展中国的国家利益。

（3）做高做深对周边的战略谋划。中国为应对美国的战略调整急需做出战略调整，把财力、物力、人力更多地投入到对周边环境的构建中，从而营造一个有利于中国持续发展的战略格局，从而体现"周边是首要"的外交格局理念，并继续寻求与周边各国保持和发展稳定的关系，为继续深化改革开放创造良好的国际环境。我们在事关中国核心利益的问题上要坚持原则不妥协，从地缘政治角度，从周边安全角度出发，既要加强与美国在亚太地区的利益协调，更要重视和发展与周围邻国的睦邻友好交往，并通过这种相互交流、交往、合作、帮助，使得周边国家的政府和人民更多地了解和理解我们，建立政治互信，累积人脉、感情资源，不断增强中国对周边国家的感召力和吸引力，打破所谓的"中国威胁论"，即消除对中国发展强大的疑虑和恐惧感。

（4）更加重视与亚太地区国家的双边关系，特别是要积极推进与韩国间的双边友好合作关系。为巩固与本地区国家长期合作的基础，中国需要着眼于一些重要的双边关系，使其更加稳定并不断发展，使自身能够进退自如，进而实现以双边合作带动多边合作发展。就中韩关系而言，中韩两国政府都应该警惕民族主义情绪走向极端，促使并引导其向积极方向发展。学术研究和媒体报道应避免机会主义倾向和走极端现象，加强国家对外话语权的研究，探讨公共外交中如何对待日益觉醒的民众的问题，加强将民意运用到国家对外政策决策中的研究，以实现国家、舆论和民众三者之间的良性互动。同时，对韩美之间的双边关系也应进行多视角分析。韩美之间也并非铁板一块，朝鲜半岛至今还未统一，尽管军事上依赖美国，政治上追随美国，但韩国并不情愿也不甘心完全从属于美国。应在亚太战略和中美博弈的大背景下以全球目光审视、分析和研究中韩关系并探讨中韩美三角关系。社会民意的变化走向以及各种政治势力的消长，对于明晰有利于我的终极目标，把握外交战略大局，扩大发展中韩共同利益的交汇点，妥善处置矛盾纠纷，必要且重要。从历史和现实来看中韩关系恶化，都有美国插手其中或从中渔利的因素。因此，中韩两国互惠和友好合作关系的维护和发展，对打破美国对我国的遏制具有重要现实意义和长远意义。同时，应加深两国在经济上的依存交融关系，不断深化互利共赢。

"东亚共同体"建设的障碍与出路：
韩国的视角

〔韩〕 具天书

【内容提要】 本文认为推动中日韩三国的合作是实现"东亚共同体"目标的关键所在。原因不仅在于中日韩三国经济占整个东亚地区经济的比重较大、对世界的影响极为重要，还在于中日韩三国间开展经济合作的难度较大。中国学者大多认为，由于历史问题、领土纷争、政治制度差异及区域外美国势力的干预，中日韩三国间缺乏信任，而这一系列因素正是东亚一体化建设进程的障碍。本文认为，欧洲整合的历史经验即新功能主义理论，值得东亚地区学习与借鉴。中日韩整合的示范作用，势必外溢到整个东亚地区，进而带动区域一体化进程，从而最终实现"东亚共同体"的目标。

【关 键 词】 东亚共同体 中日韩 制度性合作 新功能主义 韩国视角

【作者简介】 具天书，北京大学国际关系学院博士，韩国韩中经济协会会长，"韩半岛未来财团"理事长。

一 引言

"东亚"是一个最早由西方人创造的地缘政治概念。西方人所说的"东亚"或"远东"一般包括如下地区：西伯利亚的东部、中国、蒙古、朝鲜半岛、日本、东南亚。这也就是我们今天通常所理解的东亚的大致地理范围，它包括东北亚和东南亚两个部分。伴随时代的变迁，"东亚"这个地理概念演变成了一个代表地区意识和认同符号的本土概念，这本身即是东亚地区正在进行的共同体建设的一个重要表现。对于"东亚共同体"成员的构成，中国等多数国家认为应首先包括"10＋3"成员国，在此基础上逐步吸收蒙古和朝鲜。也有学者提议将中国台湾地区和香港地区纳入。日本则主张"东亚共同体"应该是包括印度、澳大利亚和新西兰在内的"10＋6"或在其基础上再纳入美俄的"10＋8"，借以牵制中国。而印尼和马来西亚等东盟国家对此持反对态度。

目前关于东亚区域合作主体、范围、进程和合作方式等的研究方兴未艾，其中，中国学者多持较为悲观的论点。《当代亚太》《东北亚论坛》等权威期刊上就有几篇这样的文章。[①] 一部分中国学者和官员主张东盟应当在东亚一体化进程中发挥主导作用。然而东盟内部如一盘散沙，泰柬边境柏威夏寺之争已经凸显东盟的作用有限。在全球化和区域化合作浪潮的席卷下，全球经济已经进入发展的快车道，全球化和区域化已经成为众多地区推动经济发展不可替代的手段。然而，东亚地区在区域一体化的机制建设方面却相对滞后。东亚地区还有两个冷战遗留问题，即中国台海两岸和韩朝半岛的统一问题。历史问题、领土纷争、贸易摩擦、政治制度差异及区域外美国势力的干预等政治与安全因素，阻碍了东亚区域的多边合作。

笔者认为，地处欧亚大陆西端的欧洲整合的历史经验即新功能主义理论，值得东亚地区学习与借鉴。[②] 新功能主义沿用了功能主义的路径，强调经济领域整合的重要性和必要性，主张整合是一个能动的过程，其最终目标是追求超越民族国家的新的政治实体。新功能主义研究并总结了欧洲

---

① 《当代亚太》2011年第4期发表了三篇中国学者（分别为中国人民大学国际关系学院讲师李巍、中国社会科学院世界经济与政治研究所副研究员徐进、北京大学国际关系学院硕士研究生张度）的文章，就持有此种悲观论点。这些文章分别认为，东亚国家竞争性的地区主义和"机制过剩"与东亚区域的领导权之争，以及东亚国家区域共同命运与共同体意识的缺乏，导致了东亚区域多边合作机制的失灵，使东亚合作屡遭挫折，困难重重。三位新锐学者还提出了有见地的对策思想。笔者长期在中韩两国从事政商和文化交流活动，对该问题持有较为乐观的看法，希望抛砖引玉，与中国同行交流。参见李巍《东亚经济地区主义的终结？——制度过剩与经济整合的困境》，《当代亚太》2011年第4期，第6~32页；徐进：《东亚多边安全合作机制：问题与构想》，《当代亚太》2011年第4期，第92~106页；张度：《比较视角下的东北亚区域意识：共同命运对集体认同的关键影响》，《当代亚太》2011年第4期，第108~126页。

② 参见高华《地区一体化的若干理论阐释》，载李慎明、王逸舟主编《2003年：全球政治与安全报告》，社会科学文献出版社，2003。

共同市场的发展演变及其成功经验。虽然欧盟整合的主体国家多达 27 个，但是欧盟整合过程中很多实践经验及相关的理论建构，对东亚地区中日韩三国合作与整合具有很大的启发性，值得借鉴。中日韩三国文化背景相似，同处于汉字文化圈和儒教文明的大坐标系下。无论是经济实力、政治实力还是全球影响力，三国均在东亚地区占据主导地位。中国作为一个负责任的大国，随着自身综合实力的不断提升，在亚洲乃至世界舞台上发挥的作用越来越重要；日本作为世界经济强国，其经济实力非同一般；韩国作为亚洲"四小龙"的领军者，经济的持续发展也在不断增强其国家行动力。2010 年，中日韩三国国内生产总值（GDP）之和占世界经济总量的19.6%，① 约占"10＋3"13 个国家的 87%，②据预测这一数字还将继续上升。2010 年三国总人口已达到 15.24 亿，③ 且互为重要的贸易伙伴，2010年，中日韩外贸进出口总额达到 5.3 万亿美元，占全球贸易总额的比重超过 17%。④

据统计，目前中日韩三国之间的内部贸易额已超过北美自由贸易区的水平（见图 1），应该说初步具备了建立经济共同体的条件。中日韩三国相互毗邻，文化传统接近，交往历史久远，经贸关系十分密切。随着三国间经贸合作关系的日益密切，相互间的贸易依存度也越来越高。中日韩三国在经贸领域的合作成绩较为突出。近年来，三国之间的相互贸易增长速度超过了三国在全球贸易中的增长速度，这一点已经引起了国际贸易界的广泛关注。

中韩两国自 1992 年建交以来，双边贸易发展迅速，从最初的 50 亿美元

---

① 据国际货币基金组织 2011 年 9 月发布的《世界经济展望》报告统计，中日韩三国 2010 年的 GDP 总量分别为 5.878 万亿美元、5.459 万亿美元、1.014 万亿美元，世界经济总量为62.911 万亿美元。该报告还预测到 2016 年中日韩三国 GDP 总量将超过 20 万亿美元，超过世界经济总量的 22%。参见 IMF, *World Economic Outlook*, September 2011, http://www. google. com/publicdata/overview? ds = k3s92bru78li6_ &hl = en&dl = en。

② 根据上述《世界经济展望》报告统计，2010 年，东盟 10 国的 GDP 总量为 1.87 万亿美元。

③ 根据上述《世界经济展望》报告统计，2010 年中日韩三国人口分别约为 13.47 亿、1.28亿、0.49 亿。

④ 数据来自 WTO 发布的 *Trade Profiles 2011*。根据该报告，2010 年中日韩三国进出口贸易总额分别为 29729 亿美元、14625 亿美元、8916 亿美元，http://www. wto. org/english/res_e/booksp_ e/anrep_ e/trade_ profiles11_ e. pdf。

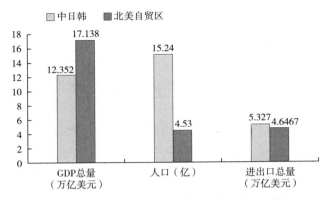

图1　中日韩三国与北美自贸区对比（2010年）

资料来源：笔者根据中国商务部国别贸易报告（2010年）以及世界贸易组织2010年相关报告的数据制作而成。

发展到2010年的2071.7亿美元，20年增长约40倍。韩国为中国国别贸易统计中的第三大贸易伙伴，中国为韩国第一大贸易伙伴、第一大出口目的地和进口来源地。[①]

自2000年以来，日韩两国间贸易也有很大发展。目前，日本是韩国的第二大贸易伙伴和第一大投资来源国，韩国是日本的第三大出口市场和进口来源地。再看中日双边贸易情况。据日本海关统计，2010年中日双边贸易额为3030.6亿美元，同比增长30.6%。其中，日本对中国出口1496.9亿美元，同比增长36.6%；自中国进口1533.7亿美元，同比增长25.2%。中国是日本第一大贸易伙伴、第一大出口目的地和最大的进口来源地。[②]

从总体上看，在金融、贸易、环保、能源安全和旅游等众多领域，中日韩三国存在着资源互补性，在合作中可以各展其长，而不是相互抵消力量。如果中日韩实现自由贸易，将大大促进彼此之间的人员、货物和资金流动。例如，有研究表明，自由贸易对中日韩GDP增长的拉动作用分别可达0.3%、2.8%、0.4%。[③] 中日韩三国经济一体化不仅有益于三国本国经

---

①　《2010年1~9月韩国货物贸易及中韩双边贸易概况》，中国商务部国别贸易报告，http://countryreport.mofcom.gov.cn/record/view.asp? news_id=21575。

②　《2010年日本货物贸易及中日双边贸易概况》，中国商务部国别贸易报告，http://countryreport.mofcom.gov.cn/record/view.asp? news_id=22845。

③　刘江永：《通往东亚共同体之路：合作与创新——新形势下的综合性战略思考》，《外交评论》2010年第2期，第59页。

济的发展，同时其经济效益还将外溢至东南亚，最终为东亚共同体的建成发挥关键作用。由此可见中日韩三国合作的意义之大。

东亚地区经济实力最强的中日韩三国如何借鉴新功能主义理论，克服障碍、求同存异，推动机制性合作，从而使其成为东亚共同体建设的引擎？本文结合笔者长期在中韩两国从事政商和文化交流活动的经验，从韩国视角对这一问题进行研讨，并提出相关政策建议。

二 东亚一体化进程中的障碍性因素

中日韩目前的经济合作取得了重大成就，三国贸易总量早已超过了北美自由贸易区和东盟。依据区域一体化理论，东亚自贸区或经济共同体形成的条件早已成熟。但事实上，与欧盟、北美自由贸易区和东盟等成熟的区域合作组织相比，东亚共同体建设还处于摇篮中，其主要的障碍性因素有以下几点。

（一）三国政治制度的差异和排他性民族主义，是束缚三国合作提升的主要政治障碍

韩国和日本是资本主义国家，而中国则是社会主义国家。韩国和日本自认为是自由民主主义国家，不承认中国是民主主义国家，甚至将中国看作没有人权的国家，把中国共产党的政治路线看作"独裁政治"。这种制度上的差异导致三国缺乏政治互信，无法开展更加深入的合作。因此如果想要促进中日韩三国间的政治合作进一步发展，就必须停止对彼此政治制度的批判，清除过去冷战时期的对抗意识。①

中日韩三国由于历史问题、领土纷争、贸易摩擦和制度差异等，排他性民族主义愈演愈烈。过度的民族主义是影响国际合作的最大障碍，并是引发战争的主要的可能性因素。② 东北亚地区这种排他性民族主义还相当盛行。具体到中日韩三国而言，历史上日本为了建立所谓的"大东亚共荣

①　〔韩〕柳昌：《关于东北亚共同体形成的阻碍因素及其解决方案的研究：以韩中日三国的认识差异为中心》，韩国外国语大学大学院国际关系系硕士学位论文，2010，第30页。

②　〔韩〕孙在植：《霸权性的国际主义和排他性的民族主义》，*Oughtopia*，第20卷，第1号，2005，第13页。

圈"，对亚洲国家施行了侵略，但日本一直没有正确面对和反省这段历史。因此，曾遭受日本侵略的韩国和中国等对日本一直持不信任态度。日本要想在东北亚地区发挥和承担与其经济地位相当的作用和责任，首先需要清除日本中心主义和脱亚观念，并且通过对过去历史的清算赢得亚洲其他国家的信赖。

这种排他性的民族主义在笔者从事东亚文化与艺术交流活动时也有所感受。韩国的反日情绪主要是围绕独岛①主权、历史教科书、参拜靖国神社和慰安妇等历史遗留问题展开。韩国人对中国的负面认知主要起源于高句丽历史、端午节"申遗"问题和中国国防预算不透明等。

长期以来，日本端正二战侵略历史观是中日韩顺利开展合作的前提。中韩两国在历史上均遭受过日本帝国主义的野蛮侵略和残酷统治，日本的战争行为和殖民行为在中韩两国人民心头留下了浓重的阴影：修改历史教科书、参拜靖国神社、拒绝赔偿慰安妇、否认南京大屠杀罪行等行为严重伤害了中韩两国人民的感情。日本政府的历史观曾影响三国政治层面的合作。例如，原定于2005年东盟"10＋3"首脑会议期间举行的中日韩首脑会议就因为小泉首相参拜靖国神社而被取消。但是从安倍晋三这位战后出生的日本首相开始东亚访问的"破冰之旅"和"暖春之旅"后，尤其是中日韩在2008年确立了"10＋3"之外的首脑直接会谈后，暂时搁置历史认知争议，而在经济文化贸易方面采取全面合作的战略，已成为中日韩三国提升"战略伙伴关系"的大势所趋。但是，东亚的领土纷争、贸易摩擦和制度的现实差异等原因造成的排他性民族主义对立情绪，仍有可能是未来合作的主要的政治性障碍因素。2010年的中日东海钓鱼岛撞船事件②和2011年11月的韩日独岛纠纷就是明证。

（二）领土纠纷尤其是海洋权益纠纷，依然是最现实的政治与地区安全问题的爆发点

领土纠纷仍然存在于中日以及韩日之间，阻碍着三国合作的步伐。中日两国的领土争端在于钓鱼岛的归属权及东海海域划分上。进入21世纪之

---

① 日本称"竹岛"，下同。
② 关于中日东海钓鱼岛争端，参见张植荣《东海油争：钓鱼岛争端的历史、法理与未来》，黑龙江人民出版社，2011。

后，韩日围绕独岛的主权之争日趋激烈。2005 年 3 月 16 日，日本议会通过了将每年的 2 月 22 日定为"竹岛之日"的条例。对此韩国政府通过全面允许普通公民访问独岛等措施，加强了对独岛的实际控制，并发表了对日新原则。因为独岛问题，韩日两国的政治外交关系一度陷入僵持。因此独岛主权争议引起的韩日间的摩擦和矛盾是两国首先要考虑的问题。① 中日、韩日间的领土纠纷是引发三国间政治信任危机的直接原因之一。尤其韩国视自身为夹在中日两个大国之间的"三明治"国家，近代被日本殖民而亡国的历史悲情，导致其对领土问题的率直性的敏感。

（三）东亚的冷战格局依旧

在中国台湾海峡两岸和朝鲜半岛的南北两边，亚洲的冷战格局基本没有多大变化。朝鲜半岛的分裂源于二战后对战败国日本的殖民地的划分处理，1950 年爆发的朝鲜战争进一步加深了南北分裂格局。朝鲜半岛因此成为资本主义和社会主义两大阵营对峙的前沿阵地，成为战争一触即发的危险地带。半个多世纪以来，韩朝双方一直处于敌对状态，尤其是近年来不断升级的朝鲜核危机，更加剧了朝鲜半岛的紧张局势。而由中国牵头的、旨在解决朝鲜核问题的"六方会谈"则一直处于停滞状态。台湾问题则产生于中国共产党和国民党的内战，体现了中国大陆、中国台湾地区和美国的战略利益冲突，是影响东北亚地区安全的主要因素之一。②

（四）东亚地区领导力量的缺失与中日对领导权的竞争导致东亚地区政治互信的缺失

欧洲一体化的过程是由法德两国作为引擎共同推动的。但是，在东亚一体化进程中，中日两国为了扩大在东亚地区的影响力和主导权，在政治

---

① 关于韩日独岛争端，参见〔韩〕李石宇《独岛归属权问题的焦点及提案》，东亚日本学会：《日本文化研究》第 20 期，2006，第 467 页。转引自〔韩〕柳昌《关于东北亚共同体形成的阻碍因素及其解决方案的研究：以韩中日三国的认识差异为中心》，韩国外国语大学大学院国际关系系硕士学位论文，2010，第 30 页。

② 〔韩〕金荣材：《分裂体系的超越过程及新和平体系的摸索》，韩国国际政治学会：《国际政治论丛》第 43 期 4 号，2003，第 149~151 页；〔韩〕李圭源：《台湾问题和美国的现状维持政策基础》，韩国军事学会：《军事论丛》第 46 号，2006，第 52 页。转引自〔韩〕柳昌《关于东北亚共同体形成的阻碍因素及其解决方案的研究：以韩中日三国的认识差异为中心》，韩国外国语大学大学院国际关系系硕士学位论文，2010，第 24~25 页。

和外交方面展开了激烈竞争。近20年来，中国经济以年均9%的增长速度发展，对亚洲"雁行模式"中日本的领导地位产生了一定威胁，但中国尚不具备引导东亚各国发展的制度优势和软实力。日本虽然对东亚经济秩序的形成产生了重大影响，却没有在政治上赢得周边国家的信赖。东亚共同体构建中领导力量的缺失以及中日两国对领导权的竞争势必会加深双方的隔阂，对今后共同体的构建产生影响。① 中日两国之间的互信不足在媒体的多次民调中反映出来。韩国《朝鲜日报》的一项民意调查显示，中国人感到世界上最具有竞争性和威胁性的国家是日本（53分），超过美国（50分）；相对而言，中国人对韩国人抱有积极看法（62分）。② 而《日本经济新闻》公布的调查结果则表明，69%的日本受访者认为"不能相信中国"，认为中国值得信赖的只有14%；50%的受访者认为韩国不值得信赖，33%的人认为可以信赖。③

（五）中国迅速崛起的现实和美国提出的"中国威胁论"，也成为周边国家尤其是日韩两国隐隐不安的心理因素

中韩建交近20年来，经贸关系发展迅速，彼此互为对方最重要的经贸伙伴。韩国人在感叹两国经贸关系奇迹般发展的同时，也感受到中国产品充斥韩国街头、中国朝鲜族劳工冲击韩国劳动力市场等带来的直观"威胁感"。美国是"中国威胁论"的始作俑者。这一观点被西方国家普遍接受，也为日韩主要政界人士和民众深信，由此而对中国产生戒备感。10年前就有韩国学者著书谈到这种观点。美国学者塞缪尔·亨廷顿在《文明的冲突》一书中认为"中国旨在支配东亚"。美国国家情报委员会的GT2015报告书以及兰德公司的战略报告书中也有类似观点。甚至美国的21世纪安保战略书——《联合设想2020》，也是以"中国威胁论"为基础，把中国作为假想敌来制定世界战略的。以这种认识框架为基础的美国版"中国威胁论"，必将对世界尤其是中国周边地区的合作造成威胁。很显然，"中国威胁论"的产生与美国数十年间对中国的负面观念以及中美政治制度上的差

---

① 〔韩〕崔英美：《东亚地区经济合作的局限及可能性：以韩中自由贸易协定为中心》，仁荷大学政治外交系硕士学位论文，2006，第33页。
② 《中国人对韩国人颇具好感》，〔韩〕《朝鲜日报》2005年11月19日。
③ 《调查显示过半日本人不信任中韩》，〔日〕《日本经济新闻》2005年12月28日。

异等有关。韩国的政界人士当然相信美国的宣传，担心作为本地区安全重要一极的中国在经济腾飞后，会像美国那样谋求在东北亚地区的霸权，因此与现存的美国实际威胁相比，这种假想的"中国威胁论"给他们带来更大的恐慌。①

中国在 2008 年举办了一次"史无前例"的最成功的奥运盛会。笔者亲见北京的中国人和世界各地华人团结在一起，向世人展示了中华民族的凝聚力和国家实力。然而，中国的这种民族自豪感却成为周边国家出现"中国威胁论"的导火索。周边国家之所以会对中国的发展感到不安，其中一个原因就是把中国的这种民族主义等同于其东亚地区霸权主义的企图。不少韩国学者也有类似的看法。中国的迅速崛起与"暴发户"式的民族主义表现，使得近邻日本和韩国更感受到来自中国的"威胁"。②

（六）美国因素的负面影响也是关键性障碍之一

中日韩三国之间之所以出现缺乏互信的局面，除去上述地区内部因素外，也与美国"以夷制夷"的亚太安保战略的操控与影响有关。美国主导的亚太安保合作，不是北约式的多边安全合作机制，而是双边合作，如韩美同盟和美日同盟。这种双边主义的安保合作由美国一手操纵，在中日韩之间"以夷制夷"，使得东亚三国缺乏互信，而由美国掌握东亚安全格局的领导权。韩国成均馆大学的李熙玉教授指出，美国亚太战略的核心即是建立双边同盟，各个击破，"分而治之"，长期维持其势力在亚洲的存在。这与美国在欧洲通过北约和欧盟的军事与政治集团同盟遏制苏联或后来的俄罗斯的战略有所不同。在这一分而治之战略下，美国不会坐视其东亚霸权地位被中日韩三国的紧密合作所削弱，而听任东亚按照自己的逻辑和自身的利益需要进行整合。这种美国主导的"轮轴—轮辐"体制在将来会维

---

① 〔韩〕金熙乔：《美国的中国威胁论和朝鲜半岛和平》，实践文化社：《实践文化》，2002，第438页。转引自〔韩〕柳昌《关于东北亚共同体形成的阻碍因素及其解决方案的研究：以韩中日三国的认识差异为心》，韩国外国语大学大学院国际关系系硕士学位论文，2010，第20~22页。
② 〔韩〕柳昌：《关于东北亚共同体形成的阻碍因素及其解决方案的研究：以韩中日三国的认识差异为中心》，韩国外国语大学大学院国际关系系硕士学位论文，2010，第17~19页。

持很久。[①]

事实上，中国的《人民日报》也发表了类似的观点。作为当今世界唯一的超级大国，美国的全球战略地区部署具有明显的不同。其欧洲战略侧重于北约和欧盟的集团安全体系，但在亚洲采取的则是分而治之的双边同盟体制。在从伊拉克和阿富汗等地撤军后，其庞大的军事工业和军事人员需要新的"出路"。"重返亚洲"就是最好的选择。[②]

同时，由于韩日和韩美双边同盟关系的存在，美国很可能利用其与日本和韩国间的盟友关系，向两国施压，对中日韩合作及东亚合作造成阻碍。日本和韩国对美处于经济上的依赖以及政治安全上的相对弱势地位，很难抵挡住这种垂直式同盟关系所带来的压力。另外，中日韩三国目前在经贸上对美国市场的依赖也使得三国合作更可能受制于美国。正如美国地缘政治学著名学者、前国家安全事务助理布热津斯基所说，有远见的美国远东政策肯定能够阻止这种东亚联盟的出现，采取种种手段阻挠并遏制该地区的联合是美国东亚战略的既定目标。[③]

为此，中国学者徐进提出了一个超越东亚核心国家韩国和日本的安全构想，即所谓的"中美俄+东盟"四方同盟。[④] 这个构想显然与中日韩三国首脑峰会的宗旨背道而驰，也与中日韩经贸关系一体化的进程不符。总之，如何克服来自美国的阻力，有效地推进中日韩合作，是中日韩三国面临的最大外部挑战。

三　机制建设的思路与韩国的作用

战后国际经济的全球化与区域化并驾齐驱，共同推动了多个区域性经济共同体的形成。欧盟的发展源于法德两国的推动，北美自由贸易区的形成在于美加的协力主导。在东亚共同体建设方面，出现了多种模式，除了

---

① 李熙玉：《韩朝关系、韩中关系及其东北亚合作》，《当代韩国》2008年冬季号，第17页；〔韩〕李根：《从安保视角看东北亚经济整合的可能性》，载〔韩〕安冲英、李昌宰编《东北亚经济合作：整合的第一步》，汉城：朴英社，2003，第381~395页。

② 林东、李瞰：《希拉里不便说出的美国亚太军事意图》，《人民日报》2011年10月21日。

③ 〔美〕兹比格纽·布热津斯基：《大棋局：美国的首要地位与地缘战略》，中国国际问题研究所译，上海人民出版社，1998，第72~73页。

④ 徐进：《东亚多边安全机制：问题与构想》，《当代亚太》2011年第4期，第125~126页。

东盟主导的"10＋3""10＋1""10＋6""10＋8"模式，还有东盟模式外的中日韩三国首脑峰会等。事实上，东亚峰会的参与国已经超越了东亚的地理范围。① 美国近期还提出没有中国参与的"跨太平洋伙伴关系"（TPP）的构想。在"百花齐放"的东亚合作模式下，其机制建设应当选择何种道路？是"10＋3"还是"3＋10"？在其中韩国又将发挥怎样的作用？

（一）从"10＋3"到"3＋10"是由东盟国家实力不足和东盟框架的对话机制的性质决定的

20世纪90年代后期，在经济全球化浪潮的冲击下，东盟国家逐步认识到提高合作层次、构筑全方位合作关系的重要性，并决定开展"外向型"经济合作。1999年11月，在马尼拉举办的"10＋3"领导人会议是中日韩三国间的首次首脑早餐会议。自此，形成了中日韩三国领导人每年出席在"10＋3"东亚系列峰会期间由东盟主导的会议协商机制的惯例。2003年，三国领导人共同签署并发表了《中日韩推进三方合作联合宣言》，这是三国领导人首次就三国合作发表共同文件，初步明确了三国合作的原则和领域，并决定成立由三国外长牵头的三方委员会，总体协调三国合作，标志着三国合作进入新阶段。

东盟主导的"10＋3"机制，密切了东亚国家之间的联系，增强了区域合作意识和互利共赢的理念，推动了东亚地区的一体化合作与发展进程。在"10＋3"以及"10＋1"合作机制推动下，已在20个领域开展了上百个合作项目，建立了50多个对话机制，其中包括外交、经济、财政、农林、劳动、旅游、环境、文化、打击跨国犯罪、卫生、能源、信息通信、社会福利与发展、创新政府管理等部长级会议机制。这种多层次的、开放性的东亚合作机制和对话形式，也得到了中日韩三国政府的认同。②

但是由于缺乏强有力的主导力量，对话机制存在效率低下、流于形式等缺陷。由东盟主导的"10＋3"框架更多具有会议和合作平台的性质，缺乏具有约束力的规范性机制。2005年中日韩三国因历史认识问题和海洋

---

① 张蕴岭：《对东亚合作发展的再认识》，《当代亚太》2008年第1期，第14页。
② 《背景资料：东盟与中日韩合作机制》，新华网，2010年10月29日，http：//news. xinhuanet. com/world/2010－10/29/c_ 12717711. htm。

领土争端中断会议，即证明了东盟作为东亚共同体发动机的"小马拉大车"模式的动力缺陷。

韩国表现出推动中日韩三国首脑直接会晤的积极性。在2007年的新加坡会议上，韩国提出不定期轮流召开三国领导人会议的建议，得到中国和日本领导人的赞同。2008年的全球金融危机使三国进一步意识到合作的必要性。2008年12月召开的福冈三国首脑峰会是首次"10＋3"框架外的中日韩三国峰会，具有重大的转折性意义。会议签署并发表了《三国伙伴关系联合声明》，首次明确了三国伙伴关系的定位，确定了三国合作的方向和原则；会议还通过了《国际金融和经济问题的联合声明》《三国灾害管理联合声明》《推动中日韩三国合作行动计划》。根据轮流举办的原则，2009年10月10日在北京举办了第二次三国领导人会议，韩国总统李明博、日本首相鸠山和中国总理温家宝参加了这次会议。会上三国决定探索东北亚地区在政治、经济和安全等多领域的"战略伙伴"水平的合作。会议发表了《中日韩合作十周年联合声明》和《中日韩可持续发展联合声明》，并建立了中日韩重要的经济合作机制，其主要内容是建立中日韩经济团体合作交流机制并举行中日韩工商峰会、建立中日韩水资源主管部长会议机制、开展三国航空安全合作、开通中日韩合作网络秘书处。

（二）韩国在东亚共同体建设中的作用

韩国学界的主流观点认为，应发挥韩国在东亚地缘政治中的"枢纽"地位和平衡作用，为东亚共同体建设创建一个循序渐进与阶段促进的发展模式。任何一个地区的区域性合作都不是一蹴而就的，更何况是历史背景复杂、矛盾冲突不断的东北亚地区。现阶段，中日韩三国合作所面临的问题和障碍仍较多，其中既包括来自外部的美国势力的影响，也包括内部因素——历史问题、领土纠纷、贸易摩擦和制度差异等造成的缺乏互信，彻底解决这些问题和障碍并非一朝一夕之事。由此可以预见，中日韩三国的全面合作及其带动整个东亚地区的合作将是一个漫长而复杂的过程，以中日韩合作为先导的东亚合作要想"走得稳健"，就需要一个渐进的过程。在这一过程中，为促进各项功能性合作向机制性合作的上升和阶段性发展，必须有一个保证中日韩经济合作的正常稳定运行的常设机关和机构，就像欧共体（EEC）以及北美自由贸易区等都有的必要的常设机关或机构一样。首脑会议作为政治机构从总体上决定着东北亚经济联合的发展方向，而部长会议则具体讨论首脑会议所论及的各个议案并做出有约束力的决定。除此之外，还需要有执行部长会议决议的机构或机关。维持东北亚经济共同体的存在和运行，本身就需要"常设委员会"的设立，欧盟的执行委员会就是这样的机构。鉴于中日两大国之间存在围绕东北亚地区合作的主导权之争，作为大陆和海洋连接点的韩国可以起到"东北亚均衡者"的作用，正像欧盟总部设在西欧小国比利时首都布鲁塞尔那样。2010 年 5月 29 日，第三次中日韩三国领导人会议在韩国济州岛举行，在这次会议上，中日韩领导人同意于 2011 年在韩国建立三国合作秘书处，加强三国合作的机制化建设；在 2012 年之前，三国官、产、学人士完成中日韩 FTA联合研究。三国领导人强调，将坚持不懈地推动三国关系朝着睦邻互信、全面合作、互利互惠、共同发展的方向前进，推动三国合作达到新的高度。会议还发表了《2020 中日韩合作展望》《中日韩加强科技创新合作的联合声明》《中日韩加强标准化合作的联合声明》。①

2011 年 9 月 1 日，中日韩三国合作秘书处在首尔开始办公，标志着韩国作为"东北亚均衡者"迈出新的一步。

四　政策建设的思路：新功能主义的视角

由于上述历史和现实因素，东亚共同体在机制建设方面面临诸多障碍，难以一步到位。在此我们可以学习、借鉴欧洲整合中的新功能主义理论。新功能主义是 20 世纪五六十年代欧洲发展起来的一种整合理论，沿用了功能主义（Functionalism）的路径，是从功能主义派生出来的。功能主义在整合理论的发展过程中具有里程碑的意义，其创始人大卫·米特兰尼（David Mitrany）在 1943 年出版了《有效的和平体制》（*A Working Peace-System*）一书，并在书中提出了欧洲整合的方案。他认为国家之间避免战争的最好方法是实行功能性的合作，这样既可以避免合作所建立的国际性机构过于松散，又可以在某些领域建立较为广泛且稳定的权威。功能主

---

① 〔韩〕韩石熙：《中国的东亚共同体构想》，《新亚洲》2010 年第 4 期，第 9~11 页。

有两个重要观点。一是国家之间的合作应该从低政治领域即经济领域开始，因为经济领域所进行的功能性的合作涉及的主要是技术性问题，政治争议性很低，合作容易展开。二是功能性的合作会自动扩展，一个部门的合作是另一个部门进行合作的动因。众多功能性部门的合作不断扩展后会向政治部门渗透，从而为政治领域的合作打下基础。① 功能主义强调先低后高、先经济后政治的基础性合作。新功能主义理论是在功能主义理论的基础上，对功能主义的不足加以补充而发展出来的一套整合理论，主要代表人物是欧内斯特·哈斯（Ernst Haas）、罗伯特·基欧汉（Robert O. Keohane）、约瑟夫·奈（Joseph S. Nye）、菲利普·施密特（Philippe Schmitter）和利昂·林德伯格（Leon Lindberg）等。新功能主义理论强调政府和民间的共同推动，主要观点包括：①随着经济、科技和通信的迅速发展，各国产生了共同的经济和社会问题，这些共同面临的问题形成了一股国际合作的动力；②由于经济和社会领域的合作具有非政治性的特征，争议比较小，所以合作比较容易成功，从而可以实现经济社会领域的整合；③这种经济合作具有"扩散"（spill-over）效应。"扩散"是新功能主义的核心概念，主要是指经济社会领域的整合将会逐渐扩展到政治领域，并最终建立制度性的超国家机构，从而实现政治的整合。新功能主义的扩散主要有三种类型：功能性扩散（functional spill-over）、政治性扩散（political spill-over）和地理性扩散（geographic spill-over）。

功能性扩散是指在经济领域进行整合时，要实现这一个部门的完全整合，需要在另一个或几个部门采取部分整合性措施，即一个部门的整合扩散到其他部门，在该部门整合成功的同时还能引发其他部门开展合作的愿望和信心。随着被扩散的部门继续进行整合，扩散又会继续扩大。政治性扩散主要指经济合作会逐步扩展上升为政治性合作，其达到高层目标后，只有将更多的权威让予集体决策机构才能实现经济合作的进一步发展。这需要超越国家的决策，需要让渡部分国家主权。地理性扩散是针对参与整合的个体而言。随着一定地域内一定数量的政治体之间的整合从经济领域扩散到政治领域，使得参与整合的所有政治体都能获益的时候，周边的其他政治体就会越来越希望加入这个共同体，求得集体安全和经济共荣，这

---

① David Mitrany, *The Functional Theory of Politics*, Martin Roberston, 1975, pp. 124 – 127.

样就产生了地理上的整合与扩散效应。①欧盟整合的过程正是新功能主义理论的最佳实践案例。

在研究东北亚共同体的形成和推进方案时，笔者参考部分韩国专家学者的见解和提议，借鉴欧盟和北美自由贸易区的经验，从新功能主义的理论出发，并结合自身在东亚地区多年进行政商交流的经验，提出以下构想。

（一）先经济后政治，求同存异，推进中日韩之间的东北亚自由贸易区（NEAFTA）的建立

东北亚自由贸易区是东北亚经济共同体的核心。自由贸易区的延滞意味着东北亚经济共同体的延滞。但是很显然，东北亚各国对建立东北亚共同体的必要性和前景产生的广泛共鸣以及各领域内部经济合作组织的真正形成是促进东北亚自由贸易区形成的重要条件。虽然不可否认东北亚国家间的互补性是强化经济合作的重要因素，但是它也造成了中日韩三国间的产业结构不均和比较优势的僵化。因此从长远来看，调整三国间的产业结构以及消除比较优势的僵化是需要三国共同解决的问题。

结合东北亚的实际状况，在实施消除全部领域内的贸易壁垒的自贸区之前，需要经历一个过渡时期即准备阶段，扩大区域内经济关系全面自由化的需求，从而逐步推动 NEAFTA 的建立。这一准备阶段可以从欧洲经济合作机构（OEEC）那里汲取经验，如建立中日韩经济联盟。与缔结 FTA 等单纯的协定相比，成立能够保持一贯性的常设机构将会是明智之举。可以成立类似于欧洲自由贸易联盟（EFTA）或者东盟的东北亚经济联盟（Northeast Asian Economic Association，NAEA）的机构。在此阶段，三国可以在经济的整体发展运营上交换意见，间接地增加对地区内不同制度的理解的机会，加强在各个领域的政策合作，从而确保 NEAFTA 构建的顺利进行。

此外，结合 1997 年的亚洲金融危机和 2008 年的世界金融危机来分析，东北亚地区急需共同应对危机的金融政策。为了稳定汇率、扩充流动性援助机制、构筑独立的监督体系等，成立金融通货合作组织，借鉴欧元体制

---

① 〔韩〕柳昌：《关于东北亚共同体形成的阻碍因素及其解决方案的研究：以韩中日三国的认识差异为中心》，韩国外国语大学大学院国际关系系硕士学位论文，2010，第 6～7 页。

推动"亚元"建设十分重要，因为这样才有可能实现地区内结算制度的合作、地区内金融监督的强化、地区内资本市场的形成等方案，而推进这类合作方案也更具有现实意义。

（二）构建贯通大东亚的"高铁"并以交通物流为合作切入点

寻找一个切实的合作切入点，发挥"扩散"效应，带动各领域全面合作尤为重要。中日韩三国也可将具有共同合作意识的、三方均可获利较大的领域作为切入点进行合作，进而带动其他领域的一体化进程。交通基础设施领域的合作就是一个很好的切入点。中国俗语讲"要想富先修路"，中日韩三国在该领域建立紧密的合作关系，其相关的基础设施建设所提供的公共物品将给整个东亚地区带来巨大经济利益。三国学者对此提出了"亚洲高速公路""西伯利亚大陆桥""中国大陆桥"等计划。尤其是快速铁路网的建成将对本地区的振兴贡献巨大。亚洲高速公路以及连接东京、首尔和北京的快速铁路系统的建设，将使中国大陆连接朝鲜半岛和日本列岛的高速运输系统（包括海底隧道）成为可能。日本综合研究机构还提出"东北亚大环线计划"（Northeast Asian Big Loop Plan），旨在建立连接东北亚主要地区中心地带的核心铁路网。如果它能够与"亚洲高速公路"计划及快速铁路网规划结合实施，那么，由韩国国土研究院推动的旨在连接日本、朝鲜半岛和中国东北的"BESETO走廊"（北京、首尔和东京的英文名缩写）的最终建成也将为时不远。[1] 三国间交通基础设施的贯通所带来的经济效益是巨大的：中国原本经航空运输到北美的货物，可通过铁路运输到韩国仁川后再利用国际航线实现海空联运，运费可节约20%；韩国可以利用中国洲际铁路将货物运输到欧洲。三国间铁路相连可扩充区域内的物流供给线，可以大大提高物流协调能力。近年来还有韩国学者提出要打通中日韩海底隧道以便利欧亚运输线。这是一个超现实主义的构想，反映了东北亚经贸关系蓬勃发展的现状。[2] 事实上，早在2002年，韩国交通发展研究院就与日本专家共同研究并发表了《韩日海底隧道可行性报告》，论证打通对马海峡海底隧道，实现以东京为起点，途经釜山、首尔、平

---

① 泽井安勇：《"东北亚大设想"研究的新进展》，《当代亚太》2004年第12期，第35页。

② 《韩提议建中韩海底隧道打通欧亚运输线》，新浪网，2008年1月17日，http：//news. sina. com. cn/w/2008 - 01 - 17/013513272589s. shtml。

壤、北京，到莫斯科和伦敦的横贯欧亚大陆的"欧亚铁路线"的宏伟蓝图。2008年中韩两国专家还探讨了穿越黄海海底的中韩海底铁路隧道的可能性。①

正如2003年韩国总统卢武铉访华期间在清华大学演讲时憧憬的那样："东北亚地区正逐步成为全球经济的发动机，其GDP占全球的20%，再过10年或15年有期望超过30%，到那时，北京的学生买火车票就可以经过平壤、首尔和釜山到东京旅行。这是一幅和平而富饶的东北亚蓝图。"②

（三）政府引导、NGO先行，构建教育文化合作交流新机制，逐步建立东亚区域共同体意识

中国学者张度在《比较视野下的东亚区域认识：共同命运对集体认识的关键影响》一文中比较了东亚地区和东盟、欧盟的区域认同感，尖锐指出，东亚国家区域共同命运与共同体意识的缺乏导致了东亚区域多边合作的失灵。他还认为，东亚地区共同命运与共同体意识的培育是东亚共同体形成的关键因素。③ 笔者对此观点相当赞同。但是对张度提出的"东亚共同意识缺乏"的论断，笔者持有异议。

东北亚地区是一个拥有共同区域认识的共同体。在几千年的历史长河中，中日韩三国互为敌国参与战争只占了很短的一段时间，三国间的友好交往是主流。中日韩三国同文同种，同属"儒家文化圈"，拥有同质的文化背景，联系紧密。在冷战期间，中日韩之间的交流曾一度中断。20世纪90年代初，随着冷战体制的瓦解，中日韩三国重新踏上沟通、融合之路，国家间的丰富多彩的文化交流提高了彼此的互信，增加了对同源文化的认可。应该说，中日韩三国主导构建一个共同体意识还是具有相当多的积极因素的。一方面，中日韩同属汉字文化圈，存在文化认同感；另一方面，中日韩三国间经济交流频繁，增进了实质利益的认同感。中韩建交20多年

---

① 参见李承律《走向大同：东北亚共同体建设新思维》，金学泉译，世界知识出版社，2010，第98～102、114～121页。

② 《韩国总统卢武铉在清华大学的演讲》，人民网，2003年7月9日，http://www.people.com.cn/GB/shizheng/1026/1959534.htm。

③ 张度：《比较视角下的东北亚区域意识：共同命运对集体认同的关键影响》，《当代亚太》2011年第4期，第125～126页。

来，韩国人在北京、上海等地形成多达数万人的"韩国城"即是这种区域认同的实证。

但同时，同处东亚文化圈的中日韩三国，在东亚文化认同中存在许多不必要的认知争端。这在笔者从事的东亚文化交流中，体现良多。例如端午节、龙图腾、"竹岛日"等，也成为与教科书之争类似的事件。笔者认为，有必要建立一个信息交流平台，供政府、研究机构和专家学者交流观点、互通信息。如互派大学教师担任对方学院教员，或互派民间艺术团体表演传统民间艺术，促进双方共同开展历史文化交流，增进友好气氛。北京大学新闻传播学院的韩国籍博士生郑寅淑的毕业论文对此有过很好的建言：中韩两国在政府文化部门的支持和主导下，创建定期的"中韩文化交流节"和中韩友好城市对接仪式，例如，派韩国江陵"端午祭"民间艺术团到湖南汨罗和湖北江陵与"龙舟艺术团"切磋交流；派韩国"白头山艺术团"到中国东北与"长白山艺术团"交流等。同时，也可以通过在相应的城市间缔结友好城市和姊妹学校的方式，开展青少年文化交流活动。此外，这些交流与研讨活动还可以通过互联网上开展，以超越时空限制的方式，逐渐化解两国的认知差异。① 这定将成为两国历史和艺术交流的佳话，也是以直接交流化解"文化申遗"误解的最佳捷径。在文化教育领域开展这种开放的兼容并包的自上而下的交流，有益于超越以国家利益为中心的现实战略，同时达到彼此间信息的互通有无，沟通畅达。

（四）促进东亚三国学术交流，借鉴"一国两制""一史两用"经验，逐步建立宽容和解的新东亚史观

如前所述，韩国反日情绪主要是围绕独岛主权、历史教科书、参拜靖国神社和慰安妇等历史遗留问题展开的。韩国人对中国的负面认知主要起源于高句丽历史、端午节"申遗"问题和中国国防预算不透明等。研究表明，在这些方面都有"一国两制""一岛两名""一节两名"的双赢结论。例如韩国的"端午节"与中国很不一样。韩国江陵地区的"端午祭"，是一种传统巫俗和假面舞纪念活动，具有传统山乡文化祭念的

---

① 该博士论文的部分内容已公开发表。参见郑寅淑、张丽萍《论互联网中中韩两国端午文化遗产争论的认识差异及其作用》，《当代韩国》2009 年秋季号，第 67 页。

特点。而起源于中国南方的"端午节"，是为了纪念爱国诗人屈原，后又演变成为赛龙舟、吃粽子等民俗活动，具有南方水乡文化纪念的特点。①

正如中国俗语讲的，"真理越辩越明"。韩国学者也认为，关于"端午节"的中韩文化遗产辩论有助于中韩文化交流和两国关系的改善。② 在东亚国家关系中，历史认识问题永远是无法忽略的议题。合作与包容的共同体意识，需要有包容性的"一史两用"的新东亚史观。这也是克服上述中日韩合作所面临的问题和障碍的思想源泉。如中国总理温家宝提出的理性健康的"睦邻、友邻、富邻"邻国观和日本首相鸠山提出的友爱的"东亚共同体"构想，都是值得借鉴的新思维和新构想。在此，笔者深感邓小平"一国两制"新思维的伟大，我们应当由此推导出"一史两用""一节两名"这样共用与包容的历史观和现实观。

五　小结

综上所述，在可预见的未来，东亚要学习欧盟，建立一种制度性的一体化机制，新功能主义理论值得学习、借鉴。东亚必须以中日韩三国合作为引擎，建立一个和平、友爱、互信的东亚社会共同体。中日韩三国在克服目前因内部因素所造成的互信缺失以及外部因素所造成的合作障碍的基础上，需要一种渐进式阶段性的发展过程，寻找一个切实的合作切入点，建立信息交流平台定期沟通，拓展三国间合作的深度和广度，在循序渐进的合作进程中形成并完善一种东亚区域的共同体意识。

笔者认为，东亚地区需要更多具有包容性和开放性的政治经济合作的机制与交流平台，以便官民并进、多头并举，集思广益，化解矛盾和分歧，寻找新思维和新出路。经过十余年的努力，2009 年 10 月在北京举行的三国首脑会议上，中日韩三国表达了建立三国 FTA 的共识，这意味着日

---

① 参见韩仁熙《当前韩中文化外交存在的问题与探索》，《当代韩国》2011 年春季号，第 83～91 页。

② 郑寅淑、张丽萍：《论互联网中中韩两国端午文化遗产争论的认识差异及其作用》，《当代韩国》2009 年秋季号，第 62 页。

后三国政府将就东北亚经济共同体展开讨论。2011 年 9 月 1 日，中日韩三国合作秘书处在首尔开始办公，这标志着三国合作机制又向前迈出了一步。笔者坚信，随着上层结构的关系变化，东北亚共同体的实现指日可待。

社会・文化

东北亚和平共同体构想方案

〔韩〕李瑞行

【内容提要】 东北亚和平共同体既是东北亚共同体的一个有机组成部分，又是东北亚多边安全合作的构想方向，还是东北亚市民社会交流的活性化的方向。东北亚和平共同体应当基于传统的亚洲价值和中日韩自贸区，仿照欧洲共同体建设而成。韩国应当在东北亚经济共同体的构建过程中积极发挥作用。

【关 键 词】 东北亚共同体 和平共同体 FTA 欧洲共同体 传统的亚洲价值

【作者简介】 李瑞行，韩国学中央研究院名誉教授，"韩民族共同体文化研究院"院长。

一 绪 论

20 世纪末 21 世纪初，学者预测未来是亚太平文化时代到来的时代，中国经济快速增长并将确立东北亚在世界上的地位，这将是朝鲜半岛核问题解决的后盾。事实上，在 10 年前开始的对外政策基础上，以实现东北亚地区和平共同体为目标的政策已经初见端倪。最近，以美国代表的西方资本主义和苏联式社会主义受到批判，取而代之的是以中国为中心的东亚传统智慧，在此基础上东道论被再次提起并不是偶然的事。

在美国势力扩张，欧洲一体化进程推进的影响下，亚洲合作趋势明显。然而，虽然东北亚地区合作特别是东亚三国（中日韩）之间的经济和文化合作在困难中不断开展，但是由于日本安倍晋三政府的右倾化，歪曲历史、参拜靖国神社，以及其在慰安妇赔偿问题上的态度使得韩国、朝鲜、中国对其任何举动都心存顾虑，东北亚地区国家层面的交流合作受到了影响。

尽管在全球化的国际大背景下，国民和国家概念的界限呈现逐渐淡化的趋势，但是东北亚地区出现的民族主义似乎在逐步加强。实际上，交流合作的加深也激发了东亚地区与生俱来的警戒心的二重性。由于1950年的朝鲜战争，直至现在，韩国对朝鲜也心存警惕，并做两手准备。此外，在中国对韩国和朝鲜也不得不做双重准备的情况下，中国与日本关于钓鱼岛的领土纷争也更加激烈。相比较而言，东南亚地区合作进行得很好，朝鲜半岛没有出现像东盟那样的多国合作机制，而是首先对和平共同体的需要更加迫切。

在这种情况下，使之进行顺畅的交流足以波及东北亚地区和平共同体的形成，对其是一种双重性关键挑战。

东北亚地区最重要的是政治经济霸权主义的克服，安保上"和平共同体"的构筑，扫除各种人力、物力交流障碍，共同构筑繁荣的"经济共同体"，同时努力通过历史、教育、传统文化交流构筑"文化共同体"。为此需在中国和韩国的带领下并寻求日本、美国、俄罗斯的协助。韩国在东北亚事务中起重要作用的理由简单讲有以下三点。第一，东北亚和平共同体的形成是韩国生存保障的最好战略。第二，韩国是打破北美自由贸易协定、欧盟的壁垒，加强东亚地区国家内贸易、通商、金融合作不可缺少的力量。第三，因为包括朝鲜核问题的朝韩关系问题的解决是涉及东北亚和平共同体框架可能性的课题，因此，本文目的在于考察和摸索实现这一目标的方案。

二　东北亚经济共同体和韩国的作用

21世纪将是包括中国在内的东亚认同并致力于地区共同体的形成与发展蓝图的构化的世纪。[①] 东北亚加速经济协作的过程中一定会出现经济发展的地区差别和产业差别，这些差别在中短期的经济统合过程中是不可避

---

① "Asian Countries should Pull Together"，May 27，2004，http：//koreaherald. co. kr.

免的。如果要使东北亚共同体的构想得以实现，即类似欧盟的共同体在东北亚地区登场，就应消除这些差别。要解决这些问题，就要在东北亚筹集共同的社会开发基金，构建支援体系。通过这一体系，先进地区（例如韩国的汽车产业地区）要帮助技术落后地区（例如中国的自行车产业地区）的发展，先进产业（例如日本的生物农业）要帮助落后产业（例如韩国的传统农业）的发展。[①]

最近在东北亚存在地域主义的论争，因此围绕经济统合的过程和方法的论议正在以自由贸易协定为中心进行。这些论议是制度性的，也是政策性的。东北亚要以经济自由区域扩大的方式，朝经济统合最大化的方向前进。必须说明的是，指向商业的经济上的自由贸易实际上是指向地域协作和地域统合的。为此，要增大教育开放的幅度来使外国教育机构自由进入，并和国内的教育机构合作，使东北亚地区的学生和教授集中在东北亚地区内部。首先，以大学和研究生院等高等教育为对象形成东北亚教育中心，东北亚教育中心有远见的协作又能促进东北亚教育中心的发展。这样将会形成主导东北亚统合的下一代的领导者。为此，在韩国的主导下，提出了东北亚领导者学院（Leadership Academy for the Northeast Asian Community，LANACO）（暂命名）的设立方案。从亚洲各国选拔出来的精英在这里先通过研究生课程接受有关亚洲统合的各种课程。如果研究生课程能正常运行，还可以开设本科课程和研究所。在以上宏大的设计下，要制订如下的与经济统合相关联的方案。第一，凝聚政府的作用，落实经济自由区域政策，通过有效的行动看到具体的成果和进展。第二，各国政府，特别是中国和日本两国在韩国主导下开始进行幕后交流和协商，尽快开始设立东北亚开发银行，可以先设立"东北亚开发银行国际设立准备委员会"。第三，为了韩国、中国和日本尽快缔结FTA，应着手签订政府间的协议。"FTA官民联合协议体"是能够统合农民团体和劳动组织，聚集思想开放的人的组织。在组成"FTA官民联合协议体"并签署协定前，必然需要充分的事前讨论和达成一致的对策。另外，韩国政府将设立"东北亚发展财团"以支援国际民间组织的筹建。这些国际民间组织是与现存的东北亚知识人联合会与亚洲展望委员会等区域性的地域统合相

---

① 朴世一：《21世纪东北亚时代的国家·市场·市民社会》，汉城：东亚日报社，2004。

关的组织。今后通过这些统合首先在国内形成全盘的市民社会舆论和国民之间的纽带。

20世纪80年代以来，以东北亚地区国家间的亲密协作为基础，东北亚共同体渐进发展的构想依靠各种主观条件，比以往任何时候都更有可能成为现实。即如果能将日本的尖端技术和巨额资本，韩国的商用技术和开发经验，俄罗斯丰富的天然资源和生产潜在力，蒙古的天然资源，中国和朝鲜低廉而丰富的劳动力和潜在市场等有效地结合，相互补充的、互惠的经济发展将成为可能。在这样的背景下，我们应该思考一下东北亚经济协作的问题。虽然韩国、中国和日本三国经济在东北亚地区所占的比重很大，而且其今后的发展潜力和潜在要素的互补性也很强，但是三国中的韩国有必要成为构想中的东北亚经济协作的主导力量。

第一，从地理上看，韩国处在由中国—韩国—日本构成的东北亚的核心协作圈的中心位置，而且韩国位于东北亚的连接通路上，是朝鲜经济实现统合的当事者。朝鲜的改革开放绝对不能同东北亚经济协作分开。这时候，韩国主导的南北经协的实质进展可通过克服东北亚的体制的异质性来帮助区域经济协作活性化。

· 第二，东北亚国家间的潜在因素的相互补充性虽是强化经济协作的要素，但它也是助长国家间不均衡的产业构造和比较优势的因素。但是，韩国处于经济发展程度和经济规模层面上的中间者的位置。从这一点上看，处于发展中国家和发达国家之间的韩国如果成为经济协作的中心轴，能够减少隔阂和心理上的不安。

第三，韩国是能够平衡东北亚的相互竞争的对决格局的中间力量。一方面，东北亚国家间需要相互补充的关系，另一方面，在带有相互竞争的多边地域协作的格局侵犯第三者的利益时，也会遇到强烈的抵抗。如果中国和日本表明东北亚经济协作将依靠中国或日本，东北亚的其他国家和东北亚以外的国家会误认为它们是在东北亚地区追求霸权主义，但是韩国领导东北亚经济协作的话不会招来这样的误会。从这一点上看，包括韩国使中国和俄罗斯建立连接关系，以及朝鲜核问题的东北亚能源共同体的构建，是实现东北亚共同体的重要事业。理由是，这样的事业才能直接地促进南北经济合作活性化，促进朝鲜半岛统合的经济发展，才是带来东北亚和平和繁荣的多边经济协作体的试金石。

三 东北亚多边安全合作的构想方向

亚太地区政府间通过 ARF（Asian Regional Forum）来进行多边安全合作对话，而在东北亚地区虽然对此展开了很多讨论，各国政府官员也时而谈及，但是真正的多边安全合作并没有正式达成。[①] 特别是，韩国于 1994年 5 月在 ARF 高级官员会议上通过书面形式，正式呈交了关于东北亚安全合作（Northeast Asian Security Cooperation，NEASEC）的提案。然而，在地区性安全局势不断变动的情况下，担忧现有的韩美同盟和美日同盟安全体系的美国对此表现出消极的态度，认为所有多边合作都是对自身的包围的朝鲜对此表示反对，考虑朝鲜立场的中国也持消极态度。因此，韩国的提案没有什么结果。

在无政府主义的国际秩序下，一个国家对安全的追求会对他国的安全造成威胁，他国面对这种威胁对自身安全的强化又会造成对最初追求安全的国家的威胁。这样就形成了一个恶性循环，陷入安全困境。随着相关各方之间的相互依存意识的出现，1982 通过的帕尔梅报告书中提出了共同安全的概念。共同安全的概念基于欧洲安全合作会议所追求的"与敌共存"，到冷战结束后扩展为协作的共同安全体系。以上有关安全的概念进一步扩展就形成了综合安全（comprehensive security），即安全体系保护的对象从军事领域扩展到政治、经济、社会和环境等诸领域。

东盟地区论坛正如其名，是 1994 年出现的由泰国、马来西亚、新加坡、印尼、菲律宾、文莱 6 个东南亚国家的联合，此外还包括韩国、美国、加拿大、澳大利亚、新西兰、欧洲联盟等对话伙伴的参与。现在，东盟地区论坛又吸收了越南、柬埔寨、老挝、朝鲜、蒙古、印度，会员国和对话伙伴达到 23 个。ARF 就是在没有事务局的情况下采用了东盟的事务局，东盟的成员国自动成为 ARF 的成员。ARF 在 1995 年 3 月通过了概念报告书，提出了安全体系的三个阶段：①构造信任措施的增进；②预防性外交原理的开发；③以进一步解决矛盾为基础的协同安全概念的采用。此后，到 2003 年为止，ARF 共召开了 10 次会议。ARF 的成员

---

① "Asian Countries should Pull together"，May 27，2004，http：//koreaherald.co.kr.

虽有增加，但是其成员间的协同并没有实际的进展。从地区协作上看，ARF 作为各国双边外交的场所，其作用是提供了信任构建和进行矛盾预防外交的场所。例如，ARF 促进了各方与朝鲜的对话，成为实用的外交场所。

从民间的角度来看，CSCAP（Council for Security Cooperation in the Asia Pacific）是安全问题研究所间协作机构的代表。这是一个由学者、官员和其他专家以个人身份参加的民间的非政府性的组织，主要讨论和研究安全问题。现今，ARF 的 21 个成员中的大部分国家，特别是朝鲜，都在参与这个机构的活动。

现在正在推进的东北亚安全合作还要经历漫长艰辛的过程。但是，过去的 10 年间出现了诸多有意义的变化。即朝鲜和美国之间实现了对话和曾撕毁协议并处于休眠状态的朝鲜半岛能源开发机构（KEDO）的再次活动。KEDO 的经验和协议将会使得将来协作措施的构建更容易，并且朝韩间持续的安全概念在弱化。朝鲜核问题的六方会谈提高了地区性安全的相互依存性，其中最有影响力的国家是中国。如果朝鲜核问题能够得以解决，六方会谈势必要起一定的作用并将进一步制度化。

四　东北亚市民社会交流的活性化的方向

Maclver 提出了作为主观条件的共同体情感（community sentiment）和作为客观条件的地域性。共同体的情感包括我们的感情（we‑feeling），角色感情（role‑feeling），依存感情（dependency feeling）；地域性是社会的凝聚和地理范围。地理学上的"东北亚共同体"包括中国和日本。东北亚共同体可以构成新的生活方式。为此要持续地构建以各文化间的理解为基础的共同体意识概念，找出共同体形成的障碍要因，持续探讨扩散意识共同体的课题。共同体形成的可能基于对大众文化的理解和吸收，以这种理解为基础的东北亚共同体将成为一种生活的形式和生活的基地。

东北亚不仅是国家的联合，更是带有共同的血统和地域、文化和语言、历史的经验和历史意识等特征的历史性的共同体。但是，东北亚不仅人口众多，经济规模较大，而且对于普遍存在的问题的责任认识薄弱，更呈现出如下的局限性。第一，构成共同历史的民间经验没有得到传承。东北亚的汉字圈、儒教文化圈的长久性和持续性与其他地区相比具有明显的特征。但是，比起数世纪前的东北亚国家之间的交流，过去一个世纪的交流受到很大的限制。

第二，没有共同的语言。东北亚虽然过去把汉字作为共同使用的文字，但是没有作为口语的共同语言。最近一些很活跃的研讨会在讨论东北亚共同体问题时通过英语或翻译进行交流，这使得非公开的东北亚交流很难进行。

第三，自己民族中心主义的影响。在东北亚地区，虽然交流协作正式活性化，经济上相互依存扩大，但是以心理上的大国意识为基础的不平等现象仍然存在。在排斥他人的基础上构建的国家政体性和民族优越性必须转变。

第四，市民社会在打破国界线的限制，增进个别国家的民主化和超国家的民主化的同时，还要倾注于构建拥护民主政治的地区共同体。

新的东北亚共同体构想要求逾越民族和国家的界限，因此很难出现急剧而重大的变化。然而过分地脱离民族主义容易陷入超国家和反国家的危险境地，还会引发对东北亚统合的激进的忧虑。东北亚的宗族构成相似，文化上也存在很多共同性，并且从经济发展水平这一客观条件上看，很有可能扩大朝统合方向发展的交流。但是，现阶段的东北亚市民社会的活动范围和议题设定方式仍被局限在国家中心的框架内，不能自由地进行。为了形成东北亚市民社会的连带关系，与其努力发掘东北亚包括"文化价值"在内的特性，不如从共同解决现实问题出发，商讨并组织东北亚市民社会的连带关系。当前在东北亚有两件事情十分迫切地需要解决。一是通过在东北亚克服霸权主义，构建安全上的和平上的共同体，以及扩大自由贸易等努力来构建繁荣的经济共同体；二是通过历史、宗教和艺术等交流形成文化共同体。[1]

现在，东北亚市民社会的交流正在活跃地以人文学研究者为中心展开，限制日本右翼势力的霸权主义势力的尝试也在不断地进行，另外还形成了"东北亚市民社会论坛""亚洲和平和人权共同体""亚洲和平论坛""韩日市民社会协议体系"等多样性的会议体系。这些组织中的一部分通

---

① 《21世纪东亚细亚展望》，2004年5月27日，http：//www.kifs.org。

过在所属地区的带有柔韧性和机动性的市民活动，摆脱了会议体系固有的局限性。

今后有关东北亚市民社会交流的重要论坛将涉及环境、能源、水、难民、城市化、人权、人口、和平、民主主义、民族主义等议题。为了形成更活跃的交流和协作，需要进行有关市民社会的共同问题的研究，定期听取和记录这些研究以寻找解决问题的方案，同时还要构建相应的评价体系。与此同时，构建和统合多样的东北亚市民协作网也是十分必要的，即形成女性群体、儿童和青少年、民主共同体、民间团体、地方政府、劳动组织、产业界、科学技术界、农民等基本单位，按论题形成市民社会的协作网。也就是说，要以最低程度的努力促进东盟关系的强化，以最大的努力扩大多边协作。[①]

东北亚各国设立了共同参与的市民环境论坛，论坛应尽快准备分组讨论。这些分组讨论包括由民间环境团体开创的东北亚大气保存网、环境实况的共同调查、环境情报的交流、环境科学技术的交流、环境破坏的恢复等议题。为了建成这个东北亚环境联盟，需要支持民间环境组织国际化的国家级政策，以及能够对回避环境破坏责任的政府和企业施加压力的专门性机构。同时，今后如果美国"人权优于主权"的攻击性的世界战略开始运作，和平的破坏问题有可能持续出现。因此，虽然国内市民和平网很重要，但是更需要包括东北亚全体成员在内的常设协议体系。与考虑中国和美国关系的国家层面的消极立场不同，这在市民社会领域内可以积极地发展下去。这样的东北亚市民同盟若转换为有助于朝鲜半岛统一运动的形态，将有助于地区安全。东北亚地区为形成市民社会，应该彻底解决过去遗留的问题。东北亚地区的市民社会是倡导自由、自律、开放、多元和普遍的和平的社会。在东北亚和平共同体形成的过程中，虽然会出现许多困难，但是国家和市民社会相互照应，国家、市场、市民社会之间如果能够形成多角度协作模式并且扩散这种模式，朝向市民社会的东北亚地区的统合，即使在短期内会遭到批判，但是在长期来看是乐观的。

---

① 《21世纪东亚细亚展望》，2004年5月27日，http://www.kifs.org。

五　结论

东北亚和平共同体的形成仍需要漫长的路要走。朝鲜核问题的和平解决、台湾问题，以及与此相关的美日和中国利害关系的对立、对过去历史的认识等需要解决的问题堆积如山。为了实现形成东北亚和平共同体的宏大愿望，东北亚三国应当超越民族和国境的界限，在共同的汉字文明和儒教共同体文化价值下形成互相依存、相互理解、相互协作的氛围。如果只是机能性的联合，地区联合就不可能带有持续的、稳定的联合效果。因此，要形成基本的制度性的支持。制度才是支配国际关系的要素，也是文明的重要支柱。

东北亚地区应该效仿欧洲的例子，即同欧洲煤炭钢铁联营（ECSC）一样，形成制度化的国际性地区联合。在东北亚地区也能形成一个类似"东北亚能源共同体"的联合，直接进入以 FTA 为中心的欧洲共同市场（European Common Market）。东北亚财团的设立为继续努力实现东北亚共同体构想提供了切实的支持。东北亚联合的形成不能像欧洲一样用 50 年时间来完成。为了实现联合，应当以东北亚财团为主力支援各种研究、教育等民间协作活动，并且要对外促进东北亚开发银行的设立。虽然日本认为东北亚开发银行与亚洲开发银行（ADB）作用重复，因此持消极态度。但是若能说服中国和日本，使得 ADB 在东南亚的专业职能差别化，设立东北亚开发银行是可能的。

东北亚为了实现地区统合，需要一个引领统合的实质性的引导者。因此现在急需一个教育场所，用于培养主导东北亚地区统合的下一代领导者。在这样的目的下，"东北亚领导者学院"备受期待。同时，韩国行使其主导权准备"新主导权"三阶段草案，以此积极地努力构建东北亚地区的统合。"新主导权"的第一阶段以经济和外交两方面为基础，旨在和平解决朝鲜问题，并且推进"东北亚马歇尔草案"和"东北亚版的NATO"的设立。"东北亚马歇尔草案"和"东北亚版的NATO"都以开发东北亚和构建多边和平体制等外交安全问题为主要目标。

东北亚联盟的未来并不带有政治性的目的，而是韩国的生存战略，是21 世纪的议程，是今后数十年间要解决的国家的问题、时代的问题。东北亚地区统合可以通过东北亚和平和交流协作来实现，因此需要从一件一件的小事做起。以东亚共同体构想为起点，将东北亚共同体进一步扩大，最终构建亚洲联邦。如果能形成类似 EU、NAFTA 的地区共同体，东北亚地区将能够走出美国一家主导的世界格局，有助于形成地区协作和竞争共存的、更加和平的地球共同体社会。

参考文献

高柄翊：《东亚细亚国家的相互所愿及统合》，汉城：文学知性社，1999。

郑文吉：《东亚细亚：问题及视角》，汉城：文学知性社，1995。

朴世一：《21 世纪东北亚时代的国家·市场·市民社会》，汉城：东亚日报社，2004。

梁基雄：《东亚细亚协力乃地域经济圈的历史》，梁基雄编著《东亚细亚协力的历史·理论·战略》，汉城：昭华，1999。

韩升洲：《南北，世界》，汉城：罗南，2000。

韩国国土统一院：《韩民族共同体统一方案》，1989。

韩国民族统一研究院：《民族共同体统一方案的理论体系及实践方向》，1994。

韩国外交通商部：《多者安保政策的理论及实际》，汉城：外交通商部，2003。

韩国统一部：《平和协力的实践》，2003。

《21 世纪东亚细亚的展望》，2004 年 5 月 27 日，http：//www.kifs.org。

"Asian Countries Should Pull Together"，2004，http：//koreaherald.co.kr.

21 世纪全球化时代韩国学方向

〔韩〕 郑永顺

【内容提要】韩国学是以韩国国家为对象的学问。韩国学的研究应不断顺应信息化时代变化着的韩国社会，致力于开发能够合理解释社会变化的研究逻辑，并对未来韩国社会的发展提供方向。关于韩国的政治、经济、社会、文化等，通过有机的阐述方式，相对于笼统的说明更加能够阐释出韩国历史文化的多样性与活力。

【关 键 词】韩国学 全球化时代 信息化时代
【作者简介】郑永顺，韩国学中央研究院教授。

一 前言

1997 年亚洲金融危机之后，韩国社会在迅速成长起来并带有新自由主义性质的全球化带动下发展迅速。其发展速度甚至超越了之前开发主义经济增长时期。社会阶层的两极化，非正规职与女性劳动力数量的剧增，以中产阶级为中心的社会结构解体，政治层面新自由主义观念的扩散，电子民主主义与网民，市民运动，公共管理（governance）等新型政治参与现象大大超越了人们的想象。由此可见全球化对韩国国家一级市民社会所产生影响之大。而韩国学的研究也应不断顺应变化着的韩国社会，致力于开发能够合理解释社会变化的研究逻辑，并对未来韩国社会的发展提供方向。本文首先回顾过去西方人眼中的韩国形象，在此基础上展望未来韩国学的发展方向。

二 西方文明野蛮想象力下的韩国①

　　游历完韩国后，于1903年10月10日抵达釜山港，随后返回欧洲的波兰籍军人西艾鲁柴夫斯基（WaclawSieroszewski）将欧洲人对韩国的幻想一一记述在《韩国：为读者献上以亲身体验为根据写成的"韩国"与"韩国人"》（Korea, Land und Volk nach eigener Anschauung gemeinverstaendich geschildert）一书的序文之中：

> 　　韩国风光秀美，土地肥沃，犹如埃及尼罗河，物产丰饶。韩国的大米生产量超过日本，不仅如此，一望无际的森林中生长着喜马拉雅杉树、侧柏、花曲柳、软木等珍稀木种。金、银、矿石等资源取之不尽用之不竭，它们等着勤劳的欧洲人民前来开采。除此之外，煤矿与大理石的储藏量也令人叹为观止。山鸡、鸭子，鹅，天鹅等浮于江水之上，而梅花鹿，羚羊，山羊与野猪成群结队，这里无疑是猎人的天堂。但是要小心的是，这里还有老虎。
>
> 　　草原上，香桃树林花朵盛开，树影倾斜，与那一片蓝色的大海相映成趣。国民谦虚有礼，欣然交税，尊敬在政府工作的官吏们。他们工作认真努力，一半是习惯，另一半则将自己的工作看作是乐趣。美中不足的是，卫生习惯上存在一些问题。但是，这里的女人身材窈窕，面容姣美。……他们的美丽足以让极东地区的任何一个国家的女人自愧不如。终于，韩国的海岸进入了我的视野。与美丽的日本海岸相比，韩国的海岸看起来有些污浊不堪，也有些荒凉。②

　　这里的描述具有相当大的两面性：一边将韩国描写成现实生活中的天堂，拥有富饶的自然资源，优美的风光，勤劳的人民，一边却又指出了韩国的荒凉与贫瘠。这里的韩国既有可能是欧洲人对韩国的幻想，与实际情

---

① 虽然欧洲人用Korea、Corea、Cory、Cauli、Chaosien等多个词来指代韩国，它们也都有韩国的意思，但是根据时代的不同可以翻译为高丽、朝鲜、大韩民国等。本文的时间范围主要为朝鲜中期和后期，即17世纪到1910年。

② 李志恩：《被歪曲的韩国和孤独的韩国：300年间欧洲人眼中的韩国》，书世界出版社，2006，第11～13页。

况无关，是一厢情愿的幻想，也有可能是实地观察后的感想，而更有可能是这两方面混杂在一起的。

壬辰倭乱之后，韩国逐渐被介绍至欧洲。到壬辰倭乱 300 多年后的 1910 年为止，单德国就已经出版了 1200～1500 本与韩国相关的书籍。这一时期，大批的欧洲传教士、商人、探险家、学者、军人、外交官等前往韩国，并留下了许多记录。这些记录所呈现出的欧洲人的"韩国观"形成于乙支条约（1905 年）与韩日合并（1910 年）前后，而这两个历史事件直接导致了大韩帝国的灭亡。法国插图画家真实记录了为什么当时大韩帝国在国际舞台上陷入了孤立，而欧洲列强、美国、日本、俄罗斯等又是如何随心所欲地左右韩国。不仅如此，在俄日战争中获得胜利，将朝鲜划为自己的属国后，日本又是如何露骨地垂涎于大陆，展开自己帝国主义侵略野心的，以及其他国际局势也被一一记录在书内。

另外，出版于 1978 年的《在极东》（*ImFernenOsten*）一书认为韩国是一个没有正体性的国家：韩国总是受中国影响，通过从属于日本实现了自己的近代化；由于地理环境上的封闭性，无论何时进入这个国家都并非一件易事。① 笔者认为，与其说这样的观点带着作者一种对韩国的敌意，不如说这种观点是欧洲人对韩国最基本、最普通的一种看法。②

上述欧洲人对韩国的基本认识出现的原因可以归结为以下几点：第一，不同文化背景的人们拥有不同的"民俗形而上学"（人们对世界本质的认识）；第二，不同文化背景的人们的"思考过程"不尽相同；第三，思考过程与"思考内容"或者"民俗形而上学"无法分开，即人们使用与自己要理解的世界内容相符合的思考方式，再换句话说，东西方自我概念上的差异以及社会构造上的差异与他们在思考过程与思考内容上出现的差异是一致的。东方社会所具备的集体主义与相互依存特征与东方人的思考方式相吻合：他们尽可能更为广泛地、更为综合地理解世界，分析任何一个事件的时候也总将其与无数原因错综复杂地连接在一起。而西方社会所

---

① Georg Adolf Narciss（Hg.），*ImFernenOsten*，*Forscher und Entdecker in Tibet*，*China*，*Japan und Korea zwischen 1689 - 1911*，Horst Erdman - Verlag，1978，p. 306，李志恩：《被歪曲的韩国和孤独的韩国：300 年间欧洲人眼中的韩国》，书世界出版社，2006，第 15～17 页。

② 李志恩：《被歪曲的韩国和孤独的韩国：300 年间欧洲人眼中的韩国》，书世界出版社，2006，第 17 页。

具备的独立与个别则与西方人的思考方式相符合：他们将个别事物与整体分离然后再进行分析，致力于发现经纬天下的共同法则。不同文化背景的人们在思考与理解世界过程中所表现出来的态度、信念、价值、喜好等文化层面上的差异是理解世界时使用的思考工具不同的结果，① 同时也深深地影响了西方人的"韩国观"。

这种认识基于西方的东方学（orientalism）认识，并于19世纪后半叶得以正式流传开来，可以说是西方人在侵略非西方诸国时，对其侵略对象的一种描述，这也正是人类学。人类学逐步发展为一门很难与其他学问区分开来的综合性学问，日帝时期所谓的"朝鲜文化"便是其中的一例。东方学基于西方优越主义的土壤之上，基本主张如下。第一，东西方之间存在明显而不易逾越的分界线，而韩国更是如此。第二，东方（非西方）虽然有无数个独创性文化，但西方笼统地将东方看作一个整体，抹杀个体的独创性。第三，西方是一个具有能动性、理智性、理性性、男性性、合理性、主体性、进取性等肯定特性的主体，而东方则是作为一个被动接受西方影响的客体出现的，具有被动性、感观性、非理性性、女性性、非合理性、客体性、停滞性等否定特性。第四，即使东方达到自知自觉的水平，也仍然没有自我表述的能力，因此，需要依靠西方人进行叙述与说明。第五，停滞与被动的东方无法自我发展与变革，因此需要西方的介入与支配。但是，作为"西方化了的东方"或"外东内西"的日本将自身的帝国主义侵略解释为把东方从西方中解放出来的一种行动。②

从上述观点出发，我们可以看到西艾鲁柴夫斯基游记中出现的韩国形象大多是趋向于上述被动性、感观性、非理性性、女性性、非合理性客体性与停滞性的。这一时期的韩国虽然仍然是一个神秘国度，但与17～18世纪时在虚构与想象基础上所构建的童话国家相比已经是一种进步。该时期欧洲对韩国认识的最大特点在于：欧洲人想透视韩国内部社会却仍然没有进入韩国社会内部观察，而是停留在国境附近，带着殖民主义倾向的野心，眺望"墙那边"的韩国。虽然他们有全面理解与分析韩国的想法，但又非常不确定。在这个问题上，我们需要新颖而准确的分析。

① Richard E. Nisbett, *The Geography of Thought*: *How Asians and Westerners Think Differently and Why*, Free Press, 2004, pp. 17 – 18。

② 朴洪奎：《韩国文化和东方主义》，报告社，2012，第15～21页。

为了解决该问题，权熙英在解释韩国历史中的近代性是如何出现的时指出：韩国近代性的出现主要分内因论与外因论两种说明方式，其中以内因论解释该问题的代表性主张当属朝鲜史学的立场，[①] 即在引入西方近代性之前，韩国内部已经出现了近代性。但这种主张仍未被有效地证明。而主张外因论的学者作为学界强劲的一派认为近代化"带有外向性与模仿性"，其方法也是"垂直性的近代化"的，展示出来的也是"原始的移植性的发展"[②]。因此权熙英认为在解释韩国历史中的近代性出现问题时，需要从内因论与外因论互相对立的格局中走出来。[③]

因为朝鲜被迫纳入日本的殖民系统之中，所以韩国的历史学者过去的研究主要集中于日本殖民史观是如何歪曲历史的，而忽视了欧美的领导作用。这一点在韩国学的研究中也有所体现。但是不仅是日本，西欧在历史事实的叙述上的技巧也是不可忽视的。因此有必要在叙述方法上下功夫，以使韩国学发展历史的持续性与西方的时间概念相吻合。

近些年来，韩国的迅速发展已成为世界范围的一个话题。在这种情况下，韩国学也日益成为一个重要的研究领域。但是到现在为止，韩国学受其特有的纯学科特征以及微观的文化特征的影响，国文学、历史学、哲学、政治学、经济学、社会学等细分学科间未能形成积极交流。不仅如此，更令人感到遗憾的一点是，韩国学长期以来只停留在韩国语的研究与教育上，迟迟没有能发展成一种综合性的学问。[④]

三　信息化时代韩国学的变化

随着全球化的发展，21 世纪初期以市场为中心的新自由主义改革浪潮给以发展国家为代表的东亚政治经济体制带来了长远而深刻的挑战。市场作为占据支配地位的社会组织原理正在向经济体制、企业运营、行政、政

---

① 权熙凌：《朝鲜对于近代史认识问题》，载《朝鲜的 lgksrnrgkr 研究成果分析：历史艺术篇》，韩国精神文化研究院，1991，第 223 页。
② 任贤近：《通过"近代化"看东亚的发展》，《精神文化研究》1998 年第 70 号，第 53~54 页。
③ 权熙凌：《韩国史的近代性研究》，白山书堂，2001，第 66~68 页。
④ 亨利任、郭准赫编《近代形的逆说：逾越韩国学与日本学的界限》，Humanitas，2009，第 199 页。

治等多领域扩散。在这一过程中，韩国社会面临着各种各样的危机，如何解决好这些难题成了各个领域学者们义不容辞的任务，韩国学也不例外。在全球化过程中，信息化进展速度惊人，而 IT 产业也取得了飞跃性的发展并逐渐成为经济发展的重心，随后，美国经济迎来了复兴，而美国式的市场主义制度成为一种世界标准。在这种框架下，我们有必要思考韩国国家性质的变化。

近些年来，在全球化与信息化时代，国家的概念发生了变化。比起将国家看作一个统一的、单一的行为体而言，由多重中心主体构成的"离散性形成话结"（discursive formation）的后现代视角为更多的人接受。除此之外，网络上不断更新自身界限的"自生国家"（autopoietic state）的后现代视角也备受人们瞩目。① 这些理论大多从国家的衰退与弱化入手，认为在信息化的过程中，国家权力逐步开放为非政府、非国家、市民社会；而原本的有序品级权力关系也在信息化的洪流中被逐步分裂，进而转化为一种多中心型的新模式。从这种观点出发，再进一步，即主导社会变化的不再是阶级矛盾或组织革新，而是信息通信技术。不仅如此，这些理论还主张信息化不断利用全球化经济（global economy）等弱化与消除独自执行综合宏观政策的国民国家的功能本身。②

公共管理理论的核心概念在于随着信息化的发展组织的分段化（disaggregation）、网络化（network）、混合统治（heterarchy）等。在迈向 IT 社会的过程中，信息传递量剧增，信息传递也更为全球化、迅速化，品级秩序下的单位组织则逐步变化为带有网络连接的小组织。如此发展的全球化打破国家、市场、社会领域的界限，扩大灰色地带（grey area），从而造成国家机构管辖领域与经济、社会组织利害关系领域间的不和谐。在这种情况下，国家有必要重新定义国家功能的概念。发展国家论、限定国家论等国家中心理论疏忽了信息通信技术全球化所带来的国家网络化特征，因此备受批判。③ 由此可见，如何重新界定国家概念非常重要，而在这一过程

---

① Jerry Everard, *Virtual States: The Internet and the Boundaries of the Nation – State*, Routledge, 2000. 孙胡哲、金英淑、全在湖：《世界化，信息化，南北化：南北韩的国家市民社会和停滞性》，李梅近，2007，第 21 页再次引用。

② 同上书，第 21 页。

③ 同上书，第 33 页。

中韩国学该何去何从也是一个重要的问题。

在 IT 产业与国家信息化领域中韩国学处于世界领先地位，而这一部分应该看作是发展主义留下来的宝贵遗产。在推动信息化的过程中，有许多研究都致力于说明产业化过程中政府主动政策的作用。[①] 特别是洪圣杰指出，在强力国家主导下，体制性的政策得以很好地实施，这也促进了在非常短的时间里，最终实现了信息化。他主张韩国在该过程中主要起了以下几点作用。第一，最高统治者的强大支持，即朴正熙政府、金泳三政府等历届政府提供了强大的支持。第二，由政府主导也是一个非常重要的原因。第三，与产业化过程中经济企划院拥有企划与编组预算权一样，信息通讯部也通过信息化促进基本企划树立权与信息化促进基金，实际掌握着资源分配权。[②] 这样一来，国家的功能与通过 IT 政策来激活信息化的政府战略相关联，而这里所谓的 IT 政策则与产业化时代强化国家竞争力的政策目标紧密相关。

进入全球化时代，伴随着东西方冷战的结束，国际社会超越意识形态的地区联合以及国家间的合作与联合成为研究对象，特别是互联网和信息通信技术的急速发展更进一步促进了这种趋势的发展。[③] 随着全球化的不断深入，近来，超国家共同体现象也不断出现。超国家主义是指超越民族国家国境，与人、机关及制度相连接的复合性关系的相互作用。同时，超国家主义现象涉及的问题主要有移民和难民、散居在外的犹太人问题、他国国籍持有者和旅行者、他国国籍企业和金融资本、NGO 和 INGO、消费和大众文化、互联网和网络文化、疾病、恐怖与战争、犯罪等，形式多种多样。[④]

即使这样，在全球化、信息化时代跳过国家衰退和维持问题的争论，仍需要展现国家的存在样态和机能变化的具体样子。国家担负着地区、国家、国际性、全球性网络的形成以及相互交往时知识和权力资源的动员与

---

① 允平准、郑无权：《韩国情报政策的制度性特征和发展方向》，韩国行政学会电子情报研究会学术大会，2002。
② 同上书，39 页。
③ 任在元、李丹：《超国家民族经济网实例分析》，《构造韩半岛和平体制和世界韩民族共同体的发展》，统一问题研究协会、大韩政治学会等共同主办的学术会议，2005。
④ 郑颖纯：《为形成全球主义和南北共同体的韩人分散》，《在外韩人研究》2011 年第 23 号，在外韩人会，第 64～65 页。

组织的重任。也就是说，国家的作用在于协调组织企业、市民社会等各种各样知识主体的活动，使之网络化。随着信息化进程的不断深入，在国家作用和机能弱化的现实面前，韩国一直以来强力促进超高速信息化的主导地位。相对于地位的衰退和弱化，国家正在向国政管理的转换和国力构造的网络化转变。因此，孙胡哲、李元泰认为，信息化时代的韩国国家性质应定性为"发展中国家"，为了展示这样的发展中国家的历史性、制度性面貌，依据韩国社会的民主化过程，他们依次分析了金泳三、金大中、卢武铉政府等。在评价他们促进信息化的政策时，孙胡哲、李元泰认为这些信息化政策的性质与与之相对应的政府政治上民主主义在制度上、政策上的透明化努力紧密相关。①

韩国学是以韩国国家为对象的学问。因此，韩国学应该研究韩国国家是怎样产生发展的，以及今后应怎样发展，并研究提出相关的发展方向建议。关于韩国的政治、经济、社会、文化等，有机的阐述方式，相对于笼统的说明，更加能够阐释韩国历史文化的多样性与活力。

---

① 孙胡哲、李元泰：《信息化时代韩国国家性质的变化：以信息化为重点》，载孙胡哲、金永书、全在书《世界化，信息化，南北化：南北韩的国家市民社会和停滞性》，李梅近，2007，第76页。

浅析韩国文化外交[*]

尹京子

【内容提要】 文化外交是国家总体外交战略的一个重要组成部分，是主权国家以自身的文化资源为载体，通过政府支持传播或者民间渠道开展的外交活动。为了提升综合实力，韩国提出和采取了一系列对外文化政策的主张和行动，利用文化产业的发展推动韩国文化面向全世界，对外积极参与和利用国际多边机制，通过推动文化交流与合作开展具有韩国特色的文化外交。

【关 键 词】 文化外交　韩国文化外交战略　影响因素

【作者简介】 尹京子，女，黑龙江牡丹江人，辽宁大学国际关系学院讲师，主要研究方向：韩国文化外交。

随着经济一体化和全球化进程的深入发展，国际交往日益频繁，交往方式也日益多样化。文化外交成了各国提升国家软实力的重要方式，其对于塑造良好的国际形象、增进国与国之间的友谊、维护世界的和平与发展都发挥着不可磨灭的作用。韩国从金大中总统提出"文化立国"战略至今，特别是韩国文化外交的特殊载体——"韩流"的登场，实现了从具有文化外交意识到文化外交实践的飞跃。

韩国的一首《江南Style》自2012年7月发布以来受到国际的广泛关注。它在美国音乐网站Billboard social 50排行榜中获得第一名，成为首支登上iTunes MV排行榜榜首的韩国歌曲。截至2013年5月1日，这支音乐

---

* 本文是2012年辽宁大学朝韩研究中心科研基金项目"文化外交视角下的中韩关系"（项目编号：2012－02）、2013年辽宁大学亚洲研究中心科研基金项目"东亚合作中的文化因素——兼论韩国在东亚合作中的作用"（项目编号：201204）的阶段性成果。

录像带在 YouTube 网站的点击量为 15.78 亿次。联合国秘书长潘基文对此深感自豪，盛赞鸟叔和《江南 Style》："《江南 Style》音乐视频我也看了好几次，音乐的世界无需语言，在充满不安和狭隘的时代，可以借助音乐的力量增进了解。"《江南 Style》不仅是一个文化产品，也是韩国文化外交取得成功的标志性成果，发挥了提升国家软实力、扩展公共外交的功能。对于韩国政府来说，《江南 Style》的爆红验证了"以文化产品输出带动软实力建构"战略的正确性。从"韩流"的实践到文化认同都能证明，韩国借助"文化东风"取得了显著的文化效应。韩国因文化外交而腾飞起来，它的成功将会给同属东亚文化圈的中国以启示，其影响是积极深远的，值得我们思考。

一　文化外交的概念

文化外交是国家总体外交战略的一个重要组成部分，是以文化传播、交流与沟通为内容所展开的外交，是国家以自身的文化特色为载体，通过政府支持传播或者民间渠道开展的外交活动，最终目的是实现本国的特定战略，它是维护和发展以国家安全利益为中心的整体外交战略的重要手段。文化外交、政治外交、经济外交已成为当今世界国家外交政策的三大支柱。"文化导入外交，古已有之。自古以来，由于文化交流广泛而深入的扩展和渗透到思想观念、文学艺术、科学技术以及生活方式等领域，国家不断加强对文化交流的管辖和控制。"①

文化外交不同于一般意义上的文化交流，它着重突出政府在对外文化关系中的作用。中国文化部前副部长孟晓驷在《文化外交的魅力》一文中说，文化外交"可以定义为围绕国家对外关系的工作格局与部署，为达到特定目的，以文化表现形式为载体或手段，在特定时期、针对特定对象开展的国家或国际间的公共活动。某项活动是否属于'文化外交'的范畴，可以用四条标准衡量，第一、是否具有明确的外交目的；第二、实施主体是否是官方或受其支持与鼓励；第三、是否在特殊的时间针对特殊的对

---

① 李智：《文化外交——一种传播学的解读》，北京大学出版社，2005，第 12 页。

象；第四、是否通过文化表现形式开展的公关活动"①。

美国学者倾向于将文化外交与公共外交区别开来。第一，在对象上，文化外交主要针对外国国家政府，有时也针对民间组织或个人；公共外交的重点则是外国民众。第二，在内容上，文化外交侧重于为"加强互相了解"而开展的文化交流活动，如教育交流、人员交流、英语语言教学及文学艺术品展览、文艺演出、支持海外美国研究等；而公共外交除此之外还包括另一类活动——"信息活动"，即侧重于运用各种传播手段单向宣传美国的社会文化与政策（特别是美国外交政策）。第三，在目标上，文化外交侧重于长远的目标，通过文化交流使外国民众更好地了解美国的社会制度与文化，进而形成理解和支持美国政策的国际大环境；而公共外交除此之外还注重国家的近期政策需要，通过宣传来赢得外国民众对美国政策的理解和支持。因此，美国人在论及其文化外交时，多是指"教育与文化交流"，而不是指利用大众传媒进行的传播活动。②

一般来说，文化外交是一个国家的文化特性在该国外交理论与外交实践中的体现和反映，是构成一个国家总体外交的重要组成部分，又是随着社会的发展而出现的一种新型外交形式。

二 韩国文化外交发展的历程

随着"软实力"的地位和作用的不断提升，文化逐渐得到了各国的重视。那么韩国的文化外交是基于什么样的理念而展开并取得成功的呢？

（一）政府制定文化外交战略，并根据国际形势的变化不断调整，奠定了韩国文化外交的基础

韩国自20世纪60年代便开始制定文化外交战略政策，因此文化外交意识和理念在韩国经济、政治和社会发展中的地位也不断提升。20世纪70年代，韩国的文化外交开始由原来仅是发挥外交的附属功能转变为政府外交政策的重要组成部分。1986年汉城亚洲运动会和1988年汉城奥运会（汉城即现在的首尔）的举办使韩国的国际地位大为提升，也使整个国家

---

① 孟晓驷：《文化经济学思维》，人民文学出版社，2005。
② 计秋枫、冯梁：《英国文化与外交》，世界知识出版社，2002。

的文化外交意识有了大幅度提高。1990 年，韩国卢泰愚政府颁布了《文化发展战略十年规划》，提出"文化要面向全体国民"的政策理念。1993 年金泳三政府出台了"文化繁荣政策五年计划"，强调"韩国文化的世界化"和"文化的产业化和信息化"，将文化产业的开发作为重要目标之一。1994 年，文化观光部设立文化产业政策局，并着手准备文化产业的法律体系，同时颁布各种文化政策综合计划，开始积极强调文化产业对经济发展的重要性。1998 年韩国政府正式提出"文化立国"战略，其文化政策的突出特点是开放的文化观念，将文化产业作为 21 世纪发展国家经济的战略性支柱产业，并予以大力推进。2008 年，李明博总统提出"全球外交"理念，主要提出了"能源外交""贡献外交""文化外交"三大课题。李明博表示要使韩国与国际社会的交流更顺畅、关系更融洽，把韩国的传统文化与先进技术结合起来，通过大众文化向世界宣传韩国，提高韩国的软实力。

由此可见，由于韩国政府对文化外交战略的重视，自 20 世纪 60 年代至今，韩国的文化外交政策日益成熟、影响广泛、取得了巨大成果，增进了韩国与其他国家的友好关系，提升了国际关注度。

（二）大力发展文化产业，把韩国文化推向世界

韩国政府采取了一系列有效措施促进了韩国文化产业的发展。金泳三总统认为信息化和世界化时代的文化艺术是提高国家竞争力的动力。[①]1993 年出台的"文化繁荣政策五年计划"就是将文化产业的开发作为重要的目标之一，把文化艺术产业发展成为具有高附加值的产业。1998 年金大中总统提出"文化立国"方略，通过实施国家战略发展文化产业，并有计划、有步骤、积极地推行了一系列扶持文化产业的计划和具体措施。

第一，政府高度重视发展文化产业，将文化产业作为 21 世纪发展国家经济的战略性支柱产业，积极进行培育，使文化产业在短时间内实现了跨越式发展。政府先后制定《文化产业发展 5 年计划》《文化产业发展推进计划》明确文化产业发展战略和中长期发展计划，推出了一系列重大举措，有力地推动了文化产业的发展。同时制定了《文化产业振兴基本法》

---

① 任鹤淳：《韩国文化产业实况与发展政策》，《当代韩国》2004 年第 7 期。

《设立文化特区特别法》等相关法规，并陆续对《影像振兴基本法》《著作权法》《电影振兴法》《演出法》《广播法》《唱片录像带暨游戏制品法》等法规做了部分或全面修订，从法律层面确定了文化产业的定位，为文化产业的发展提供了法律依据和保障。

第二，根据《文化产业振兴基本法》，韩国政府于 2000 年成立了韩国文化产业振兴委员会，下设有财政经济部、外交通商部、行政自治部、文化观光部、产业资源部、信息通信部，以及广播、电影、出版、音像、游戏等有关部门制定国家文化产业政策、发展计划和监督文化产业振兴基金经营情况，保证文化产业振兴政策的顺利推行。

第三，为加强文化产业，韩国政府加大了对文化产业的投入，并鼓励企业集团的文化产业投资。具体来看，韩国成立文化产业振兴院，每年给予 5000 万美元的资助。文化产业预算从 1999 年的 1001 亿韩元增加到了 2005 年的 1911 亿韩元。韩国政府宣布要将韩国文化产业的产值在世界市场上所占份额不断提高，由原来的 1% 提升到 5%。其目的就是要通过文化产业的发展来促进国家经济的迅速增长，将韩国建设成为 21 世纪的文化大国和知识经济强国。韩国还设立文艺振兴基金、文化产业振兴基金、信息化促进基金、广播发展基金、出版基金等专项基金，运作文化产业专门投资组合，这是以动员社会资金为主，官民共同投资的运作方式。

此外，韩国还注重加强人才培养和管理，为文化产业提供充足的人力资源，为文化产业的不断创新和进步提供智力支撑；积极开拓国际市场，创造国际性的知名品牌，以保证文化产业的可持续发展；优化文化产业的资源配置，建立规模化、集约化的生产经营体制，如设立文化产业园区、建设文化产业孵化器等。韩国的文化产业门类众多，具体行业门类有：影视、广播、音像、游戏、动画、卡通形象、演出、文物、美术、广告、出版印刷、创意性设计、传统工艺品、传统服装、传统食品、多媒体影像软件、网络及与其相关的产业。

以影视产业为例影视产业作为韩国文化产业中的重要组成部分，在韩国政府的政策扶植下得到了飞速发展。大量的资金投入保证了韩剧的高质量制作水准。在当今电视"内容为王"的时代，韩剧凭借高品质高质量迅速打开了海外市场。一部《大长今》让世界各地的观众了解了韩国的服饰、饮食、医药、礼仪等精致唯美的传统文化，更传播了韩国人坚持不懈、永不言弃的精神。

韩国影视产业的发展并没有局限在娱乐领域，而是与韩国服装、餐饮、电子产品、化妆品和旅游等产业紧密连接，发展了一个相互影响和带动的循环体系，形成了一个商业链条。正像奥黛丽·赫本的《罗马假日》吸引了世人对意大利的关注一样，《大长今》也引起了人们对韩国的向往，同时也对韩国的历史、文化、饮食产生了浓厚兴趣，由此而带来的是巨大的经济效益和韩国国际形象的提升。

（三）韩国传统文化的独特吸引力是韩国文化外交成功的基础

韩国的文化有深层的文化因素，即以传统儒家文化和民族特色为根基，吸收西方文化的精华，形成了一种具有鲜明儒家文化特色的文化模式。在外人看来，韩国人总是有着强烈的民族自豪感。这种自豪感一方面来自韩国经济现代化的成功，另一方面来自他们对本国传统文化的独特而深刻的理解。韩国所表现出的对传统文化、传统价值观的特殊尊重和自信令人敬佩。传统文化在一定的历史、社会、文化的条件下显示出一定的继承性和适应性、时代性的特点。韩国文化的形成与发展是其政治、经济、社会环境等因素综合作用的结果。影响韩国的谨慎传统文化是在儒教文化与韩国地政学（地理政治环境）的相互作用下发展而来的。儒教价值观与韩国地政学（地理政治环境）的结合形成某种传统文化。[①]

韩国在吸收和运用儒学理论方面的实践也是比较典型的，忠诚爱国、和谐、勤俭等文化因素深深根植于韩国整个社会的价值观念、行为规范、教育思想和文化之中，形成了一种独特的整体号召机制，使社会具有巨大的凝聚力和向心力。在促进经济发展和社会稳定方面起了重要作用。其中比较典型的发展战略就是挖掘儒教思想的精髓，把传统文化的背景融入现代生活中，立足本民族的特点，通过先进的技术手段，把儒教的忠、孝、诚、信、礼、廉、耻八大道德核心，结合"韩流"的模式，生产出了获得全世界共鸣和认同的文化产品。韩国的成功经验证明，必须弘扬民族传统文化，重视各种形式的文化遗产的保护，利用历史文化传统塑造民族精

---

① 〔韩〕郑圭锡：《韩国的传统文化对韩国企业竞争力的影响》，程伟编著《经济社会发展与传统文化》，辽宁大学出版社，2006，第30页。

神，文化外交才有更大的发展潜力和腾飞空间。

（四）韩国推行文化外交的主要形式及措施

今天的韩国文化较好地实现了儒家传统文化和现代西方文化的兼容并存。从 1970 年代，韩国开始调整外交政策，尤其是以 1988 年汉城奥运会为起点，确立了适合自身特点的文化外交政策，为推动文化产业成为韩国经济和社会发展的崭新增长点，实施了形式多样的文化外交活动。对外积极参加和利用国际多边机制，推动文化交流与合作，开展文化外交。

除了通过国际传播推广本国文化与价值观念、影响国际舆论、推行本国外交政策与理念这一手段外，外交中的另一类文化手段就是政府主导下的对外文化交流，其主要形式有文化产品的国际贸易政策、国际教育交流、语言推广、文化艺术交流和体育交流等。

第一，通过国家间的文化交流增进与国外的友好合作，增强对外文化联系，增进与世界人民之间的交往和友谊。20 世纪 70 年代，韩国的文化交流和国际合作主要是积极向外宣传韩国的发展成果，开始以全世界为对象开展文化交流，开始与世界各国签订文化合作协议，为国际合作创造了良好的基础。文化外交从政府层面上已经成为一个独立的外交政策的一部分。到了 80 年代，特别是以 1986 年的亚运会和 1988 年的汉城奥运会为契机，韩国重新被国际社会认识，韩国的文化外交也取得了重大发展。1979～1989 年，通过十年的努力，韩国与 8 个国家签订了政府协议，与 27 个国家签署了文化协定，韩国的文化外交的对象领域从同盟国家向非同盟国家拓展，积极开展了更为均衡的文化外交。到了 2011 年，韩国与亚洲的 44 个国家、欧洲的 43 个国家、美洲的 34 个国家、大洋洲的 14 个国家和非洲的 54 个国家，共计与 189 个国家建交，并与一些国家和国际机构积极签署学术、文化、观光等领域的文化合作协议，开展了丰富有效的实质性交流。

第二，加大文化的海外宣传力度，支持海外韩国学的研究、韩国语学堂和韩国馆的设置，增进海外对韩国文化的关心度，增强海外对韩国文化的理解。

"语言伸展到哪里，就会将其所负载的文化价值观带到哪里"。韩国世宗学堂的建立是其文化外交政策的一个有力表现。借鉴中国孔子学院的运作，世界各地的世宗学堂不断传播韩国语言与韩国文化。这里的"世宗"取自朝鲜时代创造训民正音（意思为"教给百姓的正确发音"，即今天的韩文）的"世宗大王"之名。

亚洲地区在海外设立的各种文化推广机构不断涌现。除了中国的孔子学院、韩国的世宗学堂，还有日本的日语中心。据悉，印度的一些媒体和学者也开始提议印度政府设立甘地学院。这些机构的设立都是为了向海外推广本国语言和文化，无疑将把各国丰富多彩的语言文化传播到亚洲乃至世界各地，促进各国之间的理解与交流。

海外韩国文化院最初是于 1979 年 5 月在日本东京成立的，之后在 2005 年 7 月到 2011 年，共在 12 个国家成立了 16 个文化院。这 16 个韩国文化分支机构，积极普及韩国语，开设韩国文化讲座、讲演、演出、展示，并发行韩国文化出版物，播放韩国电影及各种音像资料，开设图书馆等韩国文化宣传机构。这些活动对宣传韩国文化、推广韩国民族精神、提高韩国的形象做出了重要贡献。

第三，除了政府层面，还在民间开展文化、艺术、体育、观光、青少年交流等文化交流活动。随着社会的多样化，国际关系的复杂化，民间的作用越来越大，在外交上也不例外。所以政府和民间相互协作，优势互补，积极开展民间外交活动。例如韩国外交通商部下属的韩国国际交流财团以及文化观光部下属的韩国文化艺术振兴院、在外韩国文化院、国立国乐院、国立现代美术馆、国立民俗博物馆、国立国语研究院，教育人力资源部下属的国际教育振兴院、韩国学术振兴财团、韩国精神文化研究院、学术院、教育开发院、韩国语世界化财团等机构，实行全社会经营战略，注重调动全体国民的积极性，并建立了配套的管理体制。[①] 从交流层面来看，主要有派遣海外市场开拓团、建立海外商社展览馆、参加国际展览会暨博览会等活动，利用民间的优势和力量进行文化外交。除此之外，地方自治团体所开展的文化交流主要是针对外国人士的韩国语教育、国际学术会议、青少年交流、文艺演出、绘画展、工艺展、新闻交流、召开国际竞技大赛和友好交流竞赛等活动。民间组织在政府的决策规划的强有力的支持下，架起了与世界沟通的桥梁，积极开展了一系列文化交流与合作。

---

① 韩国外交通商部《韩国外交白皮书》，2001。

毋庸置疑，韩国发展文化外交的主旨在于通过文化信息和价值观念的对外投射和相互流通，产生文化吸引力，构建与他国之间友好的认同关系，在获得国际社会的积极肯定和认可的同时树立良好的国家形象并确立国际威望。

三　韩国文化外交的影响

在全球化时代，文化外交已成为国家之间开展经济合作的桥梁，是深化和拓展经济贸易合作和发展战略的重要途径。也就是说，文化外交可以使世界认知和理解本国的文化，促进良好的经济交往与合作，增强国际威望。

（一）文化外交带来巨大的经济利益

自从韩国政府制定文化发展十年计划，确立并致力于发展成为世界五大文化强国的目标以来，韩国政府通过长期、稳定、阶段性的推动文化外交政策，通过不懈努力，已取得了世界瞩目的成果。

作为文化外交的一种重要形式和手段，文化产业不仅是提升国家软实力，也是实现国家文化产品国际化流通、消费的重要手段。据韩国观光部发布的《2001年韩国文化产业白皮书》统计，进入21世纪后，韩国的广播、电影、游戏等文化产品的市场规模达到了6.5万亿韩元，比1999年增长了24%。另外韩国文化观光部公布的《2004年韩国文化产业白皮书》统计，韩国文化产业在2003年的市场销售额达到了370亿美元，文化产品的出口额增速十分迅速。韩国文化观光部还发布了"音乐产业振兴五年计划"，内容包括对海外固定节目给予支持、扩大海外市场的"韩流的持续化"等，韩国政府努力把音乐产业发展成核心文化产业，仅在2007年就投资了4000多亿韩元。韩国文化产业的成功意味着韩国可以有更丰富更有竞争力的文化产品出口国外。2010年韩国文化产业产值超过650亿美元，占全国GDP的比例超过6.5%。游戏、电影、出版、动漫、音乐等主要产业部门一直保持相当高的增长率，构成了韩国的核心文化产业，其产值占整个文化产业的60%以上。特别是韩国的游戏产业在全球占有很高的市场份额。游戏产业出口是韩国文化产业输出的主要组成部分。韩国官方发布的《2011 年韩国游戏白皮书（报告书）》中的数据显示，2010 年韩国游戏市场的规模为 67 亿美元，相比 2009 年（60 亿美元）增加 11.7%。其中，网络游戏的市场规模为 42.9 亿美元，占整个游戏市场的 64.2%。2010 年，韩国游戏的对外出口额为 16 亿美元，相比 2009 年增长 29.4%（进口相比 2009 年减少 27%，为 2.4 亿美元）。

韩国文化体育观光部文化产业室（Popular Culture Industry Team）副长官申钟弼说："韩国文化产业的强势崛起，带来巨大的附带效应，通常来说，文化产业中每 100 美元的出口，就会产出 412 美元的产业拉动。电视剧、电影、音乐、游戏、动漫是最为重点的领域，从目前出口份额来看，游戏占比最大，可达 50%，音乐等其他方面占 5% ~ 10%。最大的对象国是日本和中国等亚洲国家，但今年针对欧美的出口也多了起来。"申钟弼还指出："韩国文化产业确实获得了爆发性成长。1999 年，韩国文化产业规模是 21 兆韩元，2010 年增长为 72 兆韩元；文化产业的对外出口，2000 年只有 5 亿美元，2010 年则达到了 32 亿美元。预计 2012 年，韩国文化产业的出口将达到 42 亿美元。"目前，韩国每年的文化出口，包括韩剧、流行音乐等在内所创造的经济产值约为 50 亿美元，被西方学者称为韩国的"新经济力量"。

韩国一直在寻求多元化文化出口，直到朴载相《江南 Style》出世，为韩国流行文化正式开启了通向西方的大门。韩媒报道，韩国央行发布的消息称，借助《江南 Style》，2012 年前三个季度韩国文化服务收支首次实现了 3730 万美元的顺差，与 2011 年同期的 2.18 亿美元逆差形成了鲜明对比。此前韩国年度文化服务贸易赤字均达数亿美元。在音像视频服务方面，第三季度一举实现顺差 1670 万美元，创历史新高。韩国现代经济研究院表示，一首《江南 Style》红遍全球，是"韩流"取得的最新成果，进一步提升了世界对韩国的关注度。韩国旅游发展局的资料显示，最近 10 年，去往韩国的游客年增长率约为 20%。外国人赴韩旅游不仅增加了韩国在文化、娱乐领域的收入，而且相关领域的服务业收益也将同步增长。

（二）文化外交增强国家的国际威望

成功的外交必然会塑造良好的国际形象。韩国持续开展以提升国家形象、宣传国家文化为主要内容的文化外交，取得了良好效果。自

2008 年以来，韩国议会一直将"擦亮国家海外形象"作为重要议题，并付出了不少努力。为了发展与经济实力相称的软实力，韩国专门成立了总统委员会来打造国家品牌，试图通过增加对外援助和主办高级别国际性活动的方式来实现这一目标。例如举办备受关注的二十国集团（G20）峰会等。韩国以前所未有的自信与活力，成功申办这次外交盛会，意味着韩国在后危机时代"从边缘走向中心"，标志着一个"新时代的来临"。韩国的国际形象和企业产品知名度得以提升，从而有利于出口增长、吸引更多海外投资。正如首尔市长吴世勋所说，"首尔峰会是向世界推介首尔，提升首尔品牌价值的绝佳机会"。两次峰会的成功举办让世界对韩国刮目相看。

同时，韩国积极参与和利用国际多边机制，促进文化交流与合作，通过举办奥运会、世界杯、亚运会、文化博览会、世博会等活动，高强度、多方位、大规模地展示综合实力、宣传本国文化，提升整体形象，带来了巨大的轰动效果。此外韩国还借助"韩流"集中力量开发具有国际竞争力的名牌产品，在全球各地强力宣传提高形象。

韩国的文化外交之所以能成功关键就是在文化外交发展的过程中，利用文化政策、文化环境，把握好了文化外交的发展定位。同时把经济实力作为重要基础，把传统文化的独特吸引力作为重要因素，积极塑造其国际文化形象，逐渐扩大影响，让世界更加了解韩国、韩国更加融入世界。

四 对中国文化外交的启示

面对世界各国文化外交战略的建立以及文化渗透，中国需要构建起适合国情的文化外交政策，灵活运用本国的文化和观念，因地制宜，与时俱进，积极地和世界各国展开对话与交流，进一步推进我国的文化外交，增强中国在世界上的影响力。

（一）深入挖掘中国的传统文化，坚持文化创新

我国的文化资源丰富，其中传统文化是中华之根，中华之魂。在全球化进程中，我们不仅仅是五千年华夏文化传统的继承者，更应在大力弘扬

中华民族优秀传统文化的前提下，创作出具有鲜明民族特色和时代特征的优秀现代文化，大力发展具有时代性、世界性的先进文化。邓小平同志早在改革开放之初就提出，要接受和改造"人类文明的一切优秀成果"，即通过吸收世界上优秀的价值与精神，把中国自己的优秀精神遗产发扬光大。这样，才能增强中国文化软实力的感染力和辐射力，为中国文化外交提供强大的发展动力。

"取其精华，去其糟粕"，"推陈出新，革故鼎新"，是文化创新必然要经历的过程。一方面，不能离开我国的传统文化，空谈文化创新。对于一个民族和国家来说，如果不注重对传统文化的批判性继承，其民族文化的创新就会失去根基。另一方面，体现时代精神是文化创新的重要追求。文化创新表现在为传统文化注入时代精神的努力中。不同民族文化之间的交流、借鉴与融合也是文化创新必然要经历的过程，世界的文化是丰富多彩的，世界上每个民族、每个国家都有自己独一无二的文化。文化多样性是人类社会的基本特征，也是人类社会走向文明进步的重要动力。只有尊重别人优秀的文化，才能做到让自己优秀的文化走出去，而这将是对世界人民的贡献。尊重文化多样性，加强文化交流。既要热情地欢迎世界各国优秀文化在中国的传播，吸收各国优秀文明成果，又要更加主动地推动中华文化走向世界，增强中华文化的国际影响力。

（二）大力发展文化产业，增强文化产业的实力和竞争力

文化产业是市场经济条件下繁荣发展社会主义文化的重要载体，是满足人民群众多样化、多层次、多方面精神文化需求的重要途径，也是一个国家"软实力"的重要来源。发展壮大文化产业，首先应该广泛传播文化，善于运用各类传播载体，尤其是在新媒体环境下，更要加强文化的交流和沟通，通过开通官方网站、微博、社交网站等及时有效地发布相关信息，实现文化传播的立体化，增进与不同国家、地区和民族的交流，进一步加强相互了解、信任、合作。其次应该着力发展重点文化产业。在不断加快文化产业基础建设的同时，要以文化创意、影视制作、出版发行、印刷、广告、演艺娱乐、文化会展、数字内容和动漫等产业为重点，加大扶持力度，完善产业政策体系，实现跨越式发展。再次应注重对文化领域人才的培养。优秀人才的培养是文化产业不断向前发展的宝贵财富，也是其

实现发展的核心竞争力，可以通过设立专业院校或在大学开设相关专业，培养文化产业专门人才，并加强国际人才交流合作，培养具有世界先进水平的专业人才。最后要增强文化产业的国际竞争力。目前我国文化产业总体规模还比较小，文化产品的进出口存在很大逆差，文化及相关产业创造的增加值相对较低，因此要加快文化产业国际化进程。要努力推动我国和其他国家文化产业方面的合作，努力与国际经营模式和运行机制接轨，采取有效措施开展对外文化交流，要重视品牌战略，通过品牌开拓市场，只有拥有自己的文化产业品牌，才能提高文化产业的竞争力。

（三）增强中国文化传播过程中的普适性，注重不断增强中国文化形象的现代元素

所谓普适性，是指能为全人类所需要和践行。我国历史悠久，具有普适性的文化要素不少，诸如天人合一、兼收并蓄、宽容待人、重视家庭和伦理等，如果我们能通过电视剧、电影、出版传媒和其他文化形式强调我们同样也拥有普适的文化因素，将会有助于消除各种偏见。

美国新闻周刊曾评出各国最具影响力的国家文化和文化符号，其中中国的文化形象符号有汉语、北京故宫、长城、苏州园林、孔子、道教、孙子兵法、兵马俑、莫高窟、唐帝国、丝绸、瓷器、京剧、少林寺、功夫、西游记、天坛、毛主席、针灸、中国烹饪。韩国的文化形象符号有景福宫、庆州石窟庵及佛国寺、高丽参、太极八卦、围棋王国、高丽药膳、江陵端午祭、水原华城、三星、乐金（LG）、巨济海金刚、智异山、韩服、韩国料理、跆拳道、儒学治国、假面舞、宗庙祭祖大典、盘索里史诗说唱、鲜京（SK）。我们不难发现，外国人对中国文化形象的了解更多的是源于并且止于中国传统文化，而现代中国的文化主体形象却模糊不清，因此，为中国的文化形象和文化符号注入现代元素非常紧迫，要创造出更多富于时代气息、体现中国特色的文化符号和文化品牌，推出更多的像姚明、章子怡这样的代表中国形象的文化代言人，给世界各国人民这样一种认知：中国不仅是历史文化悠久的文明古国，更是不断发展、不断进步的现代化大国，从而为中国赢得更多的喝彩和尊重。

（四）推广中国文化，增进友谊和了解

推广中国文化，必须以"和谐世界"为指导思想，坚持"引进来"和

"走出去"相结合的对外文化战略方针。坚持"引进来"战略，主要是吸取人类的优秀文化成果、吸收借鉴引进的文化。引进国外的先进文化是社会主义现代化建设的需要，同时可以为我国的文化引进新的活力，使其生命力更加旺盛。坚持"走出去"战略，是一个长期系统的工程，必须动员全社会的力量，充分调动各层面的积极性，构建政府与民间并举的新格局。其实中国一直积极推行中外文化交流，在美、法、德、俄、日、韩等国家已经成功举办或参与举办了"中国年""文化季""中国周"等大型文化交流活动。通过举办系列活动，充分地挖掘了中华文化资源的潜力，扩大世界对中国文化的沟通和理解，增强国际认同感和号召力，争取友好的国际舆论环境，塑造良好的国家形象。数百个孔子学院在世界各地蓬勃发展，华语电影走向世界，莫言获得诺贝尔文学奖，《甄嬛传》将在美国电视台播出，《媳妇的美好时代》等在东非受到热捧，电影《泰囧》主创受到泰国前总理英拉的接见等都有力地扩大了中国文化的影响力。随着中国经济融入世界步伐的加快，中国的文化同样需要走向世界。硬实力与软实力的有机结合才是一个民族富强与文明的重要标志。

中国和韩国有着相近的文化，同属一个文化圈，有很多相似的地方。较之韩国，中国文化外交正面临着挑战和机遇。文化越来越成为民族凝聚力和创造力的重要源泉，越来越成为综合国力竞争的重要因素。因此，中国必须建立健全文化外交制度，加强对外交流，使本国的优秀文化走向世界，使世界了解中国、使文化综合国力和国家文化管理能力处于国际领先地位，为建设与经济大国地位相匹配的世界文化强国打下坚实基础。

《东北亚研究论丛》 投稿规范

▶ **论文字数**

1 万字左右，包括 200 字左右的中英文摘要及 3 ~ 5 个关键词。

标准 A4 纸样，行间距为单倍行距。

▶ **字体、字号及行间距**

中文用宋体、西文用 Times New Roman。

题目用 3 号字，作者用 4 号字。

摘要、关键词以及正文用 5 号字，脚注用小五号字。

行间距用单倍行距。

▶ **基金项目及作者简介位置**

基金项目请在题目后面以 "＊" 形式插入脚注。

▶ **参考文献及脚注格式**

书：作者名：《书名》，出版社，出版年，页码。

译著：〔国籍〕作者名：《书名》，×××译，出版社，出版年，页码。

论文：作者名：《论文名》，《期刊名》年度及期号，页码。

外文文献：原则上使用该语种通行的引证标注方式。

▶ **作者简介**

作者姓名，出生年，民族，籍贯，工作单位，职称，研究方向。

例如：×××（1971 ~），汉族，辽宁沈阳人，辽宁大学国际关系学院教授，研究方向：朝鲜半岛问题。

▶ **论文顺序**

题目—摘要—关键词—正文。

▶ **提交方式及信箱**

以电子邮件形式直接发送到投稿信箱：

CKS_ LNU@126. com（中文信箱，英文字母须大写），cks_ lnu@ naver. com（韩文信箱）。

图书在版编目(CIP)数据

东北亚研究论丛.2015年第1辑:总第1辑/张东明主编.
—北京:社会科学文献出版社,2015.3
ISBN 978 - 7 - 5097 - 7225 - 6

Ⅰ.①东⋯ Ⅱ.①张⋯ Ⅲ.①东北亚 - 研究 - 丛刊
Ⅳ.①K310.07 - 55

中国版本图书馆 CIP 数据核字(2015)第 048022 号

东北亚研究论丛·2015 年第 1 辑(总第 1 辑)

主　　编／张东明

出 版 人／谢寿光
项目统筹／高明秀
责任编辑／许玉燕

出　　版／社会科学文献出版社·全球与地区问题出版中心(010)59367004
　　　　　地址:北京市北三环中路甲29 号院华龙大厦　邮编:100029
　　　　　网址:www. ssap. com. cn
发　　行／市场营销中心 (010) 59367081　 59367090
　　　　　读者服务中心 (010) 59367028
印　　装／北京季蜂印刷有限公司

规　　格／开 本:787mm × 1092mm　1/16
　　　　　印 张:17.5　字 数:282 千字
版　　次／2015 年 3 月第 1 版　2015 年 3 月第 1 次印刷
书　　号／ISBN 978 - 7 - 5097 - 7225 - 6
定　　价／69.00 元